베트남
전쟁

The Vietnam War

베트남
전쟁

잊혀진 전쟁, 반쪽의 기억

박태균 지음

한겨레출판

일러두기

1. 단행본에는 겹화살괄호(《 》)를, 잡지 · 학위논문 · 신문 · 영화 · 프로그램 등에는 홑화살괄호(〈 〉)를, 노래 · 시 · 소설 · 기사 등에는 따옴표(' ')를 사용했다.

2. 직접 인용 중 현재와 맞춤법 및 어법이 다른 경우, 가독성이 떨어지는 부분에 한해 수정했다.

3. 인용문에서 괄호의 내용은 저자가 덧붙인 것이다.

파병 50돌, 전쟁의 의미를 묻다

'월남에서 전사'라는 구절이 비석 뒤편에 새겨진 묘지들이 서울 국립현충원의 한편에 자리 잡고 있다. 전부는 아니지만, 몇몇 묘지 앞에는 작은 추모석도 놓여 있다.

보고 싶다 내 아들 꿈에라도 보여다오.

– 육군병장 김동인의 묘, 1970년 3월 14일 베트남에서 전사

보고 싶은 내 아들 윤아 세계 평화를 위해 고이 잠든 윤아! 보고 싶구나. 웃던 그 모습 꿈에라도 한 번 만나다오.

– 해군중사 박세윤의 묘, 1970년 3월 31일 베트남에서 전사

2014년은 한국군이 베트남에 파병된 지 50년이 되는 해였다. 1964년 9월 22일 한국군의 제1이동외과병원 및 태권도 교관단이 사이공Sài Gòn(당시 남베트남 수도, 현 호찌민Hồ Chí Minh)에 도착했고, 이들은 곧 이곳에서 남쪽으로 약 100킬로미터 떨어진 붕따우Vũng Tàu에 배치됐다. 이후 1973년 3월 철수할 때까지 모두 네 차례의 파병을 통해 32만 5,000여 명의 한국군이 베트남에 파병됐고, 이 가운데 5,000여 명이 전사했다.

참전 뒤에도 1만 2,000여 명의 장병이 고엽제로 인한 질병 판정을 받았다. 이들은 왜 머나먼 이국에서 죽어가야 했고, 전쟁의 후유증으로 지금도 고생해야 하는가?

베트남 파병은 한국 역사상 처음으로 있었던 대규모, 장기간의 해외 파병이었다. 조선시대에 몇 차례 중국의 명나라와 청나라를 돕기 위한 파병은 있었다. 이는 대개 중국과의 관계 유지를 위한 명분 때문이었으며, 한반도의 국경에서 멀지 않은 곳에 파병된 것이었다. 베트남 파병은 한국과 직접적인 이해관계보다는 미국과의 관계 유지를 위한 것이었으며, 한국으로부터 멀리 떨어진 지역에 파병된 첫 번째 사례였다. 그리고 실질적으로 장기간의 작전과 전투가 벌어진 유일한 파병이기도 했다.

한국은 왜 베트남에 전투부대를 파병해야 했을까? 왜 그 먼 곳에서 수많은 한국 군인들이 죽어가야 했는가? 미국의 적극적 개입에 의해서 시작된 베트남전쟁에 미국의 가장 가까운 동맹국이었던 영국과 프랑스가 참전을 거부했음에도, 왜 한국 정부는 파병을 결정했을까? 외국 군대가 한국의 방위를 지켜주는 상황에서 한국군이 다른 나라를 지켜주기 위해 파병하는 것이 어떻게 가능했을까?

9년에 걸친 한국군의 베트남 파병은 한국 사회에 큰 변화를 가져왔다. 1964년부터 1973년까지의 기간은 한국 사회가 높은 경제 성장률을 기록한 시기였다. 제1차 경제개발 계획을 수정한 보완 계획이 1964년 발표됐으며, 1967년의 제2차 경제개발 계획이 1972년 마무리됐다. 이 기간 동안 경제 위기를 극복하기 위한 대통령 긴급명령 8·3 조치(1972년 8월 3일)가 있었지만, 한국 경제는 국민총생산 연평균 8퍼센트 이상의 가파른 성장을 기록했다. 이 역시 한국 역사상 처음 있었던 경험이었다.

한국군이 미군과 함께 베트남에서 활동한 것을 계기로 서구의 대중문화가 본격적으로 한국 사회에 유입되기도 했다. 1895년 단발령 이후 처음으로 장발이 유행했으며, 미니스커트가 등장했다. 트로트 대신 통기타 가수들이 인기를 얻었고, 베트남을 통해 미국과 일본의 전자제품이 국내에 유입됐다. 또 중산층이 생겼으며, 부동산 투기가 시작됐다.

한국전쟁 시기 대규모 군대를 파병한 중국에서 내부의 사회 통제가 강화됐던 것처럼 한국에서도 징병제의 강화, 주민등록제의 제도화가 이루어졌다. 주민등록제도는 1960년대 초부터 시작됐지만, 베트남 파병 시기에 가서야 본격적으로 실시됐다. 물론 여기에는 남북 관계의 악화라는 외부적 요인 역시 중요하게 작동했는데, 1968년의 청와대 습격 사건이나 푸에블로호 사건 등은 모두 한국군의 베트남 파병과 깊은 관련이 있었다. 이는 또한 1960년대 중반 베트남전쟁으로 위기를 느낀 북한 정부가 공격적인 대남對南 정책을 채택하면서 나타난 사건이었으며, 이 시기 북한의 국방·경제 병진노선은 국방비가 급증하면서 북한 사회가 경제적인 문제를 노정하게 되는 출발점이기도 했다.

거대한 변화는 한국에서만 있었던 것은 아니다. 베트남이라는 변방에 위치한 한 국가에 대한 미국의 개입으로 본격화된 이 전쟁은 전 세계에 거대한 충격을 주었다. 무엇보다도 중요한 변화는 1944년에 시작된 미국 중심의 세계 경제 질서가 무너졌다는 것이다. 제2차 세계대전이 끝나면서 세계 유일의 패권 국가로 등장한 미국은 달러의 금본위제(금 1온스=7.56돈=35달러)를 통해 세계 경제를 통제했다. 그러나 베트남전쟁에 따른 미국의 전비 지출로 달러는 세계 유일의 기축통화 자리를 더이상 지킬 수 없었다. 대신 독일의 마르크화와 일본의 엔화가 달러와 지위를 나란히 하게 됐다.

1994년 개봉한 영화〈포레스트 검프Forrest Gump〉에 잘 나타났듯이 미국은 국내외적으로 거대한 변화를 경험했다. 미국은 외부적으로 한국전쟁 당시 적대국이었던 중국과 손을 잡았고, 사회적으로는 거대한 반전 시위의 물결에 휘말렸다. 제2차 세계대전을 포함하여 미국이 건국 이후 해외에서 벌인 전쟁에 전폭적인 지지를 보냈던 미국 사회가 처음으로 전쟁 정책에 반기를 들기 시작했다. 1986년 개봉한 영화〈플래툰Platoon〉에 묘사된 베트남에서의 전투 장면을 텔레비전으로 지켜볼 수 있었던 미국 시민들은 '왜 미국이 베트남에 가야만 했는가?'라는 질문을 던졌다. 그리고 민주주의의 상징인 미국이 전쟁을 반대하는 시위대에 발포해 대학생들이 사망한 사건(1970년 5월 4일 켄트대 사건)도 이 시기에 일어났다. 그래서 당시 미국 사회는 '안녕들 하십니까Good Morning'라고 스스로에게 물었고, 배우 로빈 윌리엄스Robin Williams는 영화〈굿 모닝 베트남Good Morning Vietnam〉에서 미군 방송의 진행자로 출연하여 매일 베트남 전장에 있는 미군들에게 이 인사를 전했다.

전쟁 반대의 분위기는 미국뿐만 아니라 전 세계를 휩쓸었다. 지금은 역사 인식과 과거사 문제, 영토 문제로 한국·중국과 갈등하고 있는 일본은 아시아에서 반전 시위가 가장 크게 일어났던 국가였다. 당시 일본의 반전 운동가들은 미군 탈영병을 돕기도 했다. 유럽에서 일어난 반전의 분위기는 근대주의(모더니즘)를 넘어서는 탈근대주의(포스트모더니즘)의 물결을 불러일으켰다. 베트남전쟁은 20세기 후반의 냉전적 질서뿐만 아니라 근대의 정신에 대해 근본적인 의문을 제기하는 계기가 됐다.

미국 중심의 세계 질서에 대해 비판을 제기한 수정주의적 학문 경향도 이런 사회적 분위기 속에서 배태됐다. 미국의 베트남전쟁 개입에 대해 세계의 학계가 던진 질문은 브루스 커밍스Bruce Cumings의 《한국전쟁의 기원The origins of the Korean war》으로 한국 사회에 큰 충격을 던져주었다. '미국이 왜 베트남에 갔는가?'라는 질문은 '미국이 왜 한국에 갔는가?'라는 질문과 연결되는 문제였기 때문이다. 최근 세계적인 냉전사학자인 존 루이스 개디스John Lewis Gaddis가 '유럽에서 초대받지 않은 소련'이 야기한 문제에 대해 비판적으로 분석하기도 했지만, 《한국전쟁의 기원》은 수정주의의 영향 속에서 '아시아에서 초대받지 않은 미국'에 대한 문제를 제기했다.

　수정주의가 판을 치고 자유주의적 분위기가 확산되는 가운데 아시아에서는 전혀 다른 흐름이 나타나기도 했다. 타이에서는 1971년 쿠데타가 일어났고, 이듬해에는 필리핀과 한국에서 계엄령과 유신 체제가 선포됐다. 또한 1973년, 칠레에서는 미국이 지원하는 쿠데타가 발생해 세계사에서 처음으로 민주주의적 선거에 의해 수립된 사회주의 정부가 몰락했다.

　역설적 흐름은 오래가지 못했다. 절대적 강자인 미국의 헤게모니가 베트남전쟁으로 인해 흔들리는 가운데, 미국의 그늘 아래 있던 다른 주변부에서도 조금씩 변화가 나타났다. 1975년 남베트남이 패망하고 베트남이 통일되면서 주변부가 본격적으로 꿈틀거렸다. 1979년 이란과 니카라과를 시작으로 1980년대 중반 필리핀과 한국, 타이완에서 변화의 움직임이 일었다. 영화 〈아르고Argo〉가 잘 묘사하듯이 이란의 미국 대사관에서 인질 사건이 발생했고, 필리핀의 미군 기지는 철수했으며, 한국에서는 반미 시위가 일어났다.

　세계 체제의 변화 속에서 비틀스가 한 시대를 풍미했고, 베트남 참전을 거부한 무하마드 알리Muhammad Ali는 기성 정치인들의 비난을 받으면서도 한때 세계 시민들의 영웅으로 추앙받았다. 히피 문화가 전 세계를 휩쓸었고, 마약이 마치 기존 질서에 반대하는 지성의 상징처럼 됐다. 반전과 평화를 외쳤던 존 레넌John Lennon은 암살됐고, 독일과 일본의 반전 시위대는 붉은 군대(적군파), 즉 테러리스트가 됐다. 극단적 전체주의 아래 있던 북한이 당시 제3세계 국가들이 조직한 비동맹회의에 참여할 수 있었던 반면, 한국의 대표가 이 회의에 참석을 거절당한 것도 당시 세계적으로 불었던 반전의 바람 속에서 일어난 일이었다.

반전과 수정주의에 대한 반동 역시 거세게 일어났다. 베트남전쟁의 후유증으로 세계 경제가 몸살을 앓을 때 신자유주의가 본격적으로 태동했고, 반전과 탈근대주의에 대한 반동으로 새로운 보수주의가 태동했다. 마치 한국에서 민주화 이후 이에 대한 반동으로 모든 진보적인 움직임을 '종북'으로 규정하는, 냉전시대보다 더 비논리적인 보수주의가 나타나는 것처럼. 지미 카터Jimmy Carter 대통령의 인권 외교가 '베트남에서 있었던 미국의 전쟁'에 대한 반성의 마지막을 장식했다면, 미국의 로널드 레이건Ronald Reagan 대통령과 영국의 마거릿 대처Margaret Thatcher 총리, 일본의 나카소네 야스히로中曾根 康弘 총리는 그 반대편에 서 있었다. 바로 이때 일본에서 처음으로 극우적인 역사 인식과 정치인들의 야스쿠니 신사 참배가 시작됐고, 미국과 영국에서 역사 교과서를 둘러싼 논쟁이 시작됐다.

이렇게 베트남전쟁은 한국과 세계를 흔들어놓았다. 그렇다면 베트남전쟁과 그 시대의 변화는 어떻게 기억될까? 2000년대 초반 외국에서 있었던 한 학회에서 한국의 어느 대학교수는 베트남전쟁을 '신이 한국에 내린 선물'이라고 표현했다. 현재 한국 사회가 기억하는 베트남전쟁을 가장 직설적으로 보여주는 표현이었다. 일본의 요시다 시게루吉田茂

총리가 한국전쟁을 '신이 일본에 내린 선물'이라고 표현했다고 알려지면서 비난의 목소리를 높인 한국 사회가 베트남전쟁에 대해 똑같은 목소리를 낸 것이다.

한국전쟁 특수에 대한 일본 극우 세력들의 인식이 전쟁으로 인한 한국 사람들의 고통을 외면했다면, 한국 사회의 베트남전쟁에 대한 인식 역시 베트남 사람들의 고통을 안중에 두지 않았다. 이러한 유사성은 한국전쟁을 통해 전쟁 특수의 혜택을 입었던 일본과 베트남전쟁을 통해 전쟁 특수를 누린 한국의 상황으로부터 비롯된 것이었다. 일본의 대부분의 역사 교과서는 한국전쟁에 대해 언급하고 있으며, 이 중 특히 전쟁 특수 부분이 강조되고 있다. 한국의 역사 교과서 역시 베트남전쟁에 대한 서술에서 전쟁 특수가 가장 중요한 내용으로 다루어진다. 전쟁을 통해 벌어들인 돈은 한국의 경제 도약에 중요한 기반이 됐고, 베트남전쟁에 진출했던 한국 기업들이 1970년대 오일달러•에 힘입은 중동에서의 건설 붐에 편승할 수 있었다는 것이 베트남전쟁에 대한 서술의 주요한 내용이다.

이는 미국에서의 베트남전쟁에 대한 인식과는 전혀 다르다. 미국 역사상 처음으로 패배한 전쟁이었던 베트남전쟁은 미국인들에게 잘못된 시간에 잘못된 장소에서 잘못된 전술로 싸운 전쟁으로 기억된다. 이런 인식은 〈지옥의 묵시록Apocalypse Now〉(1979)이나 〈플래툰Platoon〉(1986)과 같은 베트남전쟁의 상황을 부정적으로 묘사한 영화를 통해 잘 드러난다.

물론 지금의 미국은 이라크와 아프가니스탄에서 또다시 베트남전쟁

• 두 차례의 오일쇼크로 중동의 산유국들이 벌어들인 엄청난 규모의 외화를 지칭.

과 같은 늪에 빠져 있다. 인간은 망각의 동물이기 때문에 전쟁이 끝났을 때에는 더 이상 전쟁을 해서는 안 된다고 생각하다가도 20년도 되지 않아 또다시 전쟁을 일으키는 악순환을 반복한다. 이러한 전쟁 이론을 미국이 증명해주는 걸까?

한국 사회는 전쟁에 대해 비판적으로 기억하고 있는 미국 사회와 다르다. 2003년 한국 정부가 한국군의 이라크 파병을 결정할 때, 베트남전쟁에 대한 한국 사회의 인식과 기억이 잘 드러났다. 당시 국회에서 때아닌 베트남전쟁을 둘러싼 논쟁이 벌어졌다. 베트남전쟁에서의 전쟁 특수를 기억하는 한국 사람들은, 한국전쟁의 특수를 기억하는 일본 사람들이 자위대 파병을 지지했던 것과 마찬가지로 이라크에 대한 한국군의 파병을 지지했다. 이라크 파병이 또 다른 특수를 가져올 것이라고 기대했을까? '월남에서 돌아온 김상사'가 다시 재현되리라고 믿었던 것일까?

이러한 인식 속에서 황석영의 소설 《무기의 그늘》의 주인공인 안영규 병장의 경험은 베트남전쟁의 기억에서 잊혀져 있다. 고엽제의 피해와 전쟁의 트라우마에 고통받는 참전 군인들도 잊혀졌다. 전쟁 시기의 '어글리 코리안'과 '양공주', 그리고 '라이따이한' 역시 마찬가지다. 베트남은 한국 사람들에게 또 다른 이국적 여행지로 기억될 뿐이다. 한국의 역사 교과서들은 베트남전쟁을 한국전쟁과 같은 남북전쟁으로 정의한다. 또한 젊은 세대들에게 베트남전쟁은 조성모의 노래 '아시나요'의 뮤직비디오와 영화 〈국제시장〉을 통해 기억된다.

한국 사회의 베트남전쟁에 대한 인식은 객관적인 역사적 사실에 근거했을까? 과연 베트남전쟁은 무엇이었고, 그 전쟁이 주는 교훈은 무엇일까? 베트남전쟁에 대해서는 왜 특정한 측면의 기억만이 남았을까?

한국이 베트남에 파병한 지 50년이 지난 2014년 어느 날 국립묘지를 찾았다. 베트남에 처음으로 파병됐던 제1이동외과병원 소속이었던 임남규, 박한창 두 분과 자리를 함께했다. 베트남 전사자 묘역은 2번 묘역과 51번 묘역이었다. 51번 묘역에는 두 분과 함께 참전했다 돌아가신 분이 묻혔다. 그리고 2번 묘역 맨 앞에는 얼마 전 세상을 떠난 주베트남 한국군 초대 사령관 채명신 장군이 묻혔다. 《베트남전쟁과 나》라는 회고록을 집필하기도 한 채 장군은 한국군뿐만 아니라 미군에게도 높이 평가되는 인물이었다. 채 장군은 숨을 거두면서 장군 묘역이 아니라 베트남전쟁에 함께했던 사병 묘역에 묻어달라고 유언을 했기에 사병 전사자 묘역의 맨 앞에 묻혔다.

그 자리에서 또 하나의 역설적인 상황을 떠올릴 수밖에 없었다. 베트남전쟁에 참전해서 피 흘린 장병들을 기억하고 있는가? 사무치게 보고 싶다는 부모님의 편지 아래 누워 있는 그들은 어떻게 기억되는가? 베트남전쟁에 대한 서구의 기억 속에서 한국군은 모두 사라졌다. 서양의 역사가들이 쓴 베트남전쟁에 관한 책에서 한국군의 존재는 찾을 수 없다.

베트남도 마찬가지다. 베트남에 있는 전쟁기념관에는 한국군과 관련된 사진이 없다. 한국군이 활동했던 지역에 한국군의 활동과 관련된 흔적이 남아 있다고 하지만, 마치 약속이라도 한 듯이 베트남에서도 미국에서도 역사 속에서도 베트남전쟁에 참전한 한국군의 모습은 지워졌다. 한국전쟁이 '잊혀진 전쟁'이라면 베트남전쟁에서의 한국군은 '잊혀진 군인'인가?

그래서 불가피하게 떠올리지 않을 수 없는 것이 한국군에 대한 미국 정부의 평가다. 베트남전쟁 당시 미국 정부는 한국군을 필요로 할 때는 매우 효율적인 군대라고 높이 치켜세우다 한국군에 들어가는 비용을 줄여야 할 필요가 생길 때는 한국군이 매우 비효율적이라고 평가했다. 막상 전쟁터에서 주역이었던 한국의 참전 군인들은 정치적 이유로 인해 그 어느 곳에서도 주역으로서 평가받지 못했다.

이와 함께 베트남전쟁 자체와 한국군의 참전을 둘러싼 평가가 한국 사회의 이념적 분열의 한 표상이 되어 있다는 사실이 우리를 서글프게 한다. 베트남전쟁에 대한 역사가 언급될 때마다 한국 사회는 몸살을 앓는다. 냉전 체제 아래서 모두가 피해자일 수밖에 없었던 전쟁, 그러나 그 진실에 접근하고자 하는 노력이 또 다른 피해자를 만들어내는 셈이다.

이 글을 쓰는 이유는 바로 여기에 있다. 첫째 역사적 사실을 명확히 밝히자는 것이다. 잘못 알려지거나 축소된 사실들이 특정한 기억을 만들어내고 있으며, 중요한 의미를 갖는 다른 측면의 기억들은 잊히고 있다. 둘째, 베트남전쟁의 역사적 기억이 현재 한국 사회에서 그대로 작동되고 있다는 점이다. 특정한 방향으로 남아 있는 기억은 현재 한국 사회를 특정한 방향으로 이끌 가능성이 크다. 셋째, 이를 통해 현재 한국 사회가 진정으로 얻어야 할 교훈은 무엇이며, 그 교훈을 통해 균형적이면서도 사실에 기반한 기억을 재생해내야 한다는 것이다.

국립현충원을 떠나는 길에 찾았던 정문 옆 휴게실에서는 서화 전시회를 하고 있었다. 그중 한 작품에서 학도병의 편지를 찾을 수 있었다.

어머니 나는 사람을 죽였습니다. 돌담 하나를 사이에 두고 10여 명은 될 것입니다. 적은 다리가 떨어져 나가고 팔이 떨어져 나갔습니다. 어머니, 전쟁은 왜 해야 하나요. 어제 내복을 빨아 입었습니다. 물 내 나는 청결한 내복을 입으면서 저는 왜 수의를 생각했는지 모릅니다. 어쩌면 제가 오늘 죽을지도 모릅니다. 하지만 저는 살아 가겠습니다. 꼭 살아서 가겠습니다. 어머니, 상추쌈이 먹고 싶습니다. 찬 옹달샘에서 이가 시리도록 냉수를 한없이 들이 켜고 싶습니다. 아, 놈들이 다가오고 있습니다. 다시 또 쓰겠습니다. 어머니 안녕 안녕, 아 안녕은 아닙니다. 다시 쓸 테니까요.

작가에 따르면 이 편지를 쓴 학도병은 곧 전사했다고 한다. 비록 서로 다른 전선에 서 있었지만, 베트남에 있었던 한국군 장병의 마음도 크게 다르지 않았을 것이다. 왜 인간은 전쟁을 통해서 스스로를 극한의 상황으로 몰아갈까? 우리 사회가 또다시 그와 같은 비극적 상황을 경험하지 않도록 하기 위해서는 무엇을 기억하고 무엇을 해야 하는가?

차례

1부

그들은 왜 베트남으로 갔는가

자유세계를 지키기 위한 선택?

자유세계를 지키기 위한 선택?

파병의 진짜 이유

몇 해 전 중동에서 온 전문가들 앞에서 한국의 경제 성장에 대해 강의를 할 기회가 있었다. 강의를 듣고 나서 이집트에서 온 한 전문가가 질문을 던졌다. 당시 베트남전쟁과 한국은 무슨 관계가 있었는가? 미군이 한국의 방위를 지켜주고 있는 상황에서 한국이 다른 나라를 위해 파병하는 것이 가능한 일이었는가? 파병을 결정한 박정희 대통령이 이러한 질문을 받았다면 어떻게 대답했을까?

> 솔직한 이야기를 하자면 만약 우리 한국군이 파견되지 않았다면 당시의 내 추측으로는 주한미군 2개 사단이 베트남으로 갔을 것이다. 당시 베트남, 미국 정부가 한국군을 보내달라고 했을 때 우리가 보내기 싫으면 안 보낼 수도 있습니다. 그럴 경우 미군 2개 사단이 갔을 겁니다. 우리나라의 국방을 위해서도 한국군이 월남에 가지 않을 도리가 없지 않습니까?
>
> – 박정희 대전 유세(1967년 1월 17일)

파병을 결정했던 박정희 대통령은 한국군이 가지 않았다면 주한미군이 베트남으로 이동할 수도 있었다고 답변했다. 주한미군의 2개 사단이 베트남으로 이동했다면, 한국의 국방력이 급격하게 약화될 수 있었다.

주한미군 내에서도 이런 소문이 돌았던 것 같다. 전방에 있던 주한미군 하사관 젱킨스는 1965년 1월 한국에 있던 자신의 부대가 베트남으로 이동하는 것이 무서워 월북했다고 한다(그는 최근 일본으로 귀환했다). 그만큼 베트남 전선은 미군들에게 공포의 대상이었다. 미국 정부는 실제로 주한미군의 일부를 베트남으로 옮길 계획을 갖고 있었다.

그러나 윤보선 전 대통령(당시 민정당 대표최고위원)은 파병에 반대했다.

> 베트남 파병으로 휴전선에 긴장 상태가 조성되고 국내의 오열五列(간첩)이 준동한다면 자유 아시아에 두 군데 전선이 생길 염려가 있어 이렇게 될 경우 미국 측에는 오히려 이중 부담이 된다. 6·3 사태 등 박 정권의 행적으로 보아 새로운 계엄 선포와 헌정 중단의 구실을 찾자는 것이 아닌가 의심스럽다.
> – 윤보선 민정당 대표최고위원의 인터뷰 •

한국군 파병에는 논란이 있었다. 우선 한반도 자체의 안보 문제다. 자기 나라의 방위를 스스로 책임지지 못하는 상황에서 다른 나라의 방위를 지키기 위해 군대를 파견할 수 있을까? 그것도 의무부대나 건설부대가 아니라 전투부대를 대규모로 파병한다는 사실이 중요했다. 한국군의 전투부대가 빠진다고 주한미군 병력이 증강되는 것도 아니었다. 베트남으로 파병된 한국군을 보강하기 위한 병력 충원도 쉽지 않았다.

게다가 당시 국내외 정치 상황은 매우 복잡하게 돌아가고 있었다. 무엇보다 1965년 한·일협정 체결이 복잡한 상황을 조성했다. 1964년 한·일협정 반대 시위는 4·19 혁명 이후 가장 큰 반정부 시위였다. 주

• 〈동아일보〉 1965년 1월 22일자 1면, '민정당 파병 반대는 불변.'

한 미국대사관이 이 시위로 박정희 정부가 무너질 가능성이 있다고 판단할 정도였다. 또한 같은 해 중국은 핵실험에 성공했다. 1949년 소련의 핵실험이 한국전쟁의 직접적인 배경이 됐다는 점을 고려한다면 북한의 동맹국인 중국의 핵실험 역시 한반도에 어떠한 파장을 가져올지 누구도 예측할 수 없는 상황이었다.

북한은 한·일협정으로 잔뜩 긴장하고 있었다. 북한의 〈로동신문〉에는 한·일협정이 한·미·일 삼각 동맹을 형성하여 북한을 위협할 것이라는 기사가 자주 실렸다. 1965년 일본 의회에서, 한반도에 긴급 사태가 발생했을 때 자위대의 한반도 상륙을 상정했던 미쓰야三矢 계획이 폭로되기도 했다. 또 미국이 베트남에 적극적으로 개입하면서 베트남과 한반도에서 동시에 전쟁이 진행될 가능성도 있다고 판단했던 것 같다. 이러한 상황에서 북한은 1966년 당대표자회에서 4대 군사노선을 재확인했고, 이후 남한에 공세를 강화했다.

물론 북한의 예측은 오판이었다. 당시 미국 정부의 한반도 정책에 관한 문서를 보면 미국은 베트남 이외 지역의 전면전 발생을 최대한 방지하려 했다. 1968년 푸에블로호 사건이 발생했을 때에도 사건을 확대시키지 않으려고 했다. 하지만 북한의 오판이 낳은 공세적 정책은 한반도의 위기를 고조시키기에 충분했다.

한·일협정을 전후해 안으로는 정치적 위기가, 밖으로는 안보적 위기가 상존하는 상황에서 베트남 파병은 신속하게 결정됐다. 미국 정부는 존 F. 케네디John F. Kennedy 대통령이 암살되고 린든 존슨Lyndon Johnson 대통령이 취임한 직후 한국 정부에 파병을 요청하는 공문을 보냈다. 곧이어 남베트남 정부가 한국 정부에 파병을 요청하는 편지를 보냈고, 한국 정부는 1964년 봄이 가기 전에 파병을 결정했다. 처음에는

《월남망국사》는 1905년 청 말의 지식인 량치차오梁啓超가 저술한 것으로 베트남이 프랑스의 침략을 받은 과정을 담았다. 이 책은 1905년 을사조약 후 일제의 보호국이 된 상황에서 동병상련을 느끼는 많은 조선의 지식인들에게 애독서가 되었다.

의료부대와 태권도 부대 등 남베트남 정부군을 후방에서 지원하는 역할로 제한했지만, 미국 정부가 더 적극적인 개입을 요청하자 한국 정부는 곧 파병을 결정했고, 1965년 10월 파병을 시작했다.

국내외 안보가 불안정한 시기에 한국 정부는 왜 베트남 파병을 결정했을까? 공식 발표처럼 자유세계를 지키기 위해서였을까? 아니면 한국과 베트남의 오래된 관계로 인해 파병을 통해 도와줄 수밖에 없었기 때문인가?

한국과 베트남은 역사상 비슷한 점이 많다. 양국은 중국의 주변부에 있으면서 중국과 국경을 맞대고 있다. 중국과 조공 관계를 오랫동안 유지한 점이나 중국 유교 문화의 영향을 강하게 받은 점 역시 비슷하다. 19세기 베트남이 프랑스의 식민지로 전락했을 때 조선의 지식인들은 《월남망국사越南亡國史》를 읽으면서 앞으로 다가올 미래에 대비하고 있었다. 1945년 이후 한국과 베트남은 냉전 체제로 인해 분단됐다.

이런 유사성이 있다고 해서 남베트남 지원이 한국의 자체 안보에 '직접' 도움이 되는 것이었을까? 만약 그렇지 않다면 한국 정부는 왜 베트남에 대규모 전투부대 파병을 결정했을까? 앞서 살펴본 박정희 대통령의 말처럼 주한미군의 이동과 감축을 막겠다는 것은 물론 중요한 이유 중의 하나였다. 또 한국전쟁에서 한국을 구해준 미국의 요청을 거절할 수 없으며, 또한 미국의 은혜를 갚아야 한다는 보은의 측면도 존재했다.

좀더 중요한 문제는 수면 아래에서 진행되고 있었다. 미국이 정전협정 직후부터 추진했던 주한미군과 한국군의 동시 감군 정책이다. 주한미군 사령관이 겸직하고 있는 유엔군 사령관이 한국군의 작전 통제권을 관할하도록 한 1954년의 '한·미 합의의사록'은 미국이 한국군의 유지비를 지원하도록 규정하고 있다. 이는 이승만 정부의 북진통일론을 막기 위한 불가피한 조처였다. 이로 인해 막대한 한국군 유지비를 지원했던 미국은 재정 부담을 줄이려 한국에 있는 한·미 양군의 감축 정책을 추진했다.

이승만 정부는 이에 반발했고 그 대응으로 한국군의 해외 파병을 추진했다. 한국군이 해외에서 공산주의의 확산을 막는 역할을 한다면, 한국군을 감축할 수 없을 거라고 판단한 것이다. 이승만 정부는 1954년과 1958년 한국군을 베트남과 인도네시아에 파병하겠다고 제안했다. 그리고 대가로 한국군의 증강을 요구했다. 1959년에는 라오스 내전에 개입할 의사를 표명하고, 비밀리에 국방부 정보기관 책임자 이후락을 라오스에 보내 상황을 파악하도록 했다.

1950년대 말 소련의 공세가 강화되면서 한·미 양군의 감군 정책은 제대로 실행되지 못했지만, 케네디 행정부(1961~1963)가 수립된 이후 감군 정책이 다시 추진됐다. 5·16 쿠데타 하루 전인 1961년 5월 15일 국가안보회의 제483차에서 케네디 대통령은 한국 문제를 해결하기 위한 '대통령 긴급임무팀Presidential Task Force on Korea'을 구성하도록 지시했다. 대통령 긴급임무팀이 제출한 보고서는 한국에서 경제개발 계획과 사회개혁을 실행해 미국의 원조를 좀더 효율적으로 사용할 수 있도록 한다는 것이 주요 내용인데, 이와 동시에 한국군과 주한미군의 감축이 필요하다는 점을 강조했다. 2개월 후에 한국군 감축을 위해 미국 정부는 국무부와 국방부를 비롯한 관련 기관들이 참여하는 '조정위원회'를 설치했다.

물론 미국의 합동참모본부는 한국군의 유지비가 적게 든다는 점에 주목하면서 군축이 오히려 광범위한 실업자군을 양산해 한국 경제에 짐이 될 가능성이 크다고 지적하기도 했다. 미국 정부 내에서도 군축이 박정희 정부에 정치적 위기를 가져올 것이라는 우려가 제기됐다.

그러나 주한 미국대사와 국방부는 구체적인 군축안을 마련했다. 이에 더해 당시 미국 국방부 장관 로버트 맥나마라Robert McNamara는 한 보고서에서 주한미군이 완전히 철수하더라도 남한군의 군사력이 북한군을 능가할 수 있다고 평가했다. 1963년 민정 이양을 전후한 시기에는 3~5년에 걸쳐 주한미군과 함께 단계적으로 한국군 25만 명을 감축하는 방안이 제시됐고, 1965년 백악관에 제출된 〈국가 정책 보고서: 대한민국〉에서는 한국군 10만 명의 감축이 권고됐다. 한국에 대한 원조도 미국 대신 일본이 부담해야 한다는 점 역시 언급됐다.

미국 관료 일부가 염려한 것처럼 박정희 정부에게 감군은 큰 부담이 됐다. 군축은 가뜩이나 좁은 군대 내의 승진 기회를 더 어렵게 만들 수

1961년 11월 백악관에서 케네디 대통령을 만난 박정희 국가재건최고회의 의장(당시)의 모습. 박정희 의장은 케네디와 첫 번째 만남에서 한국군의 베트남 파병을 제안했다.

있었고 이로 인해 박정희 정부의 가장 중요한 지지기반이 동요할 가능성이 있었다. 이 시점에서 한국 정부가 또다시 한국군의 해외 파병이라는 카드를 내놓았다. 이 제안이 의도적이었는지, 아니면 오비이락烏飛梨落이었는지는 정확하지 않다. 하지만 이승만 정부 때처럼 그 시점이 일치한다.

이 카드를 내놓은 건 1961년 11월 국가재건최고회의 의장 자격으로 미국을 방문한 박정희였다. 당시 케네디 대통령은 적법한 절차를 거쳐 지도자의 지위에 오르지 않았던 박정희를 파격적으로 대우했다. 그러나 미국이 아직 본격적으로 베트남에 개입한 상황이 아니었기 때문에 박정희의 제안을 고려할 상황이 아니었다.

그런데 상황이 바뀌어 존슨 대통령이 더 많은 동맹국을 베트남에 연루시키기 위해 '더 많은 깃발more flag' 정책을 제안하면서, 주한미군과 한국군의 감축을 막을 수 있는 중요한 계기가 마련됐다. 게다가 한·미 동맹이 형성된 이후 처음으로 미국이 한국에 한 요청이기 때문에 '갑'과 '을'의 관계가 바뀌는 상황을 연출할 수 있는 중요한 기회이기도 했다. 따라서 박정희 정부는 존슨 정부의 정책에 가장 적극적으로 응답했다.

결국 한국군이 베트남에 파병된 이유는 주한미군의 규모를 유지함으로써 북한에 대응하는 안보력 약화를 막기 위한 것, 한·미 동맹에 대한 고려, 미국의 주한미군 및 한국군 감축 정책에 대한 대응 등으로 요약할 수 있다. 여기에 도덕적 측면을 한 가지 더 추가한다면, 세계적 차원에서 자유민주주의를 지키는 데 공헌한다는 것이다. 아울러 한·일협정에 집중되어 있었던 사회적 관심을 베트남으로 돌릴 수 있는 계기가 될 수 있었다. 경제적인 요인은 베트남에 대한 전투부대 파병이 본격화된 1965년 이후에야 파병의 주요한 목적 중 하나가 됐다.

그렇다면 다시 물어봐야 할 질문들이 있다. 한국군의 베트남 파병을 평가하려면 기본적으로 파병의 근본적 이유와 목적이 예상한 대로 달성됐는가를 판단해야 한다. 지금까지 한국군의 베트남 파병을 두고 주로 경제적인 측면에서만 평가가 이루어졌다. 과연 이러한 평가는 올바른 것일까? 오히려 더 근본적인 질문을 던져야 하지 않았을까? 베트남 파병을 통해 자유세계를 지키는 동시에 한·미 동맹이 굳건해지고, 주한미군과 한국군은 감축되지 않았으며, 한국의 안보는 더욱 안정됐는가? 한국군이 베트남에 파병되어 있는 상황에서 벌어진 1968년의 안보 위기와 1971년 주한미군 1개 사단의 감축은 어떻게 설명해야 하는가?

한반도에서 벌어진 또 하나의 전쟁

북한의 도발

1966년 10월 31일 존슨 대통령이 한국을 방문했다. 마닐라에서 베트남전 참전국 정상회담을 한 뒤 미국으로 돌아가는 길이었다. 그의 방문은 파격적이었다. 다른 미국 대통령들은 길어야 이틀, 어떤 경우에는 반나절이었는데, 그는 장장 3일이나 한국에 머물렀다. 새로운 신조어도 만들었다. 바로 '존슨탕'이다. 미군 부대를 방문하여 소시지와 햄이 뒤섞인 부대찌개와 비슷한 음식을 맛본 뒤 맛있다고 칭찬을 아끼지 않았다고 한다. 그 부대찌개에 '존슨탕'이라는 이름이 붙었다.

그런데 존슨 대통령의 방문 기간 중 대형 사고가 발생했다. 군사분계선에서 북한군이 미군을 습격했다. 단순한 공격이 아니었다. 계획적이라고 생각할 만큼 대규모였다. 미군 6명과 한국군 카투사KATUSA 1명이 사망했다. 당연히 미군에는 비상이 걸렸다. VIP가 한국에 왔을 때 북한군이 움직인 것이다. 존슨 대통령은 비무장지대DMZ로부터 얼마 떨어지지 않은 서울에 머물고 있었다.

주한미군에 비상이 걸렸다. 미국에 대한 '전쟁 선언'이라고 해도 될 만한 도발이었다. 주한미군 사령관은 즉각 조사에 들어갔다. 북한의 의도는 무엇이었을까? 미국에 선전포고를 한 것인가? 1958년 이후 남한의 미군 부대에 핵무기가 설치되어 있는데도 말인가?

조사 결과는 의외였다. 북한군의 도발은 그 이전에 있었던 한국군의 북한 부대 공격에 대한 보복이었다. 1966년 10월 26일, 한국군이 북한의 연대 사령부를 공격해서 연대장을 비롯한 상당수의 북한군이 사망했다는 것이다. 존슨 대통령이 한국을 방문하기 5일 전의 일이었다. 주한미군 사령관은 정일권 총리에게 항의하고 다시는 이런 일이 있어서는 안 된다고 경고했다.

사실 1966년 존슨 대통령 방문에는 박정희 대통령에 대한 감사의 의미가 담겨 있었다. 가장 가까운 동맹국인 영국과 프랑스도 베트남에 파병하지 않았던 상황에서 한국이, 그것도 전투부대를 보내준 것이다. 그 규모 역시 1,000명도 안 되는 군대를 파병한 타이, 필리핀, 호주 등 다른 나라에 비교가 안 될 만큼 큰 규모였다. 존슨의 '더 많은 깃발' 정책에 호응해준 대가였다. 공개적으로 발표하지는 않았지만, 실제 방한 목적 중에는 한국군 전투부대의 추가 파병 요청도 포함되어 있었다.

1965년 박정희 대통령을 미국에 초대하여, 한국 대통령은 꿈도 꿀 수 없는 뉴욕 카퍼레이드를 마련해주고, 한국과학기술연구소KIST의 설립을 선물로 주었던 존슨 대통령의 3일간의 방문은 한국과 같이 미국이라면 사족을 못 쓰는 나라에서 그 지도자에게 줄 수 있는 최고의 선물이었다. 그런데 그의 방문 마지막 날에 있었던 북한군의 공격은 미국 정부의 이러한 의도에 제대로 초를 친 것이었다. 그 원인 제공자가 한국군이었으니 문제는 더 심각했다.

1966년에 발생한 이 사건은 그 이후 사건들의 전초전에 불과했다. 1965년과 1966년 한 해 30~40건에 불과했던 비무장지대에서 일어난 남북한 사이의 교전은 1967년에는 400건을 넘어섰고, 1968년에는 500건에 달하도록 급증했다. 거의 전쟁에 가까운 상황이 전개된 것이

1966년 10월 31일 미국의 린든 존슨 대통령이 김포공항에 도착한 모습.

다. 베트남에서뿐만 아니라 한반도에서도 또 하나의 전선이 형성되고 있었다.

1967년 12월 주한미군 사령관과 김형욱 중앙정보부장이 기자회견을 열었다. 한반도에서 게릴라 전쟁이 발생할 가능성이 있다는 것이었다. 북한의 공세적 전략이 단지 도발에서 그치는 것이 아니라 대규모 게릴라 부대를 남파해서 베트남과 같은 게릴라 전쟁이 일어날 가능성이 있고, 제2의 한국전쟁 발발 가능성도 있다고 발표했다.

1967년 12월의 한국 신문들은 전쟁 전야에 발간된 신문 같았다. 북한의 공세에 대한 기사가 연일 신문에 보도됐다. 그 와중에 12월 25일 북한은 미군 함정을 나포했다는 긴급 방송을 하기도 했다.* 푸에블로

• 〈동아일보〉 1967년 12월 26일자 1면, '미 선박을 나포 평양방송서 주장.'

호 사건이 발생하기 정확히 한 달 전의 일이다. 게릴라전에 대한 경고가 이듬해 11월의 울진·삼척 사건*을 예고했다면, 이 기사는 푸에블로호 사건을 예견한 것인가? 사실 당시에는 해군 함정이나 어선의 시설이 열악했기 때문에 바다 위의 군사분계선을 넘는 일이 비일비재했다. 또한 당시 〈로동신문〉에 의하면 군사분계선을 넘어서 올라오는 어선들 사이에 간첩선이 포함되어 있는 일들도 있었다고 하니, 이 사건은 그중 하나였을 가능성이 크다.

한국 정부는 1968년 1월 6일 비상치안회의를 제1군 사령부가 있는 원주에서 소집했다. 북한이 어떠한 도발을 할지 모르니 이에 철저히 대비해야 한다는 것이었다. 군뿐만 아니라 경찰 관계자들도 참석했다. 박정희 대통령이 직접 주재한 회의였다. 보름이 지난 1968년 1월 21일에는 청와대 습격 사건이 발생했다. 그 이틀 뒤에는 동해에서 미국의 정보함 푸에블로호가 북한에 의해 나포됐다.

사실 이러한 사건들은 모두 예견된 일이었다. 1965년 전투부대 파병을 반대했던 야당은 한국 전투부대의 베트남 파병이 한국의 국제적 고립을 자초할 뿐만 아니라 휴전선에서 한국군의 방위력을 약화시킬 것이라고 경고했다.** 1968년 1월 21일 그 경고가 현실화됐다. 북한군 특수부대 요원들이 군사분계선(휴전선)을 뚫고 내려와 청와대를 공격하는 사건이 발생한 것이다.

후에 존슨은 1968년을 회고하면서 다음과 같이 말했다. "엄청난 변화가 있었던 1968년에 일어난 일들 중에서 나를 가장 당황스럽게 했던

* 1968년 11월 2일 120명의 북한 무장공비가 유격대 활동 거점 구축을 목적으로 울진·삼척 지역에 침투한 사건.
** 〈경향신문〉 1965년 8월 4일자 1면, '야▉선, 파병 반대키로.'

것은 1월 23일이었다. 그날 푸에블로호가 납북됐다."[•] 당시 미국은 정신이 없었다. 기대와는 달리 베트남에서의 전쟁이 그다지 큰 성과를 거두지 못하고 있었다. 푸에블로호 사건 일주일 후에 있었던 베트콩의 구정공세는 미국 전역을 흔들어놓았다. 구정공세는 베트콩의 군사적 실패였지만, 정치적으로 미국을 곤경에 빠뜨렸다. TV를 통해 베트남의 전선을 지켜볼 수 있었던 미국 사회에서 구정공세를 계기로 반전 시위가 본격화됐다.

그러나 존슨 대통령에게는 푸에블로호 사건이 더 황당했다. 베트남이 아닌 한국에서 이런 일이 벌어질 것이라고는 꿈에도 생각하지 못했던 것이다. 정보함인 푸에블로호 안에는 미국의 정보 활동과 관련된 많은 내용이 담겨 있었다. 푸에블로호에 승선하고 있던 70여 명에 이르는 미군들은 북한군에 생포됐다. 전쟁이 진행되던 베트남에서도 일어나지 않은 사건이 한반도에서 터졌으니 얼마나 황당했을까? 인공위성이나 정보초계기가 있는 오늘날과는 달리 당시에는 국경 지역과 배 위에서 상대방의 무전을 도청하는 것이 가장 중요한 정보 활동이었다. 군사분계선에도 정보 수집 활동을 하는 한국군과 미군이 있었다. 그중에 정보함 하나가 적에게 나포된 것이다.

푸에블로호가 나포되어 정박하던 원산항을 폭격하는 방안에서부터 소련에 압력을 가하여 북한이 푸에블로호를 풀어주도록 하는 것까지 다양한 방안이 논의됐다. 베트남에 발이 묶여 있었던 미국으로서는 아무것도 할 수가 없었다. 베트남이라는 늪에 빠져서 허우적대는 와중에 또 하나의 전쟁을 수행할 여력이 없었다. 단지 판문점에서 북한과 만나

[•] Mitchell Lerner, *The Pueblo Incident: A Spy Ship and the Failure of American Foreign Policy*, University Press of Kansas, 2002, p. 194.

이들을 풀어달라고 할 수밖에 없었다. 결국 1년이 지나 크리스마스가 되어서야 푸에블로호의 선원들이 귀환했다. 미국은 그 대가로 북한의 영해에 침범했다고 인정하는 문서를 북한 쪽에 전달했다. 세계 최강 미국으로서 치욕이었지만, 북한이 단지 사과만을 요구했다는 점에서 안도하기도 했다. 미국 정부는 북한이 더 큰 요구를 할지도 모른다고 불안해했기 때문에 북한의 영해를 침범했다고 인정하고 사과하라는 요구만을 했을 때 어리둥절했다.

당시 군사분계선에서 활동했던 한 미군 병사에 따르면 푸에블로호 사건 직후 북한의 무선을 도청할 수 있었다고 한다. 북한의 납치는 고의에 의한 것이 아니었으며, 미군과 전쟁을 할 의사가 없었다는 것을 확인해 보고했다고 한다. 어쩌면 이것이 미군이 원산에 대한 폭격을 감행하지 않았던 이유 중 하나였을 가능성도 있다.

그렇다면 1968년 1월이라는 시점에 도대체 왜 이런 일이 생겼을까? 그것도 베트남에서 한창 전투가 진행되는 시점에. '벼랑 끝 전술'의 대가인 북한이 베트남전의 늪에서 헤어나지 못하는 미국에 한 방을 먹일 수 있는 기회를 잡았던 것일까?

상황은 그렇게 간단하지 않았다. 우선 북한의 공세가 강화된 것은 사실이다. 북베트남과 긴밀한 관계를 맺고 있었던 북한은 북베트남과 베트콩을 돕는 방법으로 한반도에서 안보 위기를 일으키는 방안을 선택했다. 한반도의 안보 상황이 불안해진다면 더 많은 한국의 전투부대를 베트남에 보낼 수 없기 때문이었다. 전투 요원의 일부를 북베트남에 보내 직접 돕는 것도 하나의 방법이었지만, 한반도에 안보 위기를 조성하는 것 역시 측면 지원의 방법이 될 수 있었다. 호찌민과 가까운 관계였던 김일성이 보여줄 수 있는 최대한의 호의였다.

1966년의 조선노동당 대표자대회 직후부터 남한에 대한 공세가 강화됐다는 것도 이를 잘 보여준다. 또한 최근 공개된 동독의 외교문서도 이를 잘 보여준다. 중국 정부는 베트남에서의 상황을 유리하게 끌고 가기 위해 북한 정부가 한반도에서 유엔군에 대한 공세를 강화해줄 것을 요청하기도 했다.[•] 이 문서는 한·미·일 삼각 동맹에 의해 미국이 한반도에서 또 하나의 전쟁을 할 가능성이 없다고 하면서 중국의 요구를 거절하는 내용이 담겨 있지만, 실상 북한이 베트남을 돕기 위해 더 적극적이고 공세적인 전술을 펼친 것은 분명하다.

손바닥은 마주쳐야만 소리가 나는 법, 북한의 적극적인 공세만으로 남북 간의 충돌이 열 배 이상 급증할 수는 없었다. 여기에는 남한 정부의 새로운 전술이 또 하나의 중요한 역할을 했다. 1966년 10월 존슨 대통령의 방한 직전에 있었던 남한군에 의한 북한 공격은 그 신호탄이었다.

1968년 푸에블로호 사건 직후에 향후 북한에 대한 전술을 논의하기 위해서 방한한 사이러스 밴스Cyrus R. Vance 특사는 박정희 대통령을 만나 회담한 직후 존슨 대통령에게 보고하는 자리에서 1967년 이후 발생한 남북 충돌 사건의 3분의 1은 남한 쪽에 의해 발발한 사건이라고 언급했다. 이는 당시 주한미군 사령관이었던 본스틸 장군으로부터 얻은 정보였다.

1967년 휴전선에서 남북 간의 교전이 급증하면서 주한미군 사령관은 북한이 점점 더 공격적인 전술을 쓰고 있기 때문에 이에 주의해야 한다는 내용의 보고서를 자주 워싱턴에 보냈다. 이와 함께 한국 정부가 북한의 공세에 너무나 적극적으로 대응하기 때문에 안보 위기가 더 격

• 통일연구원, 《독일 지역 북한 기밀문서집》, 선인, 2006, 39~43쪽.

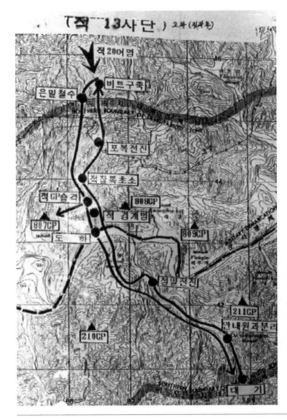

이 그림은 한국군이 비무장 지대를 가로질러 적진으로 들어가 적군을 타격하고 돌아오는 작전도다. 북한이 남한을 공격하지 못하도록 먼저 타격하는 것으로, 이러한 공격은 선제타격pre-emptive attack의 개념을 갖고 있다.

화되고 있다는 내용 역시 전달했다.

당시 박정희 정부의 전략은 단지 북한의 공세에 대해 적극적으로 대응하는 데 그치는 것이 아니었다. 한발 더 나아가 선제공격preemptive attack의 성격을 띠고 있었다. 적들이 우리를 공격할 가능성이 있기 때문에 그것을 차단하기 위해 적들을 먼저 공격한다는 것이다. 2001년 9·11 테러 이후에 미국의 부시 행정부(2001~2009)가 구사했던 전략을 한국 정부가 1960년대에 보여준 것이다.

2011년 2월 국회 국방위원회에서, 당시 자유선진당 소속 이진삼 의원은 1969년 9월과 10월 세 차례에 걸쳐 북한 부대를 공격해서 약 33명의 북한군을 사살했다고 주장했다. 관련 자료는 이미 2008년 기무사령부에서 공개됐으며, 그림에서 보는 작전도와 같은 "몇 배의 응징으로 적이 다시는 오판을 못하게 하기 위한 것"이라고 밝혔다. 그 배경으로 베트남전 참전을 언급했다.

이와 같이 베트남전쟁이 격화되는 시점에서 한반도는 또 다른 전쟁터가 되어갔다. 그렇다면 베트남전쟁을 통해서 안보를 강화하겠다는 목적은 달성되지 못한 것 아닌가? 심지어 군사분계선이 뚫리고 북한의 게릴라가 청와대까지 습격하는 사태가 발생했다는 것은 혹 전투부대 파병으로 인한 공백 때문은 아니었을까? 또한 미국의 반대에도 불구하고 한국 정부가 북한군의 도발에 이렇게 적극적으로 대응했던 이유는 무엇이었을까?

파병군은 박정희에게 '알라딘의 램프'였나

한국과 미국의 동상이몽

1967년 11월 25일 주한 미국대사 윌리엄 포터는 국무부에 보내는 전문에서 한국 정부는 미국으로부터 특별한 대접을 받고 싶어 하며, 베트남에 있는 5만 명의 한국군을 '알라딘의 램프'로 생각하고 있다는 내용의 전문을 보냈다. 알라딘의 램프? 문지르기만 하면 원하는 것을 모두 얻을 수 있는 요술 램프?

포터 대사의 전임자인 윈스럽 브라운Winthrop Gilman Brown 대사는 브라운 각서를 전달한 직후 본국에 보내는 1966년 3월 18일자 전문에서 미국 정부의 한국 정부에 대한 전투부대 3차 파병 논의는 한·미 관계에 '불행한 결과'를 가져올 것이라고 보고했다. 미국 정부가 한국의 전투부대 파병을 요청했고, 한국 정부는 동맹국으로서 그러한 요청에 가장 성실하게 응답했건만 왜 이런 평가가 나타났던 것일까?

1967년 10월 사이공에서 있었던 정일권 국무총리와 휴버트 험프리Hubert Humphrey 부통령 간의 대화는 그 이유를 잘 보여준다. 베트남전쟁 참전국 회담 참석차 사이공을 방문한 두 사람은 10월 30일 별도로 회담할 수 있는 기회를 가졌다. 두 사람 간의 대화는 당시 한국군의 베트남 파병으로 인해 나타났던 한국 정부와 미국 정부 사이의 긴장을 잘 보여준다.

험프리: 한국 정부의 북에 대한 보복 행동이 위험을 초래할 수 있다.

정일권: (이에 대한 대답 없이) 한국 정부가 요청한 구축함 세 대 중 두 대에 대한 원조가 상원에서 부결됐다고 들었다. 전투부대 추가 파병 이야기가 나오면 야당이 이 문제를 들고나올 것이다. 반침투 전술을 위한 레이더와 통신수단을 언제까지 지원해줄 수 있는가?

험프리: 만약 우리가 지원하지 못하게 된다면 어떻게 할 것인가? 우리는 언제까지 한국의 정규군을 도와주어야 하는가?

정일권: (놀라서 한발 물러서며) 주한미군의 계속된 주둔에 감사한다. 지프나 트럭 같은 운송수단의 지원을 원한다.

험프리: 전투병의 추가 파병을 원한다. 그러나 존슨 대통령이 직접 이야기할 수 있는 상황은 아니다. (…) 그건 그렇고, 남한은 계속해서 일방적으로 돌발행동을 할 것인가? 대통령에게 미국의 뜻을 전해달라.

정일권: (이에 대한 답변 없이) 한국의 수출을 좀 도와달라. 미국의 무역 보호주의 장벽이 너무 높다. 그리고 베트남에서 싸우고 온 군인들 중 실업자로 있는 사람들이 다시 베트남에 파견될 수 있도록 해달라.

험프리: 지금 웨스트모얼랜드 장군이 검토 중이다. 베트남에서 새로 정부가 들어서서 더 많은 인력이 필요할 것이다. 채명신 장군에게 감사의 말을 전한다.

– 주베트남 미국대사관 전문(1967년 10월 31일)[•]

동문서답으로 구성된 두 사람의 대화는 서로가 동상이몽의 관계에

• '한국의 총리와 부통령의 만남', 베트남대사관 전문(1967년 10월 31일), *FRUS 1964 ~1968*, Vol. 28(http://history.state.gov/historicaldocuments/frus1964-68v28 참고–이하 동일).

있었음을 보여준다. 한쪽은 돌발행동을 하지 말 것을 거듭 요청하는데, 다른 한쪽에서는 더 많은 지원을 요청하고 있었다.

미국의 요청에 의해 한국의 전투부대가 파병됐고, 그 규모 역시 미군 다음으로 큰 규모였다. 한·미 관계는 겉으로는 개선된 것 같으면서 그 이면에서는 갈등과 줄다리기가 계속되고 있었다. 왜 이런 불편한 관계가 계속됐던 것일까?

처음 미국이 한국군의 파병을 요청했을 때 한국 정부의 결정은 한·미 동맹에 대한 고려와 주한미군 감축 또는 베트남으로의 이동을 막기 위한 것이었다. 그러나 시간이 지나면서 한국 정부는 또 다른 목표를 달성하는 것이 가능하다는 사실을 알게 됐다. 미국이 더 많은 한국군을 시급하게 원하고 있는 만큼 미국으로부터 더 많은 보상을 받는 것이 가능하다는 점이었다. 1966년 초 브라운 각서는 그 대표적인 예였다. 브라운 각서는 한국 전투부대 파병의 대가로 미국이 한국에 대한 군사 원조뿐만 아니라 경제 원조를 하겠다는 내용을 담고 있었다. 그런데 미국 쪽에서는 브라운 각서를 한국 정부에 대한 마지막 보상으로 생각했던 반면, 한국은 더 많은 보상을 받을 수 있는 신호로 생각했다.

미국 정부가 한국 쪽에 한국군의 파병을 요청한 것은 근본적으로 세 가지 이유 때문이었다. 한국군이 베트남인들과 비슷하게 생긴 아시아인이었고, 한국군의 유지비가 싸면서 전투력이 뛰어나다는 것이었다.● 특히 한국군의 값싼 유지비는 가장 중요한 이유였다. 밑 빠진 독에 물 붓듯 끝이 보이지 않는 전쟁의 비용을 줄일 수 있는 방안이었다. 한국군에 들어가는 비용은 미국에 비해서는 3분의 1도 되지 않았고, 다른

● 주한 미국대사관 전문(1965년 3월 30일), *FRUS 1964~1968*, Vol. 28.

원스럽 브라운 주한 미국대사가 전달한 브라운 각서는 베트남에 전투부대를 보낸 한국 정부에 대해 미국이 약속하는 마지막 경제 원조 성격의 보상이었다. 1964년 10월 14일 박정희 대통령이 브라운 대사를 초대한 파티에서 어린이 합창단이 노래를 부르고 있다.

참전국인 타이군이나 필리핀군 유지비보다도 적었다.

1965년 3월 본격적으로 북베트남에 대한 폭격을 시작했지만, 전황은 전혀 호전되지 않고 있었다. 이러한 상황에서도 존슨 행정부(1963~1969)는 더 많은 군인들을 투입할 경우 전쟁에서 승리할 것이라고 판단했다. 1951년 이후 한국전쟁에서의 군사 전략과 같이 베트남에서도 제한전쟁을 통해서도 승리를 얻을 수 있다는 믿음 속에서 존슨 대통령은 한국의 전투부대 추가 파병이 가장 중요한 전략의 하나라고 생각했다. 존슨의 이러한 판단이 이듬해 봄 브라운 각서를 통해 한국 정부에 큰 선물을 안겨준 근거이기도 했다.

미국 정부는 한국 전투부대의 추가 파병을 위해서 한국군이 미군과 비슷한 수준으로 파견되어야 한다는 주장을 내놓았다. 전체 미 지상군 중 약 20퍼센트가 베트남에 파병됐는데, 한국 역시 60만의 지상군 중 동일한 수준의 약 10만 명 이상이 베트남에 파병되어야 한다는 주장이었다. 한국군의 추가 전투부대 파병에 대한 미국의 요구는 1968년 초 안보 위기 때에도 계속될 정도로 절박한 것이었다.

윌리엄 웨스트모얼랜드William Westmoreland 주베트남 미군 사령관은 푸에블로호 사건 일주일 후에 있었던 구정공세 직후 20만 명의 군인만 더 있으면 전쟁을 승리로 이끌 수 있다는 의견을 워싱턴 행정부에 올렸다. 하지만 미국 안에서 반전 시위가 고조되면서 더 이상 미군의 추가 파병은 불가능했다. 남베트남 정부 쪽의 동맹군을 늘리는 유일한 길은 한국군의 추가 파병밖에 없었다.

한국 정부는 점차 미국의 추가 파병이 시급한 요구라는 것을 느끼게 됐다. 그렇다면 전투부대 파병으로 무언가 더 많은 보상을 받을 수 있는 것 아닌가? 한국 정부가 요구한 것은 단지 '돈'만은 아니었다. 한·미 상호방위조약에서 한반도 유사시 미군의 자동 개입 조항을 넣어줄 것, 주한미군의 주둔군 지위 협정을 맺어줄 것, 그리고 주한미군 감축을 중지해줄 것 등을 요청했다. 이는 1953년 정전협정 후 한국 정부가 지속적으로 미국에 요구했던 숙원 사업이었다.

존슨 행정부의 대답은 자동 개입 조항은 불가, 주둔군 지위 협정은 필리핀 수준으로 가능, 주한미군 감축 시 한국 정부에 사전 협의 가능이었다. 한국 정부로서는 더 이상의 양보를 받아낼 수 없다는 것을 인지하고, 미국의 대한對韓 원조를 더 보상받는 것으로 방향을 틀었다. 한국 정부가 꺼낸 카드는 베트남에 대한 한국의 수출 물량을 늘려주는 것이었다.

1965년 5월 초 김성은 국방부 장관은 브라운 대사를 만났다. 국방부

장관은 베트남에서의 군수물자 조달에서 차지하는 한국 기업의 비중이 늘어나야 한다고 주장했다. 그는 한국의 여론이 좋지 않다고 말했다. 막상 전투부대를 파병한 것은 한국인데 돈은 일본이 더 많이 챙기고 있었기 때문이었다. 여론이 계속 나빠질 경우 한국군의 추가 파병이 어렵다는 입장도 전달했다. 그는 '일본이 한국전쟁에서 얻은 경제적 이익만큼 한국도 베트남전쟁에서 이익을 얻어야 한다'는 말도 덧붙였다. 한국전쟁 기간 일본의 부흥을 비판적으로 바라봤던 한국 정부가 일본과 동일한 경험을 하겠다고 나선 것이다.

브라운 각서가 전달된 뒤 미국 정부는 더 이상의 추가 원조는 어렵다는 뜻을 전달했지만, 한국 정부는 계속해서 더 많은 원조를 요구했다. 경제적 측면에서의 원조가 어렵다면 한국군의 현대화를 비롯한 더 많은 장비의 제공이 필요하다는 점을 강조했다. 특히 한국 정부가 요구한 것은 앞서 언급했던 정일권 국무총리와 험프리 부통령 사이의 대화에 잘 나타나는 것과 같이 북한의 도발과 게릴라들의 침투를 막기 위한 장비였다.

1966년 말 이후 북한과의 충돌이 늘어났고, 게릴라들의 침투가 증가할 것으로 예상되는 상황에서 이 문제를 해결하지 않고서는 추가 파병이 어렵다는 것이 한국 정부의 입장이었다. 미국 정부로서도 한반도의 안보 위기가 고조되는 상황에서 한국군의 추가 파병을 요청하는 것은 무리였다. 게다가 주한미군의 규모도 애초에 약속과는 달리 5만 1,000명에서 4만 3,000명으로 감축된 상황이었다.•

존슨 대통령은 한국 정부에 더 많은 군사 장비를 제공하더라도 추가

• '한국에서 미군의 힘', 주한미국대사가 국무부 동아시아 태평양 지역 담당 차관보에게 보낸 전문(1966년 12월 13일), *FRUS 1964~1968*, Vol. 28.

파병 약속을 받아야 한다는 입장이었다. 그는 한국 정부가 요구하고 있었던 헬리콥터와 구축함의 공여가 가능한지 여부를 거듭 확인했고, 한국군의 추가 파병만이 베트남에서의 승리를 앞당기는 길이라고 판단했다. 당시 존슨 행정부 내에서 베트남전쟁 정책을 만들었던 모든 입안자들은 이러한 의견에 동의했다.

1967년 브라운 대사의 후임자로 온 포터 대사의 임무는 전투부대의 3차 추가 파병을 위한 한국 정부와의 협상이었다. 1967년 9월 4일 박정희 대통령은 포터 대사와 만난 자리에서 추가 파병의 여부는 북한의 도발을 막기 위한 군사 장비가 얼마나 제공될 수 있는가에 달려 있다고 언급했다. 이 시점에서 포터 대사는 한국군의 적극적인 공세가 결국 북한과의 더 많은 충돌을 만들어내고 이를 통해 미국으로부터 더 많은 원조를 받아내기 위한 한국 정부의 전술이라고 판단했다. 그래서 그는 베트남에 있는 한국군은 한국 정부가 원하는 것은 무엇이든지 얻을 수 있도록 하는 '알라딘의 램프'라고 말했던 것이다.

포터 대사가 이렇게 판단한 또 다른 이유는 1968년 안보 위기 이후에도 한국 정부가 2개 사단의 추가 파병이 가능하다는 뜻을 밝혔기 때문이었다. 진정 안보 문제가 제일 중요했다면 한국 정부가 안보 위기 속에서 추가 파병이 가능하다는 입장을 밝힐 수 없었지만, 한국 정부는 추가 파병을 제안했다. 정일권 국무총리는 2개 사단 추가 파병의 대가로 3개 예비사단을 완전무장 사단으로 전환하고 7개의 후방 예비사단을 정규 예비사단으로 전환해야 하며, 오키나와를 일본에 반환할 경우 제주도에 미군의 항공 사단 창설이 이루어져야 한다고 주장했다.[*] 이

---

[*] 주한 미국대사관 전문(1968년 3월 10일), *FRUS 1964~1968*, Vol. 28.

것은 모두 미국의 추가 군사 지원에 의해서만 가능한 일이었다.

1968년 4월 17일 호놀룰루에서 만난 존슨과 박정희는 추가 파병 문제에 대해 논의했지만, 논의는 더 진전되지 못했다. 미국은 더 이상 한국 정부의 요구를 수용할 수 없었다. 반전 분위기도 문제였지만, 존슨 대통령이 재출마를 포기한 상황에서 더는 의회를 움직일 힘이 없었다.

한·미 관계의 측면에서만 본다면 한국군의 베트남 파병은 한국 정부에 중요한 기회였다. 특히 한국 정부의 위상을 높여줄 수도 있었다. 한국 정부는 또한 베트남에 가 있는 한국군들에게 최대한의 편의를 제공하고자 하는 노력도 했다. 미국이 제안한 전투 수당을 더 올려달라고 요구했다. 베트남에 있는 한국군들의 사기를 높여주기 위해 김치를 제공해줄 것을 주장했다.

또한 베트남에 있는 한국군의 경우 그 작전지휘권이 한국 내에서와는 달리 독자적으로 운용될 수 있도록 했다. 한국군 부상자 및 전사자에 대해서도 미국 정부가 더 많은 보상을 하도록 협상에 임했다. 북한군에 대한 적극적 대응 또는 선제공격 역시 한국군의 사기를 진작하기 위한 조치라는 것이 한국 정부의 입장이었다.

그러나 주한 미국대사의 생각은 달랐다. 그는 한국 정부의 요청은 모두 2차적인 것이고, 1차적인 것은 미국으로부터 더 많은 것을 '구걸'하기 위한 것으로 판단했다. 이로 인해 주한미군 1개 사단 철수로 한국 정부와 본격적 갈등을 겪었던 닉슨 행정부(1969~1974)가 들어서기도 이전에 한·미 관계는 틀어지기 시작했다.

'알라딘의 램프'라는 규정은 한국과 미국 사이의 동상이몽의 관계 속에서 나온 것이었다. 더 많은 보상을 지속적으로 요청한 한국 정부의 입장에도 문제가 있었지만, 더 많은 전투부대 파병을 끊임없이 요청한 미국 쪽에도 문제가 있었다. 도대체 미국은 왜 그렇게 더 많은 한국군의 전투부대를 원했던 것일까? 미국은 진정 한국군 20만 명이 더 있으면 베트남전쟁에서 이길 수 있다고 생각했던 것일까?

이데올로기에 대한 집착

미국이 늪에 빠진 이유

지금까지도 국제정치학자들, 역사학자들이 베트남전쟁에 대해 제기하는 가장 중요한 질문은 미국의 개입 이유다. 미국은 왜 베트남전쟁에 개입했는가? 미국은 베트남에서 자기의 목적을 달성할 수 있다고 믿었던 것일까? 프랑스 정부와 일부 핵심 관료들이 반대했음에도 미국 정부는 왜 갈수록 베트남전쟁에 더 깊이 빠져들었을까?

베트남에 적극적인 개입을 결정했던 린든 존슨 대통령은 1965년 미국 시민들에게 미국인들이 왜 베트남에서 싸워야 하는가에 대해서 설명했다. 그 첫째 이유는 북베트남이 독립국가인 자유 진영의 남베트남을 공격했다는 사실이다. 남베트남 사람들도 자신들의 정부를 공격하기 위해 참여했지만, 그 근원은 하노이에 있었다. 존슨은 베트남전쟁을 한국전쟁과 동일한 유형의 전쟁으로 보았다.

둘째 이유는 그 전쟁이 잔인하다는 것이었다. 존슨이 정확한 정보를 전달받았는지는 모르겠지만, 그에 의하면 평범한 농부들이 암살과 납치의 대상이 되고 있으며, 그들이 사이공 정부에 충성한다는 이유로 그들의 부인과 아이들이 잔인하게 살해당하고 있었다. 미국은 공산주의자들의 불법 침략과 비인간적인 행위를 막을 의무가 있었다.

공산주의 중국의 검은 그림자가 동남아시아 전체를 뒤덮기 시작했다는 것이 마지막 이유였다. 베이징 정부가 하노이 정부의 지배자들을 조종하고 지원하고 있다는 것이다. 티베트의 자유를 파괴하고, 인도를 공격하고, 한국을 침략한 중국이 이제는 베트남을 통해 동남아시아 전체로 그 힘을 확대하고 있었다. 미국은 중국의 팽창을 막아야 했다.

미국 정부는 이러한 이유로 1954년 프랑스가 베트남으로부터 나간 이래로 위험에 빠져 있는 남베트남의 건설과 안보를 도와주겠다고 약속했고, 그 약속을 지켜야 한다는 것이 존슨 대통령의 설명이었다. 미국이 베트남에서 떠난다면 베를린에서 타이까지 미국에 의존하고 있는 나라들의 자신감을 흔들어놓을 것이라고 주장했다.

존슨 대통령은 이렇게 국민들에게 베트남 개입이 불가피함을 설명하면서 다음과 같은 성경 구절을 인용하며 공산주의자들에게 경고를 보냈다.

네가 여기까지 왔지만, 더 넘어가지 못하리니.

– 욥기 38장 11절

존슨 대통령의 이러한 결정에 모든 관료들이 찬성한 것은 아니었다. 당시 국무부 차관이었던 조지 볼George Ball은 1965년 7월 1일자 문서를 통해 베트남전쟁에 깊숙이 개입하는 것에 대해 반대했다.• 그는 미국이 정글 속의 게릴라전에서 이기는 것은 불가능하며, 만약 인명 손실이 늘어난다면 돌이킬 수 없는 상황이 도래할 것이라고 주장했다. 만약 북베트남과 전쟁을 하게 되더라도 중국의 참전으로 인해 베트남전쟁

• 'Ball Memo', *FRUS 1964~1968*, Vol. 3, pp. 106~109.

1965년 박정희 대통령과 존슨 대통령의 한·미 정상회담 기자회견 장면. 미국 정부는 전투병 파병을 결정한 박정희 대통령에게 카퍼레이드를 비롯한 최고의 환대를 베풀었다.

이 세계적 차원의 전쟁으로 확대되는 것을 막아야 한다는 의견도 제기됐다. 이는 냉전 시기 세계의 주변부에서 일어난 전쟁에 적용되던 '제한전'의 원칙으로, 한국전쟁 시기 해리 트루먼Harry Truman 대통령의 전략 역시 제한전 전략에 기초하고 있었다.

볼 차관이 또 하나 강조한 것은 미국 정부가 남베트남 정부의 '포로'가 되어 있다는 사실이었다. 남베트남 정부가 해달라고 하는 것을 모두 해주다 보니 결국 미국의 이해관계가 제대로 반영되지 못하고 있다는 것이다. 볼 차관뿐만 아니라 1968년 로버트 맥나마라의 후임으로 국방부 장관에 임명되는 클라크 클리퍼드Clark Clifford 역시 개입에 반대했다. 클리퍼드는 하노이 정부의 패배를 러시아와 중국이 가만히 지켜만 보고 있지는 않을 것이기 때문에 제한전으로는 소기의 목적을 달성할 수 없다는 입장이었다.

미국 냉전정책의 창시자 조지 케넌George Kennan의 주장도 주목된다. 가장 큰 이유는 전략적으로 볼 때 베트남이 미국에 그다지 중요한 국가가 아니었다는 판단이었다. 1966년 미국 상원 베트남 청문회에 선 케넌은 베트남에서 일어나는 일들이 세계적으로 발생하는 다른 사태의 전개에 영향을 끼치지 않고 있으며, 앞으로도 그럴 것이라고 자신의 의견을 밝혔다. 오히려 베트남 개입으로 인해 더 중요한 다른 지역에 개입할 수 없는 상황을 가져왔다고 비판했다.

15년 전 한국에 대한 미국의 개입을 비판했던 케넌의 입장에서 볼 때 하노이 정부가 중국처럼 공산주의의 형님들로부터 자유로운 독자적 행보를 밟을 가능성이 크다는 점 역시 미국의 베트남 개입에 대한 비판의 또 다른 초점이었다. 공산주의권은 일원적이지 않으며, 소련은 그 자체로서 약점을 갖고 있기 때문에 설혹 하노이 정부가 베트남 전체를 장악하더라도 중국이 영향력을 확대하는 것이 어렵다고 주장했다. 가만히 두어도 미국으로서는 손해 볼 것이 없었다.

아울러 그는 상원의원들 앞에서 도미노 효과° 역시 그다지 우려할 상황이 아니라고 증언했다. 즉 1965년 인도네시아에서의 '빨갱이 사냥'과 같이 주변국들의 반공정책이 성공하고 있기 때문에 공산주의의 확산을 염려할 필요가 없다는 것이었다. 오히려 군사적 압박은 적들의 양보를 가져오기보다 중국군의 개입을 부를 수도 있다고 경고했다.

미국 내부의 반대보다 더 큰 반대는 프랑스로부터 나왔다. 샤를 드골 Charles De Gaulle 대통령은 베트남 개입 문제로 고민하고 있었던 케네디

° 한 지역이 공산화되면 그 주변 지역이 연쇄적으로 공산화가 될 것이라는 논리.

대통령에게 경고했다.

당신이 노심초사하는 이데올로기는 아무것도 변화시킬 수 없을 것이다. 미국은 얼마 전까지만 해도 인도차이나에서 우리의 자리를 차지하려고 했고, 지금은 우리가 이미 꺼버린 전쟁의 촛불을 다시 붙이려고 한다. 내가 당신에게 하고 싶은 말은 '미국은 끝없는 전쟁과 정치적인 수렁에 천천히 휘말리게 될 것'이라는 점이다.•

국내외로부터 많은 비판이 있었음에도 케네디 대통령은 베트남에 대한 적극적인 개입을 결정했고, 후임자 존슨 대통령은 개입을 더 확대했다. 왜 이러한 반대 입장이 무시된 것일까? 퇴임 후 3년이 지난 시점에서 나온 존슨 대통령의 회고에 따르면, 그는 볼 차관의 제안을 심각하게 고려했다. 볼 차관의 제안이 있은 직후 국무회의가 열렸다. 국무회의에서 많은 사람들이 그의 견해에 동의했다. 그러나 볼 차관의 제안은 받아들여지지 않았다.

존슨 대통령은 베트남에서 철수한다는 것은 공산주의가 아시아에서뿐만 아니라 중동과 유럽, 아프리카, 그리고 남미로 가는 길을 열어주는 것이며, 더 나아가 제3차 세계대전의 원인이 될 수 있다고 판단했다. 딘 러스크 국무장관 역시 이러한 의견에 찬성했다. 결국 존슨이 내린 결정은 케네디의 개입 정책을 계승하는 것 이상으로 더 많은 파병과 군사적 지원을 하는 것이었다. 추가 파병 없이는 하노이 정부에 대해 승리할 수 없다는 맥나마라 국방장관의 권고를 받아들인 것이다.

• 마이클 매클리어 저, 유경찬 역, 《베트남 10,000일의 전쟁》, 을유문화사, 2002, 121쪽.

한국군의 파병을 결정할 때 박정희처럼 존슨 역시 베트남 정책을 결정하기 위해 백악관에서, 그리고 캠프데이비드에서 잠을 이루지 못하는 밤이 많았을 것이다. 그 결과 내려진 결론은 전임 대통령인 드와이트 아이젠하워Dwight Eisenhower와 케네디의 정책을 재확인한 것이었고, 그의 선택에 대해 정부에서 누구도 반대하지 않았다.

물론 미국이 베트남에 개입하기 시작한 것은 1954년 아이젠하워 행정부(1953~1961) 시기였다. 1945년 일본 군국주의가 패망했을 때 한반도와 마찬가지로 베트남 역시 두 지역으로 분할되어 일본군의 무장해제가 진행됐고, 그 결정은 한반도의 분할점령을 규정했던 미국의 일반명령 제1호에 의해 이루어졌다. 그러나 일본군의 항복 이후 베트남에 대한 주도권은 1954년까지 프랑스가 잡고 있었다. 제2차 세계대전에서 패망한 일본의 식민지였던 한국과 달리 승전국인 영국과 프랑스, 그리고 네덜란드의 식민지였던 동남아시아는 해방되지 않았던 것이다. 카이로 선언°이 이를 잘 보여준다. 이로 인해 1945년 일본 패망 이후에도 인도차이나와 인도네시아에서 프랑스와 네덜란드를 상대로 하는 독립 전쟁이 계속됐다. 미국의 개입은 1954년 프랑스가 디엔비엔푸-Diên Biên Phu에서 호찌민의 군대에 대패한 직후부터 본격적으로 시작됐다.

1954년 한반도에서 전쟁을 완전히 끝내기 위해 개최된 제네바 회담이 결렬된 직후 미국은 소련, 중국과 함께 17도선을 중심으로 베트남

• 제2차 세계대전 말기인 1943년 11월 27일 연합국 측의 프랭클린 루스벨트Franklin Roosevelt 미국 대통령, 윈스턴 처칠Winston Churchill 영국 수상, 장제스 蔣介石 중국 총통이 이집트의 카이로에서 회담을 갖고 대일전對日戰의 기본 목적에 대해 공동 결의한 선언이다. 여기서 국제적으로는 처음으로 한국의 독립을 보장받았다.

을 분단할 것을 결정했다. 이후 미국은 프랑스를 대신하여 몇 차례에 걸쳐 베트남에 개입할 것인가 말 것인가를 고민했다. 특히 행정부가 교체되는 시기에는 대외 정책에 대한 전반적인 재고가 필요했기 때문에 베트남 정책 역시 재검토됐다. 아이젠하워에서 케네디로, 케네디에서 존슨으로, 그리고 존슨에서 닉슨Richard M. Nixon으로.

정책의 재검토가 이루어질 때마다 서로 상반된 두 가지 의견이 함께 제기됐다. 하나는 동남아시아 전체의 공산화를 막기 위해, 그리고 중국의 세력이 동남아시아로 확장되는 것을 막기 위해 베트남에 대한 개입이 불가피하다는 견해였다. 다른 하나는 베트남의 상황을 고려할 때 미국이 개입하더라도 성공할 가능성이 희박하다는 것이었다.

결정은 한 방향으로 회귀됐다. 상황이 낙관적이지 못한 것은 인정하지만, 남베트남을 포기할 수 없다는 것이었다. 프랑스는 실패했지만, 미국은 제국주의 국가가 아니기 때문에 성공할 것이라는 자가당착적 평가도 계속됐다. 닉슨은 베트남에서 전쟁을 끝내고 미군을 철수하겠다고 공언하고 대통령에 당선됐지만, 베트남에서 미군이 철수한 것은 그가 대통령에 당선된 지 4년이 지나서야 가능했다. 무엇이 미국 정부를 한 방향으로 결정하게 했던 것일까? 볼 차관과 케넌의 혜안은 왜 무시된 것일까?

드골 대통령의 충고에서 나타나듯이 '냉전'이라는 상황 속에서 이데올로기 전쟁에 대한 강박관념은 가장 중요한 요소였다. 그뿐만 아니라 이 전쟁은 이데올로기 전쟁이면서 동시에 경제를 위한 전쟁이기도 했다. 공산주의의 확대는 세계적 차원에서 시장이 감소한다는 것을 의미했다. 동남아시아 시장의 축소는 미국에도 중요한 문제였지만, 아시아에서 미국의 가장 믿음직한 파트너였던 일본에게는 더욱 민감한 문제였다. 제2차 세계대전 이후 중국 시장에 접근할 수 없었던 일본에게는 새로운 시장이 필요했고, 동남아시아는 일본 경제의 부흥을 위한 가장 중요한 배후지였다. 일본이 35년간 지배했던 한반도에 대해서는 배상하지 않으면서 5년 남짓 점령했던 동남아시아 지역에 배상금을 준 것은 이러한 정책 때문이었다.

미국 내 정치적 문제 역시 중요했다. 많은 전문가들이 베트남 문제를 언급할 때 '냉전'과 '도미노 이론'을 지적하지만, 미국의 정책 결정자들에게는 국내 정치 역시 반드시 고려해야 하는 문제였다. 대통령에 재선되기 위해서, 그리고 여당이 상하원 선거에서 승리하기 위해서는 국내 정치를 고려해야 했다. 존슨 대통령은 1971년 이 점에 대해서 다음과 같이 회고했다.

만약 우리가 베트남에서 나온다면 미국 내에서 파괴적인 논쟁이 일어날 수 있었다. 중국이 대륙을 차지했을 때 이런 논란이 있었다. 물론 베트남의 경우는 다르다. 그러나 누가 베트남을 잃도록 했는가와 관련된 논쟁은 어쩌면 중국의 상실로 인한 논쟁보다도 더 파괴적일 수도 있다고 생각했다. 이러한 논쟁은 우익, 좌익 모두로부터 고립주의로 전환하라는 압력을 받는 결과를 가져올 것이며, 아시아에서뿐만 아니라 유럽과 중동에서 우리의 공약들을 모두 철회하는 원인이 됐을 것이다.[*]

1949년 중국의 공산혁명은 당시 트루먼 정부에 대한 비판으로 이어

• Lyndon B. Johnson, "Johnson Recalls His Decision to Commit Troops", *The Vantage Point: Perspectives of the Presidency, 1963~1969*, HEC Public Affairs Foundation, 1971.

졌고, 소련의 핵개발이 상승 작용을 하면서 매카시즘McCarthyism•을 불러왔다. 매카시즘은 중국의 문화혁명에 비견될 정도로 미국의 지성 사회를 피폐화시켰다.

존슨 대통령은 한편으로는 베트남에 대한 깊은 개입을 주장했다는 점으로 인해 비판받기도 하지만, 다른 한편으로 인종차별 정책을 철폐하고 사회복지 정책의 확대를 추진한 개혁주의자로 평가되기도 한다. 미국 내에서 새로운 정책을 수행하기 위해서 존슨은 미국 사회 내부로부터의 지지가 필요했다. 베트남에서의 패배로 인해 논쟁에 휘말림으로써 자신의 정책이 실패하는 것을 보고 싶지 않았다. 오히려 베트남에서의 승리를 통해 국내 정치에서 주도권을 잡고 싶었던 것이다. 그래서 그는 "여기까지 왔지만, 더 넘어가지 못하리니"라는 성경 구절을 인용함으로써 공산주의자들이 17도 이남으로 세력을 확대하지 말라고 경고했다.

한 가지 더 주목해야 할 점이 있다. 바로 한국전쟁의 '유산legacy'이었다. 베트남전쟁 전문가들은 그곳에서 미국의 승리를 위해, 자유세계를 지키기 위해 죽어간 한국군에 대해 거의 관심을 기울이지 않았지만, 미국이 베트남에서 왜 목적을 이루지 못했는가를 언급할 때는 한국전쟁에서 미국이 수행했던 제한전에 대해서 언급하고 있다. 도대체 미국은 한국전쟁을 통해서 무슨 교훈을 얻은 것이고, 그 교훈은 베트남전쟁에서 어떻게 작동했는가? 미국은 제대로 된 교훈을 얻은 것인가?

• 극단적이고 초보수적인 반공주의 선풍, 또는 정적이나 체제에 반대하는 사람을 공산주의자로 몰아 처벌하려는 경향.

토끼가 죽기를 기다리기만 한 미국

중국 개입의 트라우마

전쟁과 관련해 최근 가장 많이 이용되는 이론이 '구성주의'다. 구성주의 이론은 전쟁이 발발하게 된 사회구조적 모순과 갈등에 초점을 맞추었던 기존의 논의에서 벗어나 '정부가 도대체 왜 전쟁을 결정했는가?'라는 질문에 초점을 맞춘다. 유사한 위기와 갈등의 상황에서도 어떤 경우에는 전쟁이 일어나고 어떤 경우에는 전쟁이 일어나지 않는다. 이를 설명하기 위해서는 구조적인 설명만으로는 부족하다. 전쟁으로 갈등과 위기를 해결해야 한다고 결정하는 정책결정자들의 생각을 분석해야만 전쟁이 일어나는 원인을 찾을 수 있다.

구성주의 중 특히 신합리주의적 이론에 따르면, 정책결정자들은 먼저 전쟁을 통해서 얻을 수 있는 이익과 전쟁으로 인해 치러야 하는 비용을 계산한다. 그런 뒤 만약 이익이 많다고 판단하면 전쟁을 하고, 손해가 많다고 판단되면 전쟁보다는 협상을 선택한다. 이들의 선택이 올바른 계산에 의해서 나왔다고 할 수 있는 근거는 전혀 없지만, 정책결정자들의 판단에 따라 전쟁이 발생할 수도 있고, 그렇지 않을 수도 있다.

이러한 주장에 근거해서 설명할 수 있는 전쟁은 멀리서 찾을 필요가 없다. 한국에 그 적나라한 예가 있다. 1949년과 1967년은 모두 안보 위기의 시기였다. 1949년은 주한미군 철수를 전후하여 남북 사이의

38선 분쟁이 격화되어 있었다. 1967년에는 1년간 400건이 넘는 사건이 비무장지대에서 발생했고, 1968년 초에는 북한 게릴라의 청와대 습격 사건과 푸에블로호 사건이 발생했다. 그런데 1949년의 이듬해인 1950년에는 전쟁이 발발했고, 1967년의 안보 위기는 전쟁으로 발전하지 않았다. 왜 이런 차이가 발생했을까?

1950년 당시의 정책결정자들, 즉 북한과 소련의 지도자들은 전쟁을 해야만 모든 갈등이 해결된다고 판단했다. 하지만 1960년대 중후반기의 정책결정자들은 그렇게 생각하지 않았던 것이다. 특히 당시 베트남전쟁에 깊숙이 개입하고 있으면서 주한미군을 유지했던 미국의 정책결정자들의 판단은 그러했다. 물론 한국전쟁에서 승리하지 못했던 경험이 1968년의 상황에서 하나의 교훈으로 작동했을 가능성도 배재할 수는 없다.

베트남전쟁의 경우 이 이론을 그대로 적용한다면, '미국이 왜 개입했는가'라는 질문과 함께 '미국은 전쟁에서 목적을 달성할 수 있다고 판단했는가'라는 질문에 대한 답이 쉽게 나올 수 있다. 미국의 정책결정자들은 전쟁에서 목적을 달성한다고 믿었고, 베트남에 개입함으로써 얻을 수 있는 이익이 치러야 할 손해보다도 더 많다고 판단했다. 굳이 복잡한 이론을 들이대지 않더라도 동서고금을 막론하고 누가 얻을 것이 없는 전쟁에 개입하겠는가? 그렇다면 당시 정책결정자들은 전쟁 개입에 대한 반대를 물리치고 왜 얻을 것이 더 많다고 생각했을까?

적극적 개입을 결정했던 존슨 대통령은 앞에서 언급한 것처럼 미국의 국내 정치 문제를 가장 많이 고려했을 가능성이 크다. 그는 베트남전 개입으로 얻을 수 있는 이익이 국내 정책에서 나타나는 비용을 상쇄해주리라 판단했다. 반대로 베트남에 개입하지 않을 경우 손해를 본다고 보았다. 그는 왜 이렇게 생각했을까?

많은 정책결정자들은 역사에서 길을 묻는다. 존슨 행정부 시기의 정책결정자들 역시 역사로부터 길을 찾고자 했다. 동아시아의 많은 지도자들이 오래된 역사로부터 그 길을 찾고자 고전을 선택했다면, 존슨 행정부는 그리 오래되지 않은 역사로부터 그 길을 찾고자 했다. 바로 한국전쟁과 그 전후 시기의 경험이었다.

존슨은 미국이 중국 대륙을 잃었을 때 불었던 매카시 선풍의 경험을 가장 먼저 떠올렸다. 미국이 세계를 관할하는 강대국이자 제국이기는 하지만, 다른 나라들과 마찬가지로 대통령은 정치인이고, 그에게는 국내 정치가 가장 급했다. 또한 성공적이지는 않았지만, 그래도 근근이 실패하지 않고 끌어왔던 베트남 정책이 그가 대통령으로 재임하는 시기에 실패할 수도 있다는 위기감 역시 느꼈을 것이다. 마치 루스벨트 행정부(1933~1945)와 트루먼 행정부(1945~1953)가 1949년 중국에서 실패의 책임을 모두 뒤집어쓴 것과 같은 결과가 존슨 행정부에도 재현될 수 있다고 판단했다. 존슨 대통령은 어쩌면 1949년의 경우보다도 더 큰 재앙이 발생할 수도 있다고 생각했다.

역사를 통해 길을 물은 것은 국내 정치 문제뿐만이 아니었다. 베트남 전쟁에서의 군사 전략에서도 동일했다. 특히 15년 전에 있었던 한국전쟁은 존슨 행정부의 정책결정자들과 군사 전략가들에게 중요한 유산을 남겼다. 그 첫 번째 유산이 제한전을 주요한 전략으로 사용한 것이었다.

'베트남에서 미국이 왜 승리하지 못했는가?'라는 질문에 대한 가장 흔한 답변은 '미국이 베트남을 제대로 알지 못했다'는 것이지만, 군사 전략적 관점에서의 답변은 '선전포고 없는 전쟁'이었다. 한국전쟁과 베트남전쟁에 참전했던, 미국 육군대학의 해리 서머스Harry Summers, Jr.는 그러한 주장을 하는 대표적인 군사 전략 전문가다.

선전포고 없이 전쟁을 할 수 있는가? 선전포고는 적을 명확히 하고 왜 그들이 적이며, 왜 그들과 싸워야 하는가에 대한 내용을 규정한다. 여기에서 내가 그들과 싸워야 하는 이유와 동기가 분명해진다. 목숨을 걸고 싸워야 하는 병사들에게 왜 그들이 적이고, 왜 그들을 죽여야 하는지 분명한 이유가 없다면, 그 전쟁은 시작부터 잘못된 전쟁일 수 있다. 통킹만 사건● 이후 존슨 대통령은 의회로부터 전쟁에 관한 모든 권한을 위임받았지만, 그렇다고 해서 존슨 대통령이나 의회가 북베트남에 대해서 선전포고를 하지는 않았다.●●

과연 누가 가장 결정적인 적인가? 북베트남인가, 아니면 북베트남의 도움을 받아서 게릴라전을 수행하던 남베트남의 베트콩인가? 남베트남의 게릴라들과 북베트남에 대해서 호의를 갖던, 남베트남 정부에 반대하는 남베트남의 사람들은 적인가, 아니면 포섭 대상인가?

미군들에게는 진격할 목표가 없었다는 사실 역시 전투에서 중요한 문제였다. 남베트남의 베트콩이나 북베트남에는 분명한 목표가 있었다. 미국에 의존하면서 국민들의 지지를 받지 못하는 남베트남 정권을 물러나도록 하고, 북베트남의 주도 아래 베트남 통일을 달성하는 것이 목표였다. 그러나 미군들의 목표는 남베트남 정부를 지키는 것이었다.

● 1964년 8월 4일 존슨 대통령이 "미국 제7함대의 구축함 매독스호가 북베트남 어뢰정의 공격을 받았다"고 발표하면서 알려진 사건이다. 이 사건이 베트남전쟁에 미국이 참가한 직접 계기다.

●● Harry G. Summers, *On Strategy: A Critical Analysis of the Vietnam War*, Presidio Press, 1982, pp. 21~23[Robert J. McMahon edt., *Major Problems in the History of the Vietnam War*(3rd edition), Houghton Mifflin Company, 2003, pp. 220 ~223 재인용].

남베트남 안에서 베트콩들의 영향 아래 있는 지역들로 진격하여, 이 지역들에 남베트남 정부의 통제가 미칠 수 있도록 하는 것 외에는 베트콩의 공세로부터 방어하는 것이 가장 주요한 임무였다. 게다가 베트콩들을 지원하고 있던 북베트남으로의 진격도 허용되지 않았다. 북베트남에 대한 폭격은 있었지만, 북베트남과의 전면전은 없었다. 이것이 바로 미국이 한국전쟁에서 적용했던 제한전이었다.

미국은 왜 베트남에서 제한전을 적용했을까? 미국 군부는 1950년부터 1953년까지 한국에서의 제한전이 성공적이었다고 판단했다. 1950년 시작된 북한 공산주의자들의 팽창 의도를 제한전을 통해 막을 수 있었다. 미국이 비록 전쟁에서 완전한 승리를 거두지 못했다고 할지라도 처음에 목표로 했던 38선 회복이라는 목표는 어느 정도 달성했다. 미국이 비록 중국이라는 동아시아에서의 공산주의 힘을 완전히 제압하지는 못했지만 제한전만으로도 완충지대 형성을 통해 더 이상 팽창하지 못하도록 제어할 수 있었다. 이는 '제한전'의 전략적 승리였다는 것이 미국 군부의 판단이었다.

제한전을 고려한 또 하나의 중요한 이유는 중국의 참전 가능성 문제였다. 한국전쟁에서 미국의 전략은 처음에는 제한전으로 시작했지만, 인천상륙작전 이후 38선 이북으로 전선을 확대하면서 제한전 전략에서 롤백rollback 전략•으로 전환됐다. 문제는 롤백 전략으로의 전환이 결코 성공적이지 않았다는 사실이었다. 롤백 전략은 오히려 중국의 참전을 불러왔고, 이로 인해 미국은 전쟁 전략을 다시 제한전으로 전환했다. 롤백 전략은 중국을 초대함으로써 한반도에서 중국의 영향력이 커

• 원래의 국경선을 회복하는 것에 그치지 않고 그 선을 넘어서 적 지역으로 영향력을 확대하는 전술.

지는 데 일조했다.

롤백 전략은 또한 미군한테 씻을 수 없는 피해를 입혔다. 중국군이 참전한 1950년 10월 중순부터 1953년 7월 정전협정이 조인될 때까지 미군이 입었던 피해 중 가장 큰 피해는 중국 참전 직후부터 1·4 후퇴까지의 시기였다. 급속한 북진으로 보급선이 길어지고, 유엔군이 서부와 동부 전선으로 나뉘면서 미군은 중국군의 공세를 막아낼 수 없었다. 지금도 이 시기에 있었던 미국 전사에서 장진호 전투가 기념비적인 전투로 기억되고 있지만, 장진호로 밀려오는 중국군에 맞서서 싸웠던 미 해병대는 엄청난 손실을 입어야만 했다.

베트남에서 미국이 만약 제한전 대신 북베트남을 전면적으로 침공하는 롤백 정책을 실시한다면, 중국은 이에 대해 어떠한 대책을 세울 것인가? 존슨 정부의 군사 전략 전문가들은 한국전쟁과 유사한 결과를 불러오리라 보았다. 즉 중국이 참전할 것이고, 이는 미군에 재앙이 될 뿐만 아니라 북베트남과 중국의 관계를 더욱 돈독히 하는 결과를 가져올 것으로 판단했다. 볼 차관이 미국의 적극적 개입에 반대하면서도 만약 미군이 반드시 개입해야 한다면, 중국과 베트남의 국경 지역에 대한 폭격과 전투를 피해야 한다는 의견을 내놓았던 것도 이 때문이었다.

한국전쟁을 통해 형성된 중국에 대한 트라우마는 이미 아이젠하워 행정부 때부터 존재하고 있었다. 아이젠하워는 1954년 처칠에게 보내는 편지에서 중국이 동남아시아 전체에서 자신의 정치 체제를 강요할 수 있다고 염려했다. 케네디가 베트남에 대한 개입 정책에 아이젠하워보다도 더 속도를 낸 것은 대외전략에 있어서 중국에 주도권을 뺏기지 않기 위한 전략이었다. 케네디는 암살되기 직전인 1963년 9월 2일에 있었던 연설에서 남베트남 정부의 붕괴는 동남아 전체의 붕괴로 이어

한국전쟁에 참전했다 포로가 된 중국 군인들이 1950년 12월 함경남도에서 흥남항으로 철수하는 유엔군과 함께 이동하는 모습이다. 중국의 참전은 미군에게 오랫동안 '중국 개입에 대한 공포'를 안겨줬다.

질 것이고, 여기에는 중국의 힘이 작동하고 있다고 말했다.

　1962년 케네디의 베트남 전략에 대해 의문을 제기한 상원의원 마이클 맨스필드Michael Mansfield의 보고서에서도 중국의 베트남 및 동남아시아에 대한 전략이 가장 중요한 변수로 설정됐다. 베트남 주둔 미군 사령관이었던 웨스트모얼랜드는 베트남이 통일된 이후인 1977년 베트남 전쟁을 회고하면서 미국의 모든 전략은 '중국의 개입에 대한 공포'를 고려하면서 수립됐다고 술회했다.

　존슨은 후에 회고를 통해 다음과 같이 말했다. "이 전쟁을 통해 모든 아시아는 또 다른 실재를 보게 된다. 공산주의 중국의 깊은 그림자다. (…) 중국의 힘은 동남아시아 전체를 지배하려고 한다."● 존슨은 결국

● Lyndon B. Johnson, 앞의 글.

중국이 핵무기 실험에 성공하는 1964년 베트남에 대한 적극적인 개입을 선언했다.

미국이 베트남에 본격적으로 개입하기 시작한 것은 1960년대 초였다. 케네디에 의한 것이었는지 존슨에 의한 것이었는지는 논란의 여지가 있지만, 두 사람 모두 1950년대 아이젠하워 대통령에 비해 더 적극적인 개입 정책을 결정했다. 이는 한국전쟁이 정전협정으로 휴전 상태에 들어간 지 10년이 채 되기 전의 일이었다.

아이젠하워 대통령은 한국전쟁으로 인해 해외에 대한 개입을 꺼렸다. 베트남에 적극적 개입을 하고 싶었지만, 한국의 경우처럼 대규모 파병을 한다면 고비용, 저효율의 결과가 남을 것이며, 결국 미국 정부의 재정 악화를 초래할 것이라고 판단했다. 그래서 그는 저비용 고효율을 위한 비밀 작전을 선호했고, 중앙정보국CIA 활동을 강화했다. 필리핀의 비밀 작전에서 큰 성공을 거둔 에드워드 랜스데일Edward Lansdale을 베트남에 보냈고, 응오딘지엠Ngô Đình Diệm(고딘디엠) 남베트남 대통령을 지원하도록 했다. 이승만에게 질려 있던 아이젠하워는 '만족스럽지는 않지만 이승만보다는 조용한' 응오딘지엠이 중앙정보국의 지원을 통해 성공적으로 집권할 것으로 생각했다.

케네디와 존슨이 한국전쟁으로부터 받은 유산은 아이젠하워와 달랐다. 이 둘은 한국전쟁의 제한전 전략이 성공적이었고, 이러한 전략이 베트남에서도 작동한다고 판단했다. 케네디와 존슨은 모두 한국전쟁 시기 제한전을 결정했던 트루먼과 같은 민주당 출신이었다. 또한 모두 한국전쟁 때 중국의 개입으로 인한 트라우마를 갖고 있었다. 한국전쟁의 이러한 유산은 역설적이게도 미국의 베트남 전략의 중요한 토대가 됐지만, 반대로 공격적인 전술을 수행하지 못하는 결정적 요인이 됐다.

《한비자韓非子》에 보면 수주대토守株待兎라는 말이 나온다. 토끼가 나무 그루터기에 부딪혀 죽는 것을 본 한 농부가 그 이후로는 또 다른 토끼가 죽기를 기다리기만 했다는 말이다. 우연한 행운만을 바란다는 뜻도 있지만, 과거의 경험으로부터 벗어나지 못하는 사람에 대한 풍자의 의미도 있다. 미국의 정책결정자들은 베트남에 개입하면서 수주대토했던 것인가?

또 다른 질문도 가능하다. 그들은 한국전쟁으로부터 올바른 교훈을 얻은 것인가? 한국전쟁이 누구도 승리하지 못한 전쟁이었다는 것을 깨닫지 못했던 것인가? 1960년을 전후해 중·소 분쟁이 심각해졌고, 베트남과 중국 사이의 관계가 좋지 않았음을 왜 주목하지 않았을까?

2부

베트남 그리고 베트남전쟁

도미노 이론은 잘못된 판단이었다?

북베트남과 중국의 갈등

1978년 700차례가 넘는 국경 충돌에 이어 급기야 1979년 2월 17일 중국은 베트남을 침공했다. 1978년 12월 베트남의 캄보디아 침공이 있은 지 두 달이 채 안 된 시점이었다. 당시 중국은 캄보디아를 장악하고 있던 크메르루주Khmer Rouge*를 지원하고 있었고, 베트남은 중국의 인도차이나에 대한 영향력을 차단하려고 했다. 크메르루주는 집권 후 150만 명 이상을 학살해 영화 〈킬링필드Killing Fields〉의 무대를 만든 정권이었다.

중국 정부는 베트남을 침공하면서 '남이 나를 범하지 않으면 나도 남을 범하지 않으며, 남이 나를 범하면 나도 반드시 남을 범한다人不犯我, 我不犯人, 人若犯我, 我必犯人'라는 마오쩌둥毛澤東의 말을 인용했다. 비록 문화대혁명으로 지친 중국군이 25년간 전투를 통해 단련된 베트남군을 압도하지 못했지만.

어떻게 된 것인가? 토끼가 나무에 또 부딪힐 것이라고 생각했던 농부처럼(수주대토) 미국은 중국이 한국전쟁에서처럼 북베트남을 돕기 위해 대규모 참전할 수도 있다고 예측했지만, 전후의 상황은 미국의 기대

• 1967년 결성된 캄보디아의 급진적 좌파 조직.

1972년 중국을 방문한 닉슨 대통령이 저우언라이와 이야기를 나누고 있다. 닉슨이 내세운 데탕트는 전 세계가 냉전으로부터 정상화되는 희망을 보여주는 것이었지만, 그 이면에는 베트남전으로 인한 미국의 경제·재정 위기라는 현실이 놓여 있었다.

와는 완전히 달랐다.

1972년 미국의 리처드 닉슨 대통령이 중국을 방문했을 때 병으로 쇠약해진 마오쩌둥 대신 저우언라이周恩來가 닉슨과 긴 대화를 나누었다. 이때 저우언라이는 한국전쟁과 베트남전쟁은 다르다고 말했다. 한국전쟁 당시 미국은 타이완에 제7함대를 보냈고, 압록강까지 밀고 올라왔다. 그러나 베트남은 다르다. 만약 베트남에서 대결하면 미국과 중국이 모두 막대한 피해를 볼 것이었다. 결국 중국은 베트남에서 미국과 대결할 뜻이 없음을 분명히 했다.

일생을 통해 베트남 역사를 천착해온 유인선 선생은 그의 역작《베트남과 그 이웃 중국》을 통해 역사적으로 형성된 베트남과 중국의 양면적 관계에 대해 분석했다. 그는 '지배와 항쟁', '조공과 방교' 그리고 '우호와 갈등'이라는 제목으로 베트남과 중국의 관계를 규정하고 있다. 국경을 접한 중국과 베트남은 역사적으로 밀고 당기는 길항拮抗 관계가 계속됐던 것이다.

중국과 베트남의 관계는 중국과 한국의 관계와 너무나 유사하다. 유럽의 나라들이 다른 나라들과 동맹과 연합의 방식을 통해 생존을 도모했다면, 아시아 국가들은 중국과의 관계를 통해 생존의 길을 찾을 수밖에 없었다. 그만큼 아시아에서 중국의 힘은 절대적이었다. 특히 베트남과 한국은 중국과 국경을 접하면서 이해관계가 충돌할 수밖에 없었기 때문에 중국과의 우호적 관계가 더욱 중요했다. 강대국 중국과 베트남·한국 사이에는 '갑을 관계'가 형성됐고, 이를 해결하기 위해 '조공'이라는 특수한 외교적 관계가 수립됐다. 국제정치학에서 말하는 '힘의 균형balance of power' 정책이 유럽에서 작동하고 있었다면, 동아시아에서는 '편승bandwagon' 정책이 필요했다.

물론 한국과 베트남이 중국과 완전히 동일한 방식으로 조공 관계를 유지했던 것은 아니었다. 전근대의 한국은 오랜 기간 통일된 왕조를 유지했지만, 베트남은 분열과 통일을 거듭했으며, 중국으로부터의 외침 역시 적지 않았다. 한국이 이미 통일왕조를 형성한 지 300년이나 지난 10세기에 이르러서야 베트남은 독립왕조를 수립했다. 그나마 중국과의 관계가 평화적으로 유지되지 않아 몇 차례에 걸쳐 중국과 큰 분쟁을 겪어야 했다. 그래서 중국과 베트남의 관계는 한편으로는 조공 관계였지만, 다른 한편으로 베트남 사람들은 '북거北拒' 관계라고 부르기도 한다.

베트남은 중국에는 밀리면서도 인도차이나 지역 내에서는 '골목대장'이었다. 시대에 따라 차이는 있지만, 중국의 또 다른 주변국인 캄보디아나 라오스에 비해 베트남은 상대적으로 우월한 힘을 갖고 있었다.

베트남은 자국의 안보를 위해 항상 캄보디아와 라오스에 대한 중국의 영향력을 차단하려고 했다. 따라서 중국과의 관계에서도 항상 조공 체제 안에 안주하지 않았다. 특히 19세기 초 이른바 '오랑캐' 소수민족 정권이었던 청에 대해서는 대등한 관계 내지는 스스로가 중국中國임을 내세우기도 했다.

표면적으로 볼 때 공산주의 중국과 베트남의 공산주의자 호찌민 사이에는 이념적 동질성을 바탕으로 하는 우호적 관계가 유지됐다. 양국 간의 우호적 관계는 중국의 내전 시기(1945~1949) 국민당의 공세를 피해 중국 공산당의 남광둥南廣東 제1연대가 베트남으로 피신하는 등 호찌민이 중국에 많은 도움을 줬다는 것, 중국의 적극적 도움을 통해 호찌민의 군대가 디엔비엔푸에서 프랑스 군에 대승을 거둘 수 있었다는 사실(1953~1954)과 무관하지 않았다. 중국으로서는 1953년 한반도에서 정전협정이 체결되자 군사 원조를 베트남에 집중할 수 있었다. 중국의 주위에 위치한 한반도, 타이완 그리고 인도차이나에서 모두 미국과, 미국의 지원을 받던 프랑스의 힘을 봉쇄하는 것이 필요했던 것이다. 호찌민으로서는 사회주의 동지국인 중국의 호의적 원조를 거부할 이유가 없었다.

양국 사이의 우호적 관계는 1954년의 제네바 회의에서부터 금이 가기 시작했다. 호찌민은 디엔비엔푸에서의 승리를 바탕으로 베트남을 통일하고 프랑스를 몰아내려고 했다. 그러나 중국은 달랐다. 한국전쟁으로 미룬 혁명 수행을 위해서 베트남에서의 전쟁이 오랜 기간 계속되는 것을 원하지 않았다. 게다가 중국과 국경을 접하고 있는 또 다른 인도차이나 국가인 라오스에 대한 베트남의 우위를 인정하고 싶지 않았다. 결국 호찌민은 중국의 입장을 받아들여 17도선을 중심으로 한 베트남의 분단과 함께 라오스와 캄보디아의 독립 인정이라는 조건을 받아들여야만 했다. 베트남 사람들의 뿌리 깊은 중화주의에 대한 반발 심리가 다시 나타나기 시작했다.

1950년대 말 남베트남의 게릴라들이 응오딘지엠 정권에 반대하는 무장 투쟁의 필요성을 역설할 때에도 북베트남 정부와 중국 정부 사이의 갈등이 나타났다. 중국은 1950년대 후반까지도 베트남의 통일은 시기상조라고 생각했다. 토지개혁과 재건 과정에서 중국의 원조가 절실하게 필요했던 북베트남은 응오딘지엠 정부에 대한 무장 투쟁이 필요하다는 남베트남 공산주의자들의 요구를 수용하지 않았다. 1959년에 가서야 북베트남 정부는 남베트남 반정부 세력의 무력 투쟁 방침을 승인하는데, 이 과정에서는 중국의 노선 변화도 중요한 배경이 됐다. 즉 1950년대 중반까지 중국은 베트남 문제에 대해서 소극적인 태도를 견지해왔지만, 1950년대 후반 중·소 갈등이 본격화되면서 적극적인 정책으로 노선을 전환했다. 베트남에서 소련의 영향력을 차단하고자 한 것이다. 그리고 1960년 남베트남에서 민족해방전선이 결성되자 중국은 국제적으로 가장 먼저 이를 승인했다.

양국 관계의 전환점이 된 또 다른 사건이 이 시점에서 발생했다. 라오스 문제의 해결을 위해 1961년 5월에 개최된 제네바 회의였다. 이 회의에서 중국과 북베트남은 미국뿐만 아니라 소련과도 대척점에 서면서 라오스 문제를 해결하고자 했다. 소련의 니키타 흐루쇼프Nikita Khrushchyov는 미국과의 유화 정책을 추진하면서 라오스 문제에 대한 케네디의 입장을 지지했지만, 중국과 북베트남은 라오스의 사회주의 애국전선을 지지했다. 그러나 양국은 동상이몽의 관계였다. 중국은 라오스에 대한 북베트남의 영향력을 제어하면서 중국의 주도권을 확보하고자 한 반면, 북베트남은 남베트남 민족해방전선을 지원하기 위한 라오스 내의 루트를 확보하면서 동시에 북베트남이 주도하는 '인도차이나 연방' 형성의 가능성까지도 염두에 두고 있었다.

베트남과 중국 사이의 갈등은 1962년 케네디 행정부가 베트남에 대한 대규모 지원을 결정하면서 수면 밑으로 잠복했다. 호찌민은 1962년 중국을 방문해 대규모 지원을 요청했고, 마오쩌둥은 이를 승인했다. 마오가 실권失權을 하고 상하이로 내려가 있었던 시기에도 저우언라이를 통해 북베트남과 라오스에 대한 강경 정책(평화협정 반대)은 계속됐다. 특히 소련이 1963년 북베트남에 채무 상환을 요구하고 이듬해 소련의 지원이 급감하자, 북베트남은 중국과 더 가까운 관계를 유지하게 됐다.

존슨 행정부에 의한 대규모 파병은 베트남과 중국의 거리를 더욱 가깝게 만들었다. 미국이 북베트남 폭격을 결정하는 계기가 됐던 통킹만 사건이 발생하기 한 달 전인 1964년 7월 저우언라이는 하노이에서 북베트남 및 라오스 애국전선 지도부와 회담을 했다. 이 자리에서 중국은 '동남아시아 인민들의 투쟁을 지원하기 위하여 어떠한 수단이라도 사용하겠다'는 점을 분명하게 밝혔다. 중국은 미국이 북진해올 경우 육군을 파병해서 북베트남을 지원하겠다는 것을 약속했다.

중국의 적극적 지원 약속을 고려한다면 존슨 행정부가 예상했던 '중국 개입에 대한 트라우마'는 단지 트라우마가 아니라 현실화될 가능성이 매우 컸다. 실제로 중국은 미국의 롤백 정책이 없었음에도 1965년부터 고사포 부대와 함께 철도 건설, 도로 보수 등을 위해 30만 명이 넘는 병력을 북베트남에 파병했다. 1967년에는 약 17만 명의 병력이 북베트남에 주둔했다. 물론 이들은 후방을 지원하는 역할을 했고, 전선은 북베트남 군인들이 담당했다. 그래서 지금도 베트남의 역사학자들은 베트남전쟁 동안 중국의 지원에 대해 긍정적인 평가를 내리지 않는다.

만약 미국의 적극적 전략이 없었다면 중국과 베트남이 1950년대 후반부터 1960년대 중반에 이르기까지 이렇게 가까운 관계를 계속 유지할 수 있었을까? 어쩌면 이 질문은 1950년 미국이 한반도에 개입하지 않았다면 스탈린Joseph Stalin이 죽기 전까지 마오쩌둥과 계속 친하게 지내지 않았을 것이라는 가정과도 유사한 질문이 될 것이다. 만약 이 질문에 대한 대답이 "노"라면 케네디와 존슨 대통령이 지속적으로 주장했던 도미노 이론은 잘못된 것이었다. 베트남을 그대로 놔두었다면 공산화는 됐을지언정 베트남은 아시아에서 또 다른 '유고슬라비아'가 됐을 가능성이 있었다. 제2차 세계대전 당시 게릴라를 이끌었고, 종전 후 유고슬라비아의 지도자가 됐던 요시프 티토Josip Broz Tito는 공산권 내에서 소련의 패권에 가장 먼저 반기를 들었다. 냉전 체제하에서 소련에 대해 자주노선을 걸었던 마오쩌둥과 김일성, 그리고 티토가 모두 게릴라 전쟁 경험을 갖고 있으며, 민족주의적 성향이 강한 공산주의자들이었다는 점을 감안한다면, 호찌민의 북베트남 역시 자주노선을 걸었을 가능성이 크다. 다시 말하면, 만약 미국이 적극적으로 개입하지 않았더라면 베트남 공산당과 중국 공산당 사이에서도 갈등 관계가 조기에 나타났을 것이다. 이는 베트남이 통일된 지 채 4년도 지나지 않아 발생했던 양국 간의 충돌에서도 잘 드러난다.

또 다른 질문도 필요하다. 1960년대 중반까지 지속됐던 양국 사이의 협력 관계가 그 이후에도 계속됐는가의 문제다. 이 문제는 위에서 언급한 저우언라이와 닉슨 사이의 대화가 진실인가, 아니면 수사에 불과한 것이었는가를 판단하는 데에도 매우 중요하다. 이에 답하기 위해서는 1968년 이후에 일어났던 새로운 상황에 주목해야 한다.

1968년 구정공세 이후 베트남과 중국의 또 다른 갈등이 시작됐다. 베트남 외무부에서 1979년 10월 4일 발행한 〈중국백서The Truth about Viet Nam-China Relations over the Last 30 Years〉에 따르면, 중국이 구정공세에 대해 비판했고 경화기, 탄약, 후방 장비만 지원하면서 베트남전쟁의 조기 종결에 반대했다고 비판했다. 게다가 중국의 원조는 1968년을 기점으로 해서 대규모로 삭감됐다. 1968년에 비하여 1969년에는 20퍼센트, 1970년에는 50퍼센트로 감소했다.

미국과의 평화협상에 대해서도 중국은 하노이와는 다른 견해를 갖고 있었을 뿐만 아니라 미국을 이기기 위해서는 소련과의 관계를 끊어야 한다는 입장이었다. 여기에 더하여 미국과 중국이 가까워진 것도 중국과 베트남 사이의 불신을 증폭시켰다. 중국은 미국과의 접근에 앞서 북베트남에 대한 원조를 증가시켰으나, 하노이 정부 쪽에서는 중국이 스스로의 배반을 은폐하기 위한 조처로 판단했다. 하노이 정부는 중국이 타이완 문제를 해결하기 위해 베트남을 이용하고 있으며, 중국은 미국과 베트남 문제를 논의할 권한이 없다는 입장이었다.

1972년 춘계 공세 이후 양국 간의 견해차는 겉으로 드러나지 않았고, 1973년 1월 파리에서 평화조약이 체결됐다. 1975년 남베트남 정부가 몰락했고, 1976년 베트남사회주의공화국이 건설됐다. 이 기간 동안 소련이 북베트남에 대한 지원을 늘린 것 역시 통일 후 베트남과 중국 사이에 갈등이 재현되는 중요한 계기가 됐다.

이렇게 본다면 1968년 이후 미국이 전선을 북베트남으로 확대해 들어갔다면 중국이 대규모 군대를 동원해 북베트남을 원조하려고 했을까? 특히 중국이 미국과의 관계 정상화를 추진하면서 에드거 스노Edgar Snow를 중국에 초청한 1970년의 상황을 고려하면 미국의 롤백 전략이

1970년 또는 1971년의 시점에서 추진됐다면 한국전쟁 시기와 동일한 사태가 발생했을 것이라고 가정할 수 있을까?

역시 '만약'이라는 질문에 대해 답하는 것은 쉽지 않다. 미국의 제한 전 전략, 중국의 개입에 대한 트라우마가 올바른 판단이었는가를 정확히 규명하는 것은 쉽지 않다. 그러나 미국이 판단하고 있었던 것과는 달리 북베트남과 중국 사이에는 불신과 갈등이 존재하고 있었고, 그렇다면 도미노 이론은 잘못된 판단이었을 가능성이 크다. 이러한 북베트남과 중국의 관계를 파악하지 못했던 미국으로서는 군사 전략에 주저할 수밖에 없었다. 그렇다면 미국은 베트남 내부의 상황에 대해서는 정확히 이해하면서 이 전쟁에 들어간 것일까?

이데올로기는 눈을 가렸다

남베트남 대통령의 최후

1963년 11월 1일 남베트남에서 쿠데타가 발생했다. 궁지에 몰린 남베트남 대통령 응오딘지엠은 주베트남 미국대사 헨리 캐벗 로지Henry Cabot Lodge에게 전화를 했다.

지엠: 몇몇 부대가 반란을 꾀하고 있습니다. 난 미국의 입장에 대해 알고 싶습니다.

로지: 당신에게 말해줄 수 있을 만큼 알고 있지 못합니다. 나는 총소리를 들었지만, 모든 사실에 대해서는 잘 모르겠습니다. 또한 지금 워싱턴은 새벽 4시 30분이라서 미국 정부가 스스로의 입장을 표명할 수 없을 것 같습니다.

지엠: 그러나 전반적인 판단이 있지 않습니까? 결국 나는 이 나라의 수장입니다. 나에게는 내 의무가 있습니다. 내 지위에서는 의무와 판단을 필요로 합니다. 결국 나는 의무를 믿습니다.

로지: 당신은 당신의 의무를 다했습니다. 오늘 아침에 말한 것같이 당신의 용기와 공헌에 대해 크게 평가합니다. 당신이 한 모든 것에 대해서 누구도 그것을 당신으로부터 뺏을 수 없습니다. 나는 지금 당신의 육체적 안전을 걱정하고 있습니다. 현재 쿠데타를 일으킨 사람들이 만약

당신이 사임한다면 당신과 당신의 동생을 외국으로 안전하게 망명시
키겠다고 제안했다는 보고를 받았습니다. 그것을 들어보았습니까?

지엠: 아니요. (잠시 쉬었다가) 당신은 내 전화번호를 알고 있죠?

로지: 네. 만약 당신의 안전을 위해 내가 할 수 있는 것이 있다면 전화하겠습
니다.

지엠: 나는 지금 질서를 다시 세우기 위해 시도하고 있습니다.

– 지엠과 로지의 통화 내용[•]

통화 내용은 4·19 혁명 직후 이승만과 주한 미국대사 월터 매카너기
Walter McConaughy의 대화, 그리고 5·16 쿠데타 직후 장면 총리와 주한
미국대리대사 마셜 그린Marshall-Green과의 대화를 떠올리게 한다. 두
사람 모두 미국의 후원을 받았고 위기 상황에서 미국의 지원을 호소했
지만, 결정적 순간 미국은 등을 돌렸다. 지엠 역시 주베트남 미국대사
와 통화를 하면서 자신에 대한 지원을 요구했다. 그는 미국의 보호를
받지·못했고, 이승만이나 장면과 달리 통화 후 이틀이 지나 쿠데타
군에 의해 죽었다. 통일 총선거를 하기로 했던 제네바 협의를 깨고
1955년 10월 26일 남베트남 단독선거를 통해 대통령에 당선된 지엠의
정권은 쿠데타 한 방으로 허무하게 무너졌다. 1955년 선거에서 45만
명의 등록 유권자보다 많은 60만 표를 획득했던 독재자의 최후였다.

지엠은 이승만처럼 미국의 지원하에 대통령에 오른 인물이었다. 두
사람 사이에는 미국의 지원이 없었다면 대통령에 오르지도 못했고, 미
국의 원조 없이 정부를 유지할 수 없었다는 공통점이 있다. 게다가 미

• '지엠과 로지의 통화 내용(1963년 11월 1일)', *FRUS 1961~1963*, Vol. 4, p. 513.

국 내에서 이들에 대한 지원을 반대하는 인사들이 적지 않았다는 점 역시 또 다른 공통점이었다. 미국은 유엔을 통해서 대한민국 정부 수립을 추진하고 지원했지만, 이승만이 대통령이 되는 것에 대해서는 전폭적으로 환영하는 입장이 아니었다. 미국이 지지했던 한국 민주당의 장덕수는 1947년 이미 암살됐고, 임시정부의 김규식은 총선거를 거부한 상황이었다. 특히 미국의 국무부는 이승만 대통령에 대해 부정적으로 평가하고 있었다.

지엠에게는 눈에 띄는 경쟁자가 없었다. 강한 반공주의자였지만 미국 정부 내에서 그에 대한 긍정적 평가와 부정적 평가가 동시에 존재했다. 그가 남베트남의 정부 수반이 됐던 1955년 미국 백악관의 국가안보회의NSC 안에서 그에 대한 평가는 부정적이었다. 당시 국무부 장관이면서 중앙정보국 국장의 친형이었던 존 포스터 덜레스John Foster Dulles는 북베트남 출신인 지엠이 사람들에게 신뢰를 받지 못하고 있다고 평가했다. 베트남에 있었던 윌리엄 콜비William Colby 중앙정보국 지부장도 지엠을 대체할 수 있는 인물이 필요하다는 의견을 내놓았다. 그러나 그를 대체할 수 있는 인물을 찾기가 쉽지 않았다.

1952년과 1953년 미국은 이승만을 제거할 계획을 세웠다. 미국은 유엔의 깃발 아래 민주주의를 지키기 위해 한국에 군대를 파견했는데, 막상 보호하고 있는 정부는 민주적 정부가 아니었다. 게다가 이승만 대통령은 미국이 추진하는 정전협정에 반대하면서 반공포로 석방을 단행하고 북진통일을 주장했다. 화가 난 미국 정부는 두 차례에 걸쳐서 이승만 대통령을 제거하는 계획을 세웠다. 비밀리에 세운 계획은 전쟁 중이라는 점과 함께 이승만 대통령을 대체할 수 있는 지도자가 없다는 이유로 실행되지 못했다.

미국을 방문한 응오딘지엠 대통령을 접견하는 아이젠하워 대통령.

    그러나 지엠과 이승만에 대해서 부정적인 평가만 있었던 것은 아니다. 1957년부터 1961년까지 주베트남 미국대사였던 엘브리지 더브라우는 지엠이 집권 이후 '주목할 만한 성공을 달성'했다면서 안보와 안정성 측면에서 일정한 성과를 거두었다고 평가했다. 비록 경제적 성과나 대중적 지지 면에서 괄목할 만한 성취를 이루지 못했지만, 안정적으로 반공정권을 유지하고 있는 데 만족한다는 것이었다.

    미국은 지엠이라는 '패'를 버리지 못했다. 아이젠하워 행정부 내내 부정적 견해가 올라왔음에도, 그는 매력적이었다. 특히 1960년 초에 열린 국가안보회의 회의에서는 '지방에서 다양한 반란이 일어났고, 부패를 조장하고 있다'는 남베트남의 상황에 대한 논의가 있었지만, 지엠이 '이승만과는 달리 개인적으로 조용하고 매력이 있다'고 결론 내렸다. 지엠이 미국의 정책에 대해서 정면으로 도전을 하지 않았기 때문에 이승만보다는 다루기 쉬운 지도자라고 평가했던 것이다.

아이젠하워 행정부는 지엠을 돕기 위해 중앙정보국 요원 에드워드 랜즈데일을 보냈다. 1948년 필리핀에 숨겨져 있던 일본군의 금을 찾는 '인디아나 존스' 노릇을 했던 그는 필리핀의 농민군들을 진압하고 1953년 12월 미국이 지원하는 라몬 막사이사이Ramon Magsaysay가 대통령이 되는 데 중요한 구실을 한 인물이었다. 랜즈데일은 지엠을 막후에서 지원했다. 가정교사와 같은 역할을 했던 것이다.

1950년대를 통해 그의 역할이 그다지 성공적이지 않았음에도, 케네디 행정부는 중앙정보국 활동의 성과를 믿었다. 랜즈데일을 재차 파견했고, 지엠을 계속 지원했다. 케네디 대통령이 취임한 직후 특사로 베트남을 방문했던 존슨 부통령은 지엠 대통령을 '베트남의 조지 워싱턴 대통령'이라고 치켜세웠다. 라오스 문제를 해결함으로써 라오스에서 더 많은 비용을 지불하고 싶지 않았던 케네디 행정부는 제네바 협의를 통해 라오스 문제에 대한 타협점을 찾았지만, 베트남에 대해서는 물러서지 않았다. 군 병력 증강을 통해서라도 지엠 정부를 지키겠다는 것이었다. 1963년 초까지 2만 5,000명이 파병됐는데, 그중 1만 6,732명은 군사고문의 역할을 했고, 원조는 연간 4억 달러에 이르렀다. 1950년대 단일 국가로서는 가장 많은 원조를 받았지만, 1958년을 정점으로 내리막길을 걸었던 한국의 경우와 달랐다. 1958년 미국의 대한 원조는 3억 2,000만 달러였다.

케네디의 후임인 존슨 대통령의 남베트남 정부에 대한 지원 규모는 더 컸다. 케네디는 그가 암살당하기 직전인 1963년 9월까지도 베트남의 중요성에 대해 인식하고 있었지만, 그 이상의 지원이나 개입이 있다고 하더라도 큰 효과를 낼 수 없다는 입장이었다. 그러나 존슨은 1961년의 베트남 방문을 통해서 받았던 긍정적 인상 때문이었는지 몰라도 더 적극적인 개입을 결정했다. 존슨 대통령은 1965년 베트남에 적극적으로 개입해야 하는 이유에 대해 다음과 같이 언급했다.

첫 번째 사실은 북베트남이 남베트남의 독립국가를 공격했다는 점이다. 그 목적은 총체적 정복이다. (…) 그리고 그것은 어떤 것과도 비교할 수 없을 정도로 잔인한 전쟁이다. 농민들이 암살과 납치의 대상이 되고 있다. 여자와 아이들이 그들의 아버지가 정부에 충성한다는 이유로 교살당하고 있다. 도움을 받지 못하는 농촌들은 공격에 의해 황폐해졌다. 지방의 주요 지역에 대한 대규모 공격이 발생하고 있으며, 도시의 심장부에서는 테러가 발생하고 있다.

– 존슨 대통령의 존스홉킨스대학교에서의 연설(1965년 4월 7일) •

존슨 대통령의 인식은 당시 남베트남의 상황을 사실 그대로 반영한 것일까? 한국전쟁처럼 북베트남이 남베트남을 침공했는가? 아니면 남베트남의 반정부 게릴라를 지원했는가? 농민과 그 가족들이 피해를 입었으며, 이로 인해 농촌과 도시가 피폐해지고 있었음은 사실이었다. 그 책임은 누구에게 있었을까?

존슨은 자신의 전임자들이 했던 약속을 지키고 싶다고 했다. 그 목적은 '남베트남 사람들이 공격으로부터 자유로워지는 것이며, 스스로 원하는 대로 국가를 이끌어갈 수 있도록 하는 것'이라고 말했다. 남베트남 사람들이 스스로 원하는 방향으로 국가를 이끌어나갈 수 있었다면,

• Lyndon B. Johnson, "Peace Without Conquest", Address at Johns Hopkins University, April 7, 1965(www.thisnation.com/library/1965vietnam.html 참고).

왜 반정부 게릴라가 그토록 많은 사람들의 지지를 받았을까? 수많은 남베트남 사람들이 죽음의 위협을 무릅쓰고 게릴라에 참여한 이유는 무엇이었을까? 그리고 미국은 왜 자신들이 지원했던 지엠 대통령을 스스로 끌어내린 것인가? 이승만에게도, 사담 후세인에게도, 그리고 탈레반에 대해서도 그랬던 것처럼.

베트남에서 쿠데타가 발생한 지 이틀이 지난 시점에 케네디 대통령은 다음과 같이 회고한 바 있다.[•]

주말이 지나면서 사이공에서 쿠데타가 일어났다. 지난 3개월 동안 쿠데타에 대해서 이야기했는데, 그것은 워싱턴과 사이공 정부의 관계를 갈라놓았다. 맥스웰 테일러 장군은 반대했고, 로버트 맥나마라는 부분적으로 반대의 입장이었다. 윌리엄 해리먼, 조지 볼, 로저 힐즈먼 등이 이끄는 국무부는 찬성의 입장이었고 백악관의 마이클 포레스털 역시 이러한 입장을 지지했다. 우리에게는 책임이 있었다. 우리는 8월 초에 쿠데타를 제안했었다. 그 전문은 잘못 만들어진 것이었고 (주베트남 미국대사관에) 보내지지 말았어야 했고, 회의에서 찬성하지 말았어야 했다. 케이블은 후에 수정됐지만, 첫 번째 전문은 로지 대사를 고무했다. 그리고 이후 남베트남의 정치적·군사적 상황은 더 나빠졌다. 나는 지엠과 (그의 동생) 뉴의 죽음에 충격을 받았다. 나는 몇 년 전 지엠을 만난 적이 있었다. 그는 특이한 성격의 소유자였다. 그러나 그는 불리한 상황에서도 10년 동안 남베트남을 이끌어왔다. 그는 역겨운 범죄에 의해 죽었다. 이제 남은 것은 사이공에 멀지 않은 미래에 어떤 정부가 들어올 것인가의 문제다.

• David Kaiser, *American Tragedy: Kennedy, Johnson and the Origins of the Vietnam War*, Harvard University Press, 2000, p. 277.

미국은 배후에서 쿠데타를 조종한 것일까? 지원하던 정부를 끌어내린 것인가? 케네디 행정부 시기 베트남에 파견됐던 미군 고문단원 중 한 사람은 당시의 상황에 대해서 다음과 같이 기억했다. "지엠 정부가 승려들을 탄압하는 일이 일어났을 때 우리들이 무고한 시민들을 탄압하는 독재 정부를 돕고 있다는 사실을 깨달았다." 그리고 "당시 워싱턴에서는 베트남에서 일어나는 상황을 알지 못했다."

이데올로기는 눈을 가렸다. 객관적인 사실과 상황들은 이데올로기라는 색안경에 의해 다르게 읽혔다. 평가의 기준은 이데올로기였다. 지엠도, 이승만도 대중적 지지를 받지 못했지만, 미국은 선글라스를 쓰고 이에 대해 눈을 감고 있었다. 최후의 순간 그 선글라스를 벗었다. 중국의 시장을 열어야 한다는 실용주의적 관점도, 북한을 열어야 경제·안보에서 실리를 취할 수 있다는 입장도, 냉전의 이데올로기라는 거대한 괴물 앞에서는 아무런 소용이 없다.

4·19 혁명이라는 거대한 물결 앞에서 미국은 선글라스를 벗었지만, 베트남에서는 도미노 이론이라는 또 다른 두꺼운 색안경으로 인해 선글라스를 벗지 못했다. 그러는 사이 전선의 병사들은 이데올로기에 가려 있었던 자신의 정체성을 점차 깨닫기 시작했다. 과연 그들은 무엇을 위해 자신의 목숨을 내던진 것이었을까?

그들은 왜 베트콩이 됐는가

베트남 공산주의자들의 분열

미국과 그 동맹국들이 베트남전쟁에서 소기의 목적을 달성하지 못한 채 철수한 이유는 크게 세 가지 측면에서 접근할 수 있다. 첫째, 미국이 명분도 없는 전쟁에 개입하여 잘못된 전략으로 전쟁을 수행했다는 점이다. 둘째, 민간인 학살을 비롯한 부도덕한 문제로 인해 세계 여론의 비판을 받았다는 점이다. 마지막으로 미국과 그 동맹국에 맞서서 베트남 사람들이 잘 싸웠다는 점이다.

세 가지 문제가 모두 중요하지만, 베트남전쟁이 확전되는 데 가장 중요한 원인이 됐던 것은 미국의 정책적·전략적 오류였다. 그리고 잘못된 미국의 전략은 베트남의 상황에 대한 미국의 오판 때문이었다. 미국과 동맹국들은 베트남에서 전쟁이 일어난 이유를 제대로 이해하지 못했다. 주적이 북베트남인가, 아니면 베트콩인가? 베트콩을 지지하는 남베트남의 대다수 사람들은 적인가, 아군인가? 베트남이 공산화되면 중국이 동남아 전체를 자기 영향권 아래에 둘 수 있는가?

미국은 북베트남으로부터의 지원이 없다면, 베트콩이 스스로 생존할 수 없다고 판단했고, 북베트남은 중국의 지원 없이 버틸 수 없다고 보았다. 북베트남뿐만 아니라 캄보디아와 라오스에 대한 개입과 호찌민 루트에 대한 폭격은 모두 이러한 인식 때문이었다. 전략촌 건설에 대한 지원은 베트콩의 본질을 정확히 파악한 것이었다. 1962년까지 사이공 정부는 4,000여 개의 전략촌을 만들었고, 베트콩 영향하에 있던 마을 사람들을 전략촌으로 이주시켰다.• 그러나 그것마저도 실패했다. 베트콩들은 전략촌 사업을 무너뜨리기 위해 다양한 전술을 구사했고, 미군과 한국군에 의한 민간인 학살이 전략촌에서도 발생했다. 제대로 된 성과도 거두지 못하는 상황에서 미국은 남베트남 정부의 본질도 제대로 파악하지 못했다.

착시현상이 나타났다. 중국 국민당의 부패로 인해 중국을 포기했던 미국이었지만, 부패와 독재 속에서도 공산주의로부터 한국을 지켜냈던 이승만 정부와 박정희 정부를 보면서 베트남에서도 동일한 가능성이 있다고 판단했다. 박정희 정부의 변신을 무난하게 이끌었던 새뮤얼 버거 주한 미국대사를 베트남으로 배치했던 것도 그 때문이었다. 버거 대사는 5·16 쿠데타로부터 민정 이양, 그리고 경제개발 계획의 실행으로 이어졌던 한국의 경험을 베트남에 이식하려고 했다. 물론 부패의 상징이었던 타이완의 장제스 정부의 건재 역시 미국의 오판에 중요한 근거가 됐을 가능성이 있다.

미국과 동맹국들은 또한 베트콩이 자생적으로 증가하고 있는 현상도 이해하지 못했다. 부패하고 민중들의 요구를 무지막지하게 탄압했던 남베트남 정부에 대한 지원이 더 많은 베트콩을 만들어내고 있다는 사실도 제대로 이해하지 못하고 있었다. 왜 베트콩이 됐는가에 대한 베트남 사람들의 회고는 이러한 베트남의 상황을 잘 보여준다.

• 마이클 매클리어 저, 유경찬 역, 《베트남 10,000일의 전쟁》, 을유문화사, 2002, 124
  ~125쪽.

내가 열두 살이 되어 더 잘 알게 되기 전 나는 동네 아이들과 전쟁놀이를 했다. (…) 내가 공화당 사람의 역할을 할 때, 나는 하노이로 갔다가 어느 날 돌아와서 싸우고 있을 오빠를 생각했다. 베트콩 역할을 할 때는 경찰과 결혼 해서 다낭에 있는 언니를 생각했다. (…)

며칠 뒤 베트콩들이 들어왔다. 그들은 공화당 사람들이 준 것을 모두 불태 웠다. 그러나 학교만은 남겼다. 그중에는 내가 본 잘생긴 베트콩 청년도 있 었다. 그중 지도자는 웃긴 북쪽 말투를 썼다.

이들이 돌아간 뒤 공화주의자들은 촌락 사람들을 체포하고 때리고 총으로 쏘고 차에 태워 감옥에 보냈다. 그러나 우리의 집은 점점 베트콩에 알맞도록 개조됐다. 그들은 지하에, 아궁이에, 덤불에, 인공 계단에, 흐르는 강물 안에 숨었다. 모든 집들은 베트콩이 숨을 장소를 만들었다. 어른들은 숨을 장소를 만들었고, 우리는 호 아저씨를 칭송하는 노래를 배웠다. (…)

우리가 만약 죽는다면 우리는 역사 속에 남을 것이라고 했다. 미국은 프랑 스처럼 우리를 노예화할 것이라고 했다. "그들의 동맹자는 반역 공화주의자 응오딘지엠이다." 우리는 공화당 군인들을 속이고 훔치고 거짓말하는 방법 을 배웠다. 나는 이제 공산주의자 동지가 된 것이 자랑스러웠다.

– 남베트남 농부의 딸이 베트콩 지지자가 되다(1961)•

마치 한국전쟁 시기 빨치산들이 활동했던 지역을 보는 듯하다. 낮에 는 태극기가, 밤에는 인공기가 휘날렸던. 그리고 그로 인해 거창, 함양 에서와 같이 양민학살을 겪어야만 했다. 대다수의 사람들에게 중요한

• Le Ly Hayslip, *When heaven and Earth Changed Places*, Marco Book Company, 2009[Robert J. McMahon edt., *Major Problems in the History of the Vietnam War*(3rd edition), Houghton Mifflin Company, 2003, pp. 283~287 재인용].

것은 이데올로기가 아니라 생존이었다. 남베트남 사람들이 베트콩을 지지하게 된 것은 그들의 이념 때문이 아니었다.

나는 서른다섯 살에 베트콩에 합류했다. 나는 결혼했고 4명의 아이가 있었다. 나는 소작인이었고, 거의 불모의 땅인 1헥타르(약 3,000평)를 경작했는데 매우 가난했다. 땅의 질이 안 좋았던 것이 땅임자가 우리에게 땅을 임대한 이유였다. 매년 열심히 일했지만, 우리는 100하오(베트남 화폐 동의 10분의 1단위)의 쌀만을 얻을 수밖에 없었다. 이 중에 40하오가 소작료로 나갔다. 나는 땅을 조심스럽게 개간했고 그것은 곧 기름진 땅이 됐다. 그러나 땅이 그렇게 됐을 때 지주는 그 땅을 빼앗았다. 나의 삶은 사라졌다. (…)
1961년 인민해방전선의 선전 간부가 나를 접촉했다. (…) 나는 그들이 옳다고 생각했다. 내가 사는 지역의 인구는 약 4,300명이었다. 이 중에 10명이 지주였고, 이들은 500헥타르(약 150만 평)를 소유하고 있었으며 나머지가 20헥타르(약 6만 평)를 갖고 있었다. (…) 우리는 몇몇 사람들만 돈을 쓸 수 있도록 하고 다른 사람들을 억누를 수 있도록 하는 정권을 제거해야 했다. 그래서 나는 해방전선에 합류했다. 나는 베트콩을 따라서 조국의 번영과 자유을 위해 싸웠다. 나는 이것이 옳다고 느꼈다.

– 나는 왜 베트콩에 참여했는가(1961)[•]

베트콩은 북베트남의 지원 없이도 스스로의 부대원을 충원할 수 있었고, 남베트남 사람들의 지원을 통해 생존할 수 있는 자생적 구조를 갖고 있었다. 북베트남에서 베트콩을 지원하기 위해 파견되는 인원도

• David Chanoff and Doan Van Toai, *Portrait of the Enemy*, Random House, 1986(Robert J. McMahon edt., 앞의 책, pp. 282~283 재인용).

대부분 남베트남 출신으로 제네바 협정으로 베트남이 분단됐을 때 월 북했던 사람들이었다. 최소한 1960년대 중반까지는 그랬다.

북한이 1970년대까지 한국전쟁을 전후한 시기 월북한 남한 출신 인사들을 공작원으로 남한에 파견했던 것도 베트남에서의 경험을 벤치 마킹했을 가능성이 크다. 그러나 한국과 남베트남은 달랐다. 한국은 허술하지 않았다. 오히려 베트남전쟁 개입을 통해 한국은 튼튼한 안보망을 구축하고 있었다. 반상회와 예비군이 공고하게 자리 잡고 있었다. 또한 계속되는 안보 위기와 베트남전쟁을 통한 경제 성장은 한국 사람들로 하여금 북한을 동경의 대상이 아니라 공포의 대상이자 적으로 인식하도록 만들었다.

미국을 늪에 빠뜨린 것이 베트콩이나 북베트남뿐만 아니라 부패하고 민심을 이반시킨 남베트남 정부였다는 사실이 간간이 지적됐지만, 미국은 그 심각성을 느끼지 못했다. 북베트남 폭격을 통해 베트남전쟁 확전을 주장한 사람은 존슨 대통령의 안보담당 고문이었던 월트 로스토 Walt Rostow였다. 그는 도약 이론을 통해서 부패하고 전근대적인 정부의 개혁만이 제3세계에서 공산주의로부터 자유세계를 지킬 수 있는 가장 강력한 무기라고 주장했다.

한국은 그 대표적인 케이스였지만, 로스토가 가장 정성을 쏟았던 베트남에서의 전략은 실패했다. 로스토가 했어야 할 일은 북폭이 아니라 남베트남 정부와 사회를 개혁함으로써 남베트남 사람들의 마음을 돌리는 것이었다. 그의 책《제안*A Proposal*》에서 스스로 주장한 것과 같이 미국은 개발도상국에서 개혁을 통해 민심을 돌릴 수 있도록 원조해야 하지만, 불가능할 경우 포기해야 했다. 로스토는 스스로 군사적 개입이 미국의 '소프트 파워'를 깎아먹고 있다고 주장했음에도 불구하고, 베트남에서는 스스로의 경고를 망각했다.

　물론 북베트남이라는 존재로 인해서 베트콩은 더 강해질 수 있었고, 자신감도 가질 수 있었다. 북베트남이라는 존재가 없었다면 장기간의 게릴라전쟁은 불가능했을 것이다. 그러나 이와 반대로 미국의 적극적 개입이 없었다면, 북베트남은 남베트남에서 벌어지고 있는 미국의 전쟁에 직접 개입하지 않았을 것이다. 북베트남의 정규사단이 17도선 남쪽으로 내려오기 시작한 것은 통킹만 사건 이후였다. 만약 통킹만 사건이 없었다면, 한국군이 북베트남 정규군과 싸우지 않았을 것이다. 베트남 전선의 전면적 확대가 없었다면 한국의 전투부대도 파병되지도 않았을 것이다.

　북베트남과 베트콩들이 일사불란하게 움직이고 있다는 미국의 인식도 오판이었다. 남베트남의 베트콩이 북베트남과 긴밀하게 연결되어 있었던 것은 사실이었다. 1959년 호찌민에 이어서 베트남 공산당의 책임비서가 된 레주언은 남쪽 베트콩 출신이었다. 남쪽에서의 투쟁 방향은 대부분 북베트남 공산당의 결정에 의지했다. 그러나 남과 북의 공산주의자들이 일사불란하게 움직인 것은 아니었다.

　둘의 목표는 같았지만, 1954년 베트남이 분단되면서 서로의 처지가 달랐다. 북베트남 공산당은 가능한 한 전쟁을 피하고자 했다. 제네바 협정과 같이 미국도 합의했던 정치적·평화적 해결 방안이 가능할 것이라고 생각했다. 정치적 해결이 불가능하더라도 최소한 남쪽에서 일어나는 민중봉기에 의해 응오딘지엠 정권이 자체적으로 무너질 것으로 보았다. 1950년 북한이 38선만 뚫고 내려오면 남한 안에서의 봉기로 인해서 대한민국 정부가 스스로 붕괴할 수 있을 것이라고 오판했던 것처럼.

　남쪽은 달랐다. 남베트남 정부의 탄압을 직접적으로 받고 있었다. 미국의 지원을 받는 남베트남 정부는 부패했지만, 물리력은 결코 약하지 않았다. 타이완의 장제스가 그랬듯이, 한국의 유신 체제가 그랬듯이, 남베트남 정부의 정보부는 무자비한 정치 탄압을 주도했다. 이러한 상황에서 남쪽 지도부는 이미 1956년 적극적인 군사 투쟁의 필요성을 제기했다. 호찌민도 이 점을 인지했기 때문에 1957년에 모스크바에서 열린 세계 공산주의자들의 모임에서 흐루쇼프가 주장하는 평화로운 사회주의로의 이행이 베트남에서는 불가능하다는 점을 역설했다. 그러나 북베트남 공산당은 1959년까지도 정치적 해결 방식이 가능하다는 희망을 버리지 않았다. 그로 인해 사이공 정부에 대한 조직적 항쟁은 계속 지연됐고, 남베트남 공산주의자들은 남베트남 정부의 탄압에 지속적으로 노출됐다.

1959년 5월에 열린 대표자대회에 가서야 북베트남 공산당은 남베트남에서 무력 투쟁의 필요성을 결의했다. 그렇다고 남과 북 사이에 이견이 사라진 것은 아니었다. 남쪽의 베트콩은 마오쩌둥 식 전술의 채택을 주장한 반면, 북베트남은 군사적 투쟁이 강화될 경우 미국이 더 적극적으로 개입할 것을 염려했다. 1961년 라오스에 대한 미국과 소련·중국 사이의 정치적 합의 역시 베트남 문제가 미국과의 합의에 의해 해결될 것이라는 희망을 키웠다.

그 결과 정치 투쟁에 대한 강조는 계속됐고, 1960년 제3차 당대회 직후 남쪽에서 군사 조직이 아니라 인민해방전선이라는 정치적 조직이 수립됐다. 북베트남의 공산주의자들은 내부 반란으로 남베트남 정부가 스스로 무너지기를 기다렸지만, 그사이 남베트남에서는 더 많은 사람들이 죽어가고 있었다. 생존 자체를 걱정해야 했던 남베트남의 공산주의자들과 한발 떨어져서 지켜보고 있었던 북베트남 사이에서는 큰 견해 차이가 있었던 것이다.

호찌민은 소련과 중국도 고려해야 했다. 북베트남 공산당은 미국이 전면적으로 개입한다고 하더라도, 남쪽에 전면적으로 개입함으로써 전선이 북쪽으로 확대되지 않도록 하겠다는 편지를 소련과 중국에 보냈다. 남베트남의 베트콩 입장에서 볼 때 북쪽의 태도는 비겁함 그 자체였지만, 북으로부터의 지원이 절실했기 때문에 북쪽의 결정을 따라야만 했다. 정전협상 과정에서 남쪽의 빨치산들을 버린 북한 정부의 태도와 동일하지는 않았지만, 베트콩의 입장에서 북베트남의 결정은 자기들만 살겠다는 것으로 비칠 수 있었다.

북베트남 공산당의 정세 판단은 잘못된 것이었다. 존슨 행정부가 남쪽에 대한 전투부대 파병과 함께 북폭을 결정한 것이다. 북쪽이 전면적으로 개입하지 않았음에도, 미국은 적극적으로 개입했다. 존슨 대통령이 1968년 말 북베트남에 평화협상을 제안했다는 점에서 일정 정도 성공적인 계산이었다고도 볼 수 있지만, 닉슨이라고 하는 새로운 대통령이 백악관에 입성할 것을 염두에 두지 못한 오판이었다.•

미국은 이상과 같은 베트남 공산주의자들의 분열과 오판을 인식하지 못했다. 미국은 중국과 베트남 사이의 분열, 남북 베트남 사이의 차이, 그리고 북베트남의 오판을 제대로 파악하지 못했고, 이러한 오판을 전쟁 전략에 이용하지 못했다. 푸에블로호 사건 당시 미국은 소련이 요구하면 북한이 모두 들어줄 것이라고 판단하고 있었다. 이로 인해 푸에블로호 선원들의 석방을 위한 북한과의 협상은 난항을 거듭했다. 미국은

• William Duiker, "Waging Revolutionary war: The Revolution of Hanoi's Strategy in the South, 1959~1965", *The Vietnam War: Vietnamese and American Perspective*, 1993.

중국과 북베트남을 압박하면 남쪽의 베트콩이 모두 고사할 것이라고 판단했다.[*]

1950년 11월 맥아더 장군이 압록강 근처에서 내렸던 중국군 개입에 대한 오판이 한반도에서 미국이 승리하지 못한 전쟁을 치르도록 만들었듯이, 전쟁에 있어서 지도부의 오판은 승패를 좌우할 정도로 결정적 역할을 한다. 상대방의 분열과 약점을 읽지 못했다는 것은 전쟁에서 결코 승리할 수 없었던 중요한 근거의 하나가 된다. 지피지기면 백전백승이지만, 그 반대면 백전백패다. 1968년 구정공세에서 베트콩이 큰 타격을 입었을 때 미국은 오히려 정전협정을 제안했다.

미국의 정보 판단에 의지해서 전쟁을 치르고 있었던 한국군의 오판은 더 말할 필요도 없었다. 베트콩이나 북베트남 정규군이나 모두 하나였다. 이들을 지원하거나 호의적인 베트남 사람들도 모두 베트콩이었다. 그리고 이 와중에서 민간인 학살 사건이 발생했다.

• Mitchell B. Lerner, *The Pueblo Incident: A Spy Ship and the Failure of American Foreign Policy*, University Press of Kansas, 2002.

죽은 자와 죽인 자의 이야기

민간인 학살

모든 전쟁은 학살을 동반한다. 그렇다고 전쟁이 모든 학살을 정당화하는 것은 절대 아니다. 그러나 학살은 어느 일방에 의해서만 일어나는 것이 아니다. 학살은 보복을 부르고, 그 보복은 다시 또다른 보복을 부르는 연쇄 작용을 하기 때문이다. 한국전쟁 시기 남한군과 북한군, 그리고 미군 모두 학살의 책임으로부터 자유롭지 못했다. 베트남전쟁 역시 동일한 과정이 되풀이됐다. 그런데 유독 미군과 한국군에 의한 민간인 학살만이 주목되고 있는 이유는 무엇일까?

미국 쪽은 '밀라이 학살'이 알려지면서 민간인 학살을 자인했다. 그러나 한국군은 민간인 학살에 대해서 전면 부인하고 있다. 국방부 군사편찬연구소가 베트남전쟁에 참전했던 장교들을 대상으로 한 구술을 담고 있는 《증언을 통해 본 베트남전쟁과 한국군》이나 사병들이 자발적으로 자신의 참전 수기를 올린 인터넷 사이트 '베트남전쟁과 한국군 www.vietnamwar.co.kr'을 통해서 보면 양민 학살을 둘러싼 논란에 대한 해석은 대체로 다음과 같은 두 가지로 요약된다.

첫째로 북한군의 소행이라는 것이다. 북한은 북베트남군과 베트콩을 지원한다는 명분으로 공군 조종사들과 함께 심리전 요원들을 파견했다고 알려져 있다. 이 중 심리전 요원들은 주로 한국군의 이른바 '귀순'

빈딘성 빈안 마을의 희생자 추모
비 뒤의 벽화에 맹호부대 마크가
그려진 군복을 입은 군인의 모습
이 있다. 한국에서는 이 마크가 맹
호부대의 원래 마크와 다르기 때
문에 한국군이 아니라고 주장하고
있다. 이 벽화는 사람들의 기억에
의존해 그린 것이다.

공작을 담당했는데, 학살은 이들의 소행이라는 것이다.

　북한군 군사고문단이 한국군으로 위장하고 자신들에게 비협조적이며 한
국군에게 협조적인 자연부락을 무차별 공격한 후 한국군의 만행이라고 주장
했을 개연성이 충분했다고 생각하기 때문이다(당시 그런 첩보도 있었던 것으로
기억된다).•

　베트남 빈딘Binh Định성 빈안 마을 희생자 추모비 뒤편의 벽화 속 맹
호부대원 그림 역시 이 주장을 뒷받침하고 있다. 왜냐하면 그 벽화에

• 베트남전쟁과 한국군www.vietnamwar.co.kr의 참전 수기(이하 참전 수기) 중 '호이안 전
　선에 드리운 전운(11).'

있는 맹호부대원 군복의 맹호부대 마크가 실제 마크와는 다르기 때문이다. 북한군이 왔기 때문에 실제와는 다른 마크를 달았을 가능성이 크다는 것이다.

둘째로 한국군은 베트콩을 사살했을 뿐이라는 주장이다. 대부분의 남베트남 사람들은 베트콩에 우호적이었다. 베트콩의 보급 투쟁에 호응하거나 이들을 숨겨주기도 했다. 따라서 대민작전을 하는 한국군에게 베트콩과 양민의 구별은 무의미했다는 것이다.

게릴라전은 확정된 전선이 없고 제복을 입은 적군도 없다. 오직 무기를 갖고 대항하는 자는 적이고, 웃으며 손을 흔드는 자는 양민이다. (…) 마을에서 전투 시에는 주민의 피해가 발생하게 되는데, 이는 전투 현장에 베트콩에 협력하는 주민이 섞이게 되기 때문이다. 또한 베트콩에게는 연령이나 남녀노소의 제한이 거의 없다. 지금껏 우리들은 모든 작전에서 부녀자와 노인, 아동들을 전혀 의심을 하지 않았고, 용의선상에도 넣지 않았다.

그러나 이번 작전에서는 13~14세의 소년 베트콩에게 아군이 피해를 입었으며, 이를 생포하여 신문한 결과 그는 분대장 직책까지 수행하고 있었다. 또한 거의 60세가 된 노인이 대항 후 도주하는 것을 생포했고, 허리에 수류탄과 탄띠를 찬 여자 간호원을 체포한 적도 있었다. 심지어 겉으로는 승려 복장에 속에는 탄띠를 찬 가짜 승려가 체포된 적도 있었는데, 자신은 양민이며 탄띠는 주워서 찬 것이라고 변명을 하는 경우도 있었다. (…) 이들은 확실한 베트콩이며 결코 양민일 수 없다.

– 맹호부대 1연대 5중대장 박○○ 대위의 증언•

• 국방부 군사편찬연구소, 《증언을 통해 본 베트남전쟁과 한국군》 1, 국방부군사편찬연구소, 2001, 254쪽.

미군에 의해서 퐁니Phong Nhị·퐁넛Phong Nhất 사건(1968년 2월)의 조사가 이루어질 때에도 채명신 사령관은 "대량학살은 공산주의자들에 의한 음모"라고 결론지었지만, 한국군의 파병을 요청한 미군은 한국군의 불미스러운 작전에 대한 해명을 요구했다. 채명신 사령관의 해명은 주베트남 미군 사령관 웨스트모얼랜드의 편지에 대한 답장이었고, 미군 사령관의 편지 내용은 아래와 같다.

나에게는 전쟁 범죄에 관한 주장이나 불만이 제기됐을 때 적절한 절차에 따라 조치를 취해야 한다는 지시가 내려져 있습니다. 이 지시는 제네바 협약의 서명국으로서 미국의 책임을 다하기 위한 것입니다. 이를 수행하기 위해 1968년 2월 12일 꽝남Quảng Nam성 디엔반Điện Bàn현의 퐁니 마을과 퐁넛 마을에서 발생한 것으로 보고된 사건들에 대한 조사에 착수했습니다. (…) 동봉한 증언, 사진 자료, 그리고 다른 문서들은 기초조사 과정에서 수집된 것으로, 우리의 조사가 완전하고 광범위한 것이라고 말하려는 것은 아닙니다. (…) 따라서 이 사건에 대한 상세한 보고서를 아마 장군께서도 받아보셨을 것입니다. 이 사건이 갖는 심각한 본질 때문에 나는 이 사건이 궁극적으로 해결될 수 있기를 고대합니다.

– 1968년 4월 29일자 웨스트모얼랜드의 편지●

〈한겨레〉의 고경태 기자가 2000년 미국의 국립문서보관소NARA에서 발굴한 문서를 보도한 바에 따르면 당시 미군이 조사를 요청한 사건은 아래와 같은 세 가지 사건이었다.

● 〈한겨레21〉 제334호, '잠자던 진실, 30년 만에 깨어나다: 한국군은 베트남에서 무엇을 어떻게 했는가.'

1. 1968년 2월 12일 꽝남성 디엔반현, 퐁니·퐁넛 사건[•]

한국 해병 2여단 1대대 1중대가 마을 주변을 일렬종대로 지나던 중 저격을 받자 마을을 공격. 앞 소대에서 민간인들을 후송시켰으나 뒤에서 대부분 사살됨. 79명(또는 69명)의 베트남 여성과 어린이들이 칼에 찔리거나 총에 맞아 죽음. 한국 해병 1명 부상(작전명: 괴룡 1호 작전).

2. 1969년 4월 15일 꽝남성 주이쑤옌Duy Xuyê현, 푹미Phươ Mỹ 사건

한국 해병 2여단 2대대 7중대 3소대가 지뢰 제거 중 폭발사고 뒤 저격받은 것으로 추정. 그 뒤 다시 저격받는 과정에서 수류탄 사고로 한국군 사망. 한국군은 전략촌을 무차별 공격. 그 뒤에도 4.2인치 20발과 81밀리 20발 포격, 그중 일부가 전략촌에 떨어져 미 육군 장교 1명과 2명의 사병이 부상. 베트남 민간인 4명 사망, 12명 부상, 7명 구타, 대규모 재산 피해. 지뢰 폭발로 한국 해병 1명 사망, 4명 부상, 미 해병 다수 부상(작전명: 승룡 10호 작전).

3. 1968년 10월 22일 꽝남성 호앙쩌우 사건

한국 해병 2여단 2대대 6중대 1소대가 야간방어진지 구축 중 저격당하자 마을을 공격한 뒤 포위. 베트남 민간인 22명 사망(8명의 어린이 포함), 베트남 민간인 16명 부상(5명의 어린이 포함), 13마리의 물소 사살, 95채의 주택 100퍼센트 파괴, 1,000개의 저장고 파괴. 초기 작전 중 한국 해병대 대원 일부 사망(작전명: 승룡 3호 작전).

[•] 베트남의 행정단위인 성省Tih, 현縣Huyê, 사社Xã, 촌村Thô은 한국의 군郡, 읍邑, 면面, 리里에 해당한다.

세 사건은 모두 구정공세 직후에 발생했다. 세계를 뒤흔든 미군에 의한 밀라이 학살이 발생했던 1968년 3월을 전후한 시기였다. 가장 치열한 전투가 벌어진 직후의 시기였다. "구정공세라 하면 1968년의 호이안Hôi An 전투를 지칭한다고 봐야 할 것이다. 아마 3대대 9중대의 일개 소대 40여 명 중 생존자가 7명뿐이라는 믿기 어려운 전투도 그때의 일이었던 것으로 기억한다."● 다른 사건들이 이 이전에도 있었지만, 미군 쪽에서 이 사건들만 조사에 들어간 것은 왜일까? 밀라이 학살의 영향 때문이었을까?

해병대 대원이 다치거나 사망한 이후 보복 과정에서 발생했다는 점과 전략촌에서 발생했다는 점 역시 주목된다. 전략촌은 지역 거주민들을 베트콩으로부터 분리시키기 위해 만든 전략적인 지역이었고, 안전한 곳으로 선전되고 있었다.

한국군에 의한 민간인 학살 문제는 국내에는 보도되지 않았다. 베트남 파병에 대한 여론이 악화될 수 있었기 때문에 철저한 보도 통제가 이루어졌던 것으로 보인다. 문제는 외신의 보도였다. 1970년 1월 10일 〈뉴욕 타임스〉는 "한국군이 수백 명의 베트남 민간인을 살해했고, 주베트남 미군 사령부의 고위 장성이 한국군에 대한 조사를 중단시켰다"고 보도했다. 이 보도는 1971년 한국의 대통령 선거를 앞두고 나왔다는 점에서도 중요했지만, 브라운 각서의 실행 내용을 조사하기 위한 사이밍턴 위원회를 앞두고 나왔다는 점 때문에 한국 정부뿐만 아니라 닉슨 행정부도 긴장시켰다. 한국 정부는 한국 언론매체가 보도하지 못하도록 조치했고, 사이밍턴 위원회에서도 한국군의 민간인 학살 문제는 논

● 참전 수기 중 '호이안 전선에 드리운 전운(6)'.

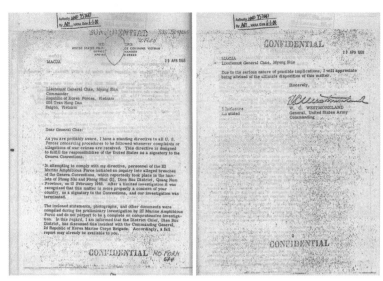

웨스트모얼랜드 미군 사령관이 채명신 한국군 사령관에게 보낸 1968년 4월 29일자 영문 편지.

의되지 않았다.[*]

외신의 보도는 한 번으로 끝나지 않았다. 베트남전쟁이 막바지로 가고 있었던 1972년 7월 31일 〈AP통신〉은 맹호사단에 의한 양민 학살 문제를 보도했다. 29명의 민간인이 학살됐으며, 사망한 남성 9명, 여성 13명, 그리고 아이들 7명의 명단이 키엠 수상에게 제출됐다. 명단에 따르면 다낭Đa Nẵng의 팜쑤언후이Pham Xuan Huy에서 발생한 이 사건에 여든여섯 살의 할머니가 가장 나이가 많았으며, 한 살도 되지 않은 아이도 포함되어 있었다.[**]

한국 정부는 긴급회의를 열었다. 맹호사단의 '장비 2호 작전' 시 한국군의 공격으로, 〈AP통신〉의 보도와 비슷한 수의 부락민이 피살됐다.

* 〈한겨레21〉 제334호, 앞의 글.
** www.newspapers.com/newspage/45678523 참고.

남베트남의 일부 국회의원들이 이 내용을 왜곡 기술하여 신문사에 배부했다. 주베트남 한국대사는 사전에 보도를 만류하는 한편 8월 15일부터 17일까지 자체 조사를 한 뒤 주베트남 한국군 사령부에 조사를 다시 의뢰했다. 한국군과 남베트남군이 각각 3명의 장교(반장 중령)를 현지에 파견하여 조사한 결과는 아래와 같았다.

동 부락은 본시 베트콩 통제하에 있었으며, 전투는 적의 사격으로 아측이 전사 2명, 부상 6명의 피해를 입은 후 일어난 우발적인 것이었으며, 촌락에 대한 공격은 지방 책임 관리의 사전 동의 아래 실시된 작전상의 타당성이 있는 전투이고, 의원들의 비난과 같은 양민 집단 학살 및 암매장은 없었다는 데 합의를 보았음.[•]

한국군과 남베트남군에 의한 조사 결과 양민 학살은 사실무근이었다. 왜 이런 사건들이 발생했는가? 우선 작전의 문제였다. "전략촌이란 개념의 차이가 있어서인지는 모르겠으나 우리 군은 작전 개시 전에 여러 가지 방법으로 양민을 소개시키는 작전을 감행했으며, 소개하지 않은 자들을 게릴라로 판단했고 이를 섬멸했던 것이다."[••]

둘째로 베트콩이 나온 마을의 주민들은 모두 베트콩의 협력자로 본다는 것이다.

베트콩이 나타나면 마을을 몰살시켰어요. 할아버지, 할머니, 손자, 며느리 다 죽여버렸어. 싹 쓸어버렸어. (그러니) 베트콩이 우리를 손댈 수가 없어. 그

- [•] '양민학살 보도 해명 전보', 주베트남대사(1972), 외교관 소장 문서.
- [••] 참전 수기 중 '호이안 전선에 드리운 전운(11)'.

때는 잔혹 행위 같은 걸 우리가 자행을 했어요. 그런데 말씀드리고 싶은 것은 잘했다 잘못했다를 떠나서 그렇게 해병대가 한 것은 그게 도움이 됐기 때문입니다. (…) 잔혹 행위라도 해서 살아남는 게 땡입니다. 만약 우리나라 전쟁에서 그렇게 했다면 큰일 나겠지만. (…) 우리는 그 전쟁에서 이기는 것보다 더 중요한 게 우리 병사들이 많이 살아서 복귀하는 거잖아. 그래서 그걸 윤리적으로 비판하기가 굉장히 어렵습니다.•

한국군의 재판 기록을 보면 1965년부터 1972년까지 총 1,384건의 범죄 행위가 발생했는데, 이 중 살인 35건, 강간 21건, 과실 치상 523건 등이 있다.•• 아마도 민간인 학살 사건과 무관하지 않을 것이다.

현재 베트남 사회의 입장은 한국군과는 다르다. 전쟁이 끝난 직후 베트남 정부는 정치국 산하에 전쟁범죄조사위원회를 설치했고, 여기에서 1980년대 초 〈남베트남에서 남한 군대의 죄악〉이라는 문건이 발간됐다(구수정 박사 발굴). 이 문건에 의하면 5,000여 명의 베트남 민간인들이 한국군으로부터 피해를 입었다. 이후 각 성은 한국군에 의한 민간인 학살에 대해 조사를 실시하고 있다. 2015년 2월에 만난 빈딘성 전쟁박물관 관장은 30여 년 동안 민간인 학살을 발굴했고 지금도 발굴을 지휘하고 있다. 기록이 없으니 발굴하는 수밖에 없었다. 식민지 시기 징용과 위안부 관련 사실이 해방 이후 50년이 지나서야 사회적으로 논의되기 시작한 것과 마찬가지로 베트남에서도 일정한 시간이 흐른 뒤에 민간인 학살 문제가 본격적으로 제기될 가능성이 크다.

2000년 구수정 박사가 발표한 자료에 따르면 베트남전쟁 시 한국군

• 〈한국일보〉 2014년 8월 11일자, "'윤 일병 사건? 사소한 가혹 행위' 군 교육 파문'.
•• 최용호, 《통계로 본 베트남전쟁과 한국군》, 국방부군사편찬연구소, 2007, 49쪽.

에 의한 약 80여 건의 민간인 학살 사건이 있었으며, 9,000여 명의 민간인들이 학살된 것으로 집계되어 있다. 그리고 최근에도 아직까지 밝혀지지 않은 사건들에 대한 조사가 계속 진행되고 있다. 또한 사회적으로 알려진 1968년 이후의 학살 사건과 달리 1967년 이전에 대부분의 집단 학살이 발생했다고 한다. 2015년 2월에 방문했던 빈딘성의 경우가 대표적인 사례다. 1966년 1~2월에 학살이 자행됐으며, 한국군의 전투 기록에 근거해보면 맹호부대의 비룡작전 중 발생했을 가능성이 크다. 한국군이 초기에 실시했던 평정 작전 중 하나였던 것으로 보인다.

전쟁에서 민간인의 죽음에 대한 한국군의 해석과 베트남 사람들의 해석 사이에는 큰 차이가 있다. 이러한 해석의 차이는 지금 한국 사회에서 남남갈등의 한 축을 차지하고 있다. 그러나 베트남전쟁에서의 민간인 학살은 이데올로기적이거나 정치적인 문제가 아니다. 반드시 풀어야 할 인류의 문제이며, 시대적인 문제다. 이 문제를 풀지 않고서는 한국의 명예는 회복될 수 없다. 일본의 역사 인식을 이야기하든, 미군의 노근리 민간인 학살 사건을 이야기하든 모든 문제는 베트남에서의 과거사 문제를 해결하지 않고서는 불가능하다. 이 모든 사건에 우리는 피해자이며 동시에 가해자였기 때문이다.

민간인의 죽음에 연루된 한국군 역시 피해자다. 한국군은 자의로 갔건 타의로 갔건 국가의 이익을 위해 동원됐다. 가장 큰 피해를 입은 것은 베트남 사람들이지만, 여기에 연루된 한국군들은 모두 트라우마로부터 자유롭지 못했다. 이들을 동원한 국가는 모든 책임을 져야 한다. 폴란드가 됐다고 할 때까지 사과를 해야 한다는 독일의 앙겔라 메르켈Angela Merkel 총리의 언급을 보면서, 일본이 한국을 비롯한 식민지 국가와 태평양 전쟁 피해 국가에 대해, 또한 한국이 베트남에 대해 어떻게 해야 하는지를 다시 한번 생각해본다. 그리고 이를 통해 베트남 사람들과 참전 군인들의 응어리를 풀어주어야 한다.

전쟁! 전쟁은 인간을 황폐하게 만들었고, 인간의 심성을 비정하게 변화시킨다. (…) 사람의 목숨이 파리 목숨이 된다. 죄 없는 양민들은 이데올로기의 제물이 되어 희생되어야 했다.•

아직도 한 가지 의문은 남는다. 베트콩에 의한 납치, 살해, 폭행, 방화 등은 전혀 주목받지 못하면서 왜 미군과 그 동맹군에 의한 학살만 주목을 받고 있는가? 정당하지 못했던 참전, 언론 통제에 대한 사회적 반발, 그리고 베트콩과 북베트남의 승리라는 전쟁 결과가 복합적으로 작동하고 있기 때문이었다. 그리고 그 결과는 반전 운동과 서구 사회의 변화로 나타났다.

• 참전 수기 중 '호이안 전선에 드리운 전운(에필로그).'

그것은 미친 살인의 축제였다

1968년 밀라이 학살

미국의 관점에서 볼 때 베트남전쟁에서의 승리는 무엇을 의미했는가? 남베트남 정부 지역에서 베트콩과 그들을 지원하는 북베트남 게릴라들을 축출하는 것이었으리라. 이들이 도망가지 않는다면 이들을 죽여야 했고, 더는 활동을 할 수 없도록 게릴라들의 활동 지역에 거주하는 주민들을 이동시켜야 했다.

　문제는 반정부 게릴라들을 몰아내는 것이 간단한 일이 아니라는 점이었다. 게릴라들은 지역민들로부터 충원됐고, 지역민들은 게릴라들을 지원했다. 게릴라들에 의한 살해와 납치가 끊이지 않았지만, 이들에 대한 주민들의 지지는 줄어들지 않았다. 1970년대 초 사이공에서 나온 통계에 따르면 1957~1972년 사이 베트콩은 3만 6,725명을 암살했고, 5만 8,499명을 납치했다. 이 중 1968년부터 1972년 사이의 통계를 보면 피해자 중 20퍼센트만이 정부 관료, 경찰, 지방자치군이었고, 나머지 80퍼센트는 민간인이었다.[•]

　베트콩에 의한 피해자 수가 결코 적지 않았음에도 게릴라들은 지방민들에게 '로빈 후드'였다. 암살과 납치의 대상이 모두 그런 것은 아니

[•] 미 육군 법무관 사무실 자료(Guenter Lewy, *America in Vietnam*, Oxford University Press, 1980, pp. 272~273).

었지만, 주로 지역의 부패한 관리들과 지주들이었다. 그뿐만 아니라 게 릴라들의 활동은 기자들의 눈에 띄지 않았기 때문에 미국의 신문에는 거의 보도되지 않았다. 남베트남 정부군과 미군의 활동이 서방 기자들에 의해 보도됐던 것과는 다르게.

그 결과 베트남의 미군들은 적들뿐만 아니라 악화된 여론과도 싸워야 했다. 게다가 게릴라와 일반 주민들을 구별하는 것이 쉽지 않았다. 주민들은 게릴라를 숨겨줬고, 게릴라는 주민들로부터 충원됐다. 정글에서나 마을에서나 게릴라는 갑자기 튀어나왔다. 저격수에게 걸리면 어디서 날아오는지 모르는 총알에 희생당할 수밖에 없었다. 베트남 전선에 있었던 한국군 역시 예외가 아니었다.

이런 상황에서 있어서는 안 될 일이 발생했다. 피의 보복이 발생한 것이다. 그 대표적 사건이 구정공세 직후인 1968년 3월 16일에 있었던 밀라이 학살이었다. 밀라이 학살이 일어난 선미Son My는 한국군이 활동했던 다낭으로부터 160킬로미터 남쪽에 위치한 작은 마을이었다. 선미는 미군의 지형도에는 밀라이로 지칭됐다. 베트남에서는 지금도 선미 학살로 부르고 있다.

우리는 아침 일찍 착륙지점에서 헬리콥터를 타고 밀라이로 날아갔습니다. 우리는 마을 밖에 있는 가뭄으로 말라 있는 논 위에 내렸습니다. 동네로부터 어떠한 저항도 없었고, 무장한 적들도 없었습니다. 우리는 일렬로 줄지어 마을을 향했습니다. 마을 밖에서 한 늙은이가 베트남어로 인사를 하고 우리들에게 손을 흔들다가 첫 번째로 죽었습니다. 메디나(중대장)나 캘리 둘 중에 한 사람이 그를 죽이라고 했고, 백인 병사가 그를 죽였습니다. 그 병사의 이름은 모릅니다. 이것이 첫 번째 살인이었습니다.

그 병사가 사람을 죽인 직후에 한 여성이 마을로부터 나왔고, 누군가가 그녀를 때려눕힌 다음 메디나가 그녀에게 M16 소총을 발사했습니다. 나는 그로부터 30~40미터 정도 떨어져서 그 광경을 목격했습니다. 이 여자에게 총을 쏠 이유가 전혀 없었습니다. 이것은 순전히 살인이었습니다.

그 후 분대와 예하부대가 마을로 들어가기 시작했습니다. 우리는 누구도 마을로부터 도망가지 못하게 해야 한다고 다짐했습니다. (…) 우리는 15명 이상의 베트남 남자, 여자, 아이들을 끌어모았습니다. 메디나가 "모두를 죽이고 아무도 서 있지 못하도록 하라"고 외쳤습니다. 우드는 M60 기관총을 들고 거기에 있었고, 메디나의 명령으로 그들에게 기관총을 발사했습니다. 미첼 하사도 거기에 있었는데 M16 소총으로 사람들에게 사격을 가했습니다. 위드머가 M16으로 마무리를 했고 메디나는 그들에게 총을 쏘지 않았습니다.

이 사격 이후 메디나는 물소와 함께 가고 있었던 열일곱 살 내지 열여덟 살 정도 된 소년을 멈추게 했습니다. 메디나는 소년에게 뛰어가라고 했지만, 소년은 뛰지 않았고, 그래서 메디나는 M16 소총으로 그 소년을 죽였습니다. 나는 50~60미터 정도 떨어진 거리에서 그것을 분명히 목격했습니다. (…)

문: 당신이 증언한 내용들은 매우 심각한 내용들이다. 당신은 오직 사실만을 말하고 있으며, 당신이 말한 것은 모두 사실인가?

답: 내가 말한 것은 모두 사실이며, 법정에서 메디나와 대질신문을 해도 그것이 사실임을 맹세할 수 있습니다. 이것은 사실입니다.

문: 그러고 나서 무슨 일이 일어났나?

답: 우리는 계속해서 마을을 지나갔습니다. (…) 마을 안에서 군인들은 사람들을 둘러쌌습니다. 미들로가 그들을 감시하고 있었습니다. 몇몇 다른 병사들이 미들로와 함께 있었고, 캘리가 올라와서 그들 모두를 죽이고 싶다고

말했습니다. 그가 그렇게 말할 때 나는 바로 그 근처에 있었습니다. 이번에는 25명이었습니다. 미들로와 위드머가 M16을 자동으로 놓고 이들에게 발사했습니다. (…)

이 사람들에게 총을 쏜 다른 사람들도 있었지만, 누군지 기억이 나질 않습니다. 캘리는 이번에는 2명의 베트남 사람을 데리고 가서 M16을 자동모드로 발사해서 죽였습니다. 나는 이 살인에 연루되고 싶지 않아서 멀리 떨어져 있었습니다. 이러한 살인에는 아무런 이유가 없었습니다. 이들은 주로 여성과 아이들, 그리고 몇몇 노인들이었습니다. 그들은 탈출하거나 공격하려고 전혀 시도하지 않았습니다. 그것은 살인이었습니다. (…)

문: 그다음 무슨 일이 있었는가?

답: 우리는 마을을 지나갔고 또 다른 살인 행위들이 있었습니다. 나는 주로 스탠리와 있었습니다. 나는 스탠리와 앉아 있었는데, 위드머가 와서 다시 내 권총을 빌려달라고 했습니다. 나는 한 작은 소년이 부상당한 것을 보았습니다. 아마도 팔을 다친 것 같았습니다. 위드머는 그 아이에게 다가가서 내 권총을 쏘았습니다. 위드머는 "내가 이 개자식에게 쏘는 것을 보았지"라고 말하는 것 같았습니다. (…)

문: 밀라이에서 몇 명 정도가 죽었다고 생각하나?

답: 100명이 넘을 겁니다. 몇 명이 죽었는지 정확히 말할 수는 없습니다. 아무도 살아남지 못했다고 생각하지는 않습니다.

- 밀라이 학살에 대한 허버트 카터의 증언(1969) •

• James S. Olson and Randy Roberts, *My Lai: a brief history with documents*, Bedford Books, 1998.

북베트남과 베트콩의 구정공세 직후인 1968년 3월 16일 발생한 밀라이 학살의 희생자들. 프리랜서 기자 시모어 허시Seymore Hersh가 1969년 11월 12일 특종 보도하면서 알려졌다.

다음날 우리는 밀라이로 갔습니다. 나는 두 번째인가 세 번째에 섰습니다. 또 다른 소대, 즉 C중대의 1소대가 우리 앞에 가고 있었습니다. 나는 우리 분대, 즉 2소대 3분대와 함께하고 있었습니다. 나의 소대는 브룩스 소위가 지휘하고 있었습니다. 내 분대의 리더는 라크루아 하사였고, 소대의 리더이면서 선임하사는 뷰캐넌이었습니다. (…)

우리가 마을로 들어간 직후에 나는 5명의 베트남인 체포자와 함께 있는 우드와 스탠리를 만났습니다. (…) 그리고 나서 로셰비츠가 나에게 와서 모든 사람들을 죽일 거라고 말했고 나에게 그들을 죽이라고 말했습니다. 로셰비츠는 나의 M16을 뺏어서 자동모드로 놓고 거기에 서 있던 모든 베트남 사람들을 쏴버렸습니다. 그들은 무장하지 않았고, 도망치려고 하지도 않았습니다.

문: 그리고 나서 무슨 일이 있었는가?

답: 나는 마을로 들어가서 오두막 옆의 우물에 한 소년이 총에 맞아 있는 것을 발견했습니다. 아기를 안은 여성도 울면서 오두막에서 나왔습니다. 로세비츠, 라마르티나, 그리고 라크루아가 거기에 있었습니다. 라이트, 후토, 그리고 허드슨도 거기에 있었습니다. 브룩스 소위(소대장)도 주위에 있었던 것으로 생각됩니다. 소대장은 나에게 여자를 죽이라고 말했고 나는 그대로 행했습니다. 저는 사진들을 보았고 여기에 관련하여 내가 쏜 적이 있는 여자와 아기의 사진을 확인했습니다. 나는 아기의 얼굴을 쏜 걸로 기억하고 있습니다.

문: 그리고 무슨 일이 있었는가?

답: 오두막에는 4~5명의 사람이 있었는데 대부분 아이들이었습니다. 허드슨이 아이들에게 기관총을 쐈습니다. 나는 그때 오두막에 들어갔고 아이들의 몸이 갈기갈기 찢긴 것을 보았으며 그들이 모두 죽었다는 것을 의심하지 않았습니다. 그 오두막에는 작고 오래된 구멍이 있었는데 사람들이 공격으로부터 몸을 숨기는 곳이었습니다. 라이트는 누군가 거기에 숨을 경우를 대비해서 그 구멍에 수류탄을 까 넣었습니다.

문: 그리고 무슨 일이 있었는가?

답: 우리가 마을로 들어가면서 많은 총소리가 들렸고 소대 앞에 25~30명의 사람들이 있는 곳으로 왔는데, 그들을 처형했습니다. 우리는 총을 쏘는 것을 직접 보지 못했지만, 그 일이 막 일어났던 것은 분명했습니다. 메디나(중대장)는 우리가 갔을 때 거기에 있었습니다. 그러나 그가 살해를 목격했는지는 알 수 없습니다. 나는 그곳으로부터 멀지 않은 곳에서 같은 날 다른 처형이 있었다고 들었습니다. 그러나 나는 목격하지 못했습니다. 또한 밀라이에서 사람들의 시체가 쌓여 있는 구덩이를 발견했습니다.

문: 그다음에 무슨 일이 있었는가?

답: 우리는 왼쪽으로 가서 오두막을 불태우고 사람들을 죽였습니다. 나는 그날 8명쯤을 죽인 것 같습니다. 나는 도망가는 2명의 노인을 쐈습니다. 또 한 여성과 아이들 몇 명을 쐈습니다. 그들은 오두막으로부터 도망가거나 숨으려고 했습니다.

문: 다른 사람이 죽이는 것을 봤는가?

답: 네. 라이트, 후토, 허드슨, 러커, 그리고 모어가 오두막에 들어가서 열일곱에서 열여덟 살 정도 된 여자애를 강간했습니다. 나는 문에서 그것을 보았습니다. 그들이 일을 마친 뒤 M60, M16, 캘리버 45 권총을 꺼내서 그녀가 죽을 때까지 쐈습니다. 그녀의 얼굴은 사라졌고, 그녀의 뇌가 사방에 퍼졌습니다. 나는 강간이나 살해에는 관여하지 않았습니다.

문: 이 사람들이 라이트, 후토, 허드슨, 러커, 그리고 모어이고, 이들이 그 소녀를 윤간했는가?

답: 네, 그들이 그랬습니다.

문: 다른 살해 장면도 목격했는가?

답: 나는 많은 사람들을 죽이는 장면을 목격했지만 혼란이 있었고, 모든 살해에는 관여하지 않았습니다. 내 생각에는 400명 정도가 밀라이에서 죽었습니다. 모두들 메디나의 명령을 받았다는 점을 강조하고자 합니다.

– 바나도 심슨의 증언(1969) •

한국에 노근리 ••가 있었다면 베트남에 밀라이가 있었다. 이 사건에

• James S. Olson & Randy Roberts, 앞의 책(Robert J. McMahon edt., 앞의 책, pp. 237~241 재인용).
•• 1950년 7월 26일 미군이 충북 영동군 노근리 철교 밑에 양민 500여 명을 '피난시켜주겠다'며 모아놓고 사살한 사건.

는 모두 26명의 군인이 관여한 것으로 판명됐다. 그러나 이 중 한 사람, 윌리엄 캘리 소위만 유죄 판결을 받았다. 종신형을 선고받았지만, 그는 3년 반 동안 가택연금 상태에 있었을 뿐이었다. 상급 명령권자인 영관급 장교들은 어떠한 처벌도 받지 않았다.

국가는 정상적으로 전투를 할 수 없는 곳에 군인을 보냈다. 그러나 그들의 민간인 학살에 대해서 전혀 책임지지 않았다. 학살 사건을 일으킨 군인들은 가해자였지만, 다른 한편으로 국가에 의해 동원된 피해자들이었다. 가장 가혹한 피해자는 억울하게 죽은 베트남 사람들이었지만, 동시에 가해자인 군인들 역시 피해자였고, 베트남전 이후에도 트라우마를 앓았다. 허버트 카터의 증언에 나오는 한 사병은 학살 다음날 부비트랩을 밟고 다리 하나를 잃었다. 그리고 그는 "밀라이에서 한 일 때문에 신이 나를 벌하고 있구나"라고 말했다.

베트남전쟁 동안 군법재판에 회부된 미 육군은 혐의자 78명 중 36명이었다. 그 외의 42명은 기소중지되거나 행정처분을 받았다.[*] 해병대의 경우 27명이 재판을 받았는데, 대부분이 보호감찰, 선고유예, 대체복무 등의 선고를 받았다. 국가는 평범한 시민들을 범죄자로 만들어놓고, 이에 대해 책임을 지는 대신 이들이 최소한의 형량만을 받도록 아량을 베풀었다. 전쟁 중 사망해서 기소되지 않은 군인도 있었다. 그리고 재판을 받은 사람들은 참전에 따른 어떠한 보상도 받지 못했다.

[*] 미 육군 법무관 사무실 자료(Guenter Lewy, 앞의 책, pp. 457~458).

지옥의 정글에서 우리를 구출해다오

군의 붕괴

안녕 코니 누나,

내가 괜찮다는 것을 알려주기 위해 편지를 써. 120일간 계속된 임무에 대해서 말하고 싶은데 엄마가 걱정하지 않도록 해줘. 아래에 쓰는 내용은 앞으로 11개월 동안 내가 할 일이기도 하기 때문에 엄마에게 이 편지를 보여주지 말아줘.

먼저 6일 동안 장대비가 쏟아졌어. 난 진흙투성이가 됐어. 내 손은 상처투성이야. 정글에는 수천 마리의 거머리와 모기들이 있고, 내 몸 전체를 물어뜯었어. 난 2명의 죽은 노랑이들(황인종)을 보았어. 냄새가 고약하더라고. 난 좀 아프기도 했어. 사고로 3~4명이 다쳤어. 단지 2명이 노랑이들을 쫓아가면서 쐈을 뿐이야.

실제로 전투는 아직 그렇게 심하지 않지만, 우리가 아샤우(아서우) 계곡을 향해 남쪽으로 이동 중이라는 소문이 있어. 등에 무거운 짐을 메고 산을 오르내리고 있어. 물론 다른 사람들도 그렇게 하고 있으니까 나도 할 수 있어. 실제로 그렇게 어려운 건 아닌데 분명한 것이 하나 있어. 전에 있었던 무언가 더 좋았던 일들에 대해서 감사해야 한다는 것을 배우고 있다는 거야. 나한테 틀렸다고 하지 마. 나는 불평을 털어놓는 것도 아니고 동정해달라는 것도 아니야. 그저 내가 원하는 것은 내가 하고 있는 걸 주목해달라는 거야. 다시 말하는데 내가 야전에서 빠져나와서 힘들게 일하지 않고 있다고 엄마에게 말해줘.

— 살바도르 곤살레스 사병이 그의 누이에게 쓴 편지[*]

도대체 이 미군 병사는 무엇을 하고 무슨 생각을 하고 있었던 것인가? 전투를 하고 있는 건가? 아니면 정글의 악조건과 사투를 벌이고 있는 건가? 적은 누구이고, 전쟁의 목적은 무엇이었는가?

베트남전쟁은 미국이 벌였던 전쟁 중에 특이한 전쟁이었다고 평가받는다. 1998년 개봉한 〈라이언 일병 구하기〉에 나오는 노르망디 상륙작전[**]이나 1991년 걸프전쟁에서 수행했던 사막의 폭풍 작전[***]과 같이 국가적 운명을 결정하는 거대한 군사작전이 없었다. 흔히 사람들은 베트남전쟁이란 또 다른 한국전쟁이었다고 알고 있지만, 인천상륙작전과 그 직후 38선 이북으로의 롤백 작전이 있었던 한국전쟁과 북베트남으로의 진격 없이 남베트남에서만 작전을 했던 베트남전쟁 사이에는 큰 차이가 있었다.

주베트남 미군 사령관이었던 윌리엄 웨스트모얼랜드는 3단계의 작전 계획을 수립했다. 우선 남베트남에서 더 이상 베트콩들의 점령 지역을 확대시키지 않는다는 것이 1단계였다. 그리고 미국과 동맹국의 군

- Robert J. McMahon edt., *Major Problems in the History of the Vietnam War*(3rd edition), Houghton Mifflin Company, 2003, p. 234.
- ●● 제2차 세계대전 중이던 1944년 6월 6일, 영·미 연합군이 독일 치하에 있던 북프랑스의 노르망디 해안에 기습 상륙한 작전. 전쟁 초기 서부 전선에서 패하여 유럽 대륙으로부터 퇴각한 연합군이 독일 본토로 진공하기 위한 발판을 유럽 대륙에 마련하고자 감행한 작전이었다.
- ●●● 1991년 걸프전쟁에서 미군을 중심으로 한 연합군이 바그다드를 공습한 작전.

대가 베트콩을 포위 섬멸하여 남베트남의 대부분 지역을 회복한다는 것이 2단계였다. 마지막으로 남아 있는 적들을 최종적으로 섬멸한다는 것이 3단계였다. 그는 이러한 작전이 18개월 안에 끝날 것이며, 1967년 말이면 최종적으로 승리할 것으로 예측했다.

1964년 1만 7,200명이었던 미군 병력은 1965년 16만 명을 넘어섰고, 1966년에는 45만 명, 1967년 49만 7,000명, 그리고 1968년에는 55만 명에 육박했다. 사령관의 예측은 빗나갔지만, 전쟁을 빨리 끝내야 한다는 강박관념으로 인해 미국 정부는 점점 더 많은 미군들을 베트남 전선으로 보냈다. 그러나 야전에 있는 미군의 수는 전체 파병 군인의 6분의 1에 지나지 않았다.

1968년 구정공세 직후에는 50만 명이 넘는 미군들이 있었음에도 불구하고 10만 명만 더 있다면 미국이 승리할 수 있다는 '근거 없는' 보고서가 워싱턴에 제출되기도 했다. 그리고 워싱턴에서는 이 보고서를 신뢰할 수 있다고 판단했다.

그 많은 미군들은 베트남에서 무엇을 느끼고 있었는가? 곤살레스의 편지는 그 많은 예 가운데 하나를 잘 보여준다. 대부분의 작전은 정글에서 베트콩을 찾아내는 작업이었다. 그렇다고 이들을 찾기가 쉬운 것도 아니었다. 지금도 호찌민시의 서쪽에 위치한 꾸찌Cù Chi에 가면 당시 베트콩들이 생활하고 작전을 펼쳤던 터널이 있다. 터널은 수십 명의 베트콩이 땅 밑에서 생활하기에 충분한 공간이 됐다. 미군이 들어오면 주민들도 터널로 들어갔다. 미군이 정글이나 정글 안에 있는 마을에서 이러한 터널을 찾아내는 것은 쉬운 임무가 아니었다. 그러다 보니 보람도, 의미도 없었다.

대규모 수색 작전은 미군이 처음으로 해보는 군사작전이었다. 제2차

꾸찌터널 중 하나인 벤딘터널Dia Dao Ben Dinh. 꾸찌터널은 총 일곱 개인데, 그중 두 개를 관광객들에게 공개하고 있다. 이곳 토양은 부드러운 진흙인데 공기와 접촉하면 시멘트처럼 딱딱하게 굳는 성질을 갖고 있어 땅굴을 만들기에 안성맞춤이었다. 땅굴 안에는 취침실과 회의실 등이 있다.

세계대전에서도, 한국전쟁에서도 대규모 수색 작전은 없었다. 도시와 지역을 점령하고, 이후 전선을 계속 확대해나가는 방식이었다. 베트남에서의 작전은 보이지 않는 적들을 찾아내고, 이들을 죽이거나 쫓아내는 것이 주 임무였다. 베트콩을 찾아서 쫓아내더라도 이들을 모두 죽이지 않는 한 다른 정글 지역이나 마을의 터널로 이동했다. 게다가 마을 주민들은 베트콩을 찾는 미군보다 숨을 곳을 찾는 베트콩들에게 더 우호적이었다.

정글에서의 수색 작업은 병사들에게 최고의 스트레스를 안겼다. 머리칼이 곤두서는 경계태세가 계속됐고, 적은 어디에나 있다는 느낌을 받을 수밖에 없었다. 2002년 개봉한 멜 깁슨 주연의 영화 〈위 워 솔저

〈We Were Soldiers〉는 정글에서의 야간 경계태세 때 병사들이 느끼는 스트레스를 잘 보여주고 있다.

대부분의 작전은 정글에서 이루어졌다. 매복과 포격전, 그리고 저격병들과의 싸움이었다. 그리고 베트콩들의 위치를 알려 공군으로 하여금 폭격을 하도록 했다. 네이팜탄napalm彈도 그중 하나였다. 그래서 정글의 미군들을 '폭탄받이'라고 부르기도 했다. 그것은 지루하게 계속됐다. 전투를 하고 또 해도 베트콩들은 계속 나타났다. 게다가 더 큰 문제는 그들의 적이 베트콩만이 아니었다는 사실이다. 말라리아, 흑수병, 이질 등은 미군 병사들이 싸워야 하는 또 다른 대상이었다.

부비트랩booby trap(지뢰)도 조심해야 했다. 적들을 대상으로 미군이 설치했던 부비트랩은 베트콩들에 의해 재설치됐고, 이는 다시 정글에서 수색 작전을 하는 미군들을 대상으로 하는 무기가 됐다. 부비트랩에 의한 미군의 피해는 전체 전사자의 11퍼센트, 부상자의 17퍼센트에 이르렀다. 이는 베트남전쟁에서 미군 사상자 6명 중 1명은 부비트랩에 의한 것이라는 사실을 보여준다.

미군 제25보병단 소속의 한 병사는 다음과 같은 기록을 남겼다.

나는 스스로 묻는다. '저 앞에 있는 작은 것이 지뢰인가 아니면 그냥 풀잎 세 개인가?' 오른발이 왼발 앞으로 움직일 때 내 마음속에서는 갈등이 생긴다. 저 자갈돌 위로 발을 디뎌야 할까 아니면 그 앞이 좋을까? 아니 그 옆으로 해야겠다. 하지만 나는 또 다른 딜레마에 직면한다. 자갈돌 옆으로 걸음을 내딛기로 결정했다면 어느 쪽을 선택해야 하지? (…) 내 앞에 있는 녀석의 발자국을 따라 걸으면 되지 않을까? 하지만 그는 내 앞에서 한참 멀리 떨어져서 걷고 있다. 그래 앞사람 가까이에서 걸으면 녀석이 화를 내지. 내가 지뢰를 밟을 경우에 그도 무사하지 못하기 때문이다. (…)

- 25보병단의 마이클 콜 병사의 증언[•]

영화 〈굿모닝 베트남〉의 라디오 방송 진행자 에이드리언(로빈 윌리엄스 분)은 매일 아침마다 외쳤다. "어제 죽지 않고 오늘 베트남에서 좋은 아침을 맞이하셨나요?" 1995년 출간된 전 국무장관 콜린 파월Colin Powel의 기록, 《나의 미국 여행My American Journey》은 병사들의 스트레스가 어떠한 방식으로 분출됐는가를 잘 보여준다. 미군들이 처음 베트남에 갈 때에는 원칙과 신념을 갖고 갔다. 그러나 베트남의 전선에서는 신념이나 발달된 기술은 아무런 의미도 없었다. 가장 중요한 것은 시체의 수를 세는 것이었다. 북베트남군과 접전을 하고 싶었지만, 단 한 번도 그것을 경험하지 못했다.

베트남전 파병 미군의 심리 치료를 담당했던 로버트 하이늘Robert D. Heinl Jr. 대령은 미군 병사들의 스트레스가 약물중독, 인종주의, 양민 학살, 병영에서의 도둑질과 일반 범죄 등으로 나타났다고 말했다. 1966년 해군은 170여 명의 마약 사범을 퇴역시켰으며, 3년 후인 1969년에는 3,800명, 1970년에는 5,000명으로 증가했다. 육군의 경우 1970년 마약으로 인한 퇴역 병사가 1만 7,000명을 넘어섰다.

1970년 육군에서 탈주병은 6만 5,643명에 달했다. 정글에서 베트콩 저격병에 의해 죽거나, 부비트랩을 밟고 죽거나, 병에 걸려 죽는 것보다는 병영으로부터 탈출하는 것이 더 안전하다고 생각했던 것이다. 이

• 조너선 닐 저, 정병선 역, 《미국의 베트남전쟁》, 책갈피, 2004, 119쪽(Eric Bergerud, *The Dynamics of Defeat: The Vietnam War in Hghia Nghia Province*, Westview Press, 1991, p. 133 재인용).

는 1,000명당 52.3명의 비율이며, 한국전쟁의 1,000명당 22.5명의 갑절을 넘어서는 비율이었다. 이는 또한 1966년의 1,000명당 14.7명이었던 탈주병 비율의 세 배가 넘어선 수치였다. 1968년에서 1975년까지는 총 9만 3,000여 명이 탈영했다. 고경태의 《1968년 2월 12일》도 탈영병 문제를 잘 보여주고 있다.

더 심각한 문제는 군의 기강이 무너지고 있었다는 사실이었다. 상관과 동료를 살해하는 행위, 즉 '프래그 인시던츠frag incidents' 또는 '프래깅fragging'이 빈번히 발생했다. 규율에 너무 엄격하거나 공격적인 장교들에 대한 살해 사건은 미국 국방부의 공식 발표에 따르면 1969년 96건, 1970년 209건이 발생했다. 미 육군의 자료에는 1969년에서 1970년 사이 프래깅이 563차례 있었으며, 이로 인해 1970년에서 1972년 사이 프래깅을 심리하는 군법회의가 363번 열렸다.

파티 시간이었다. (…) 그런데 한 장교가 영웅이 되고 싶었던 모양이다. (…) 90명 전원을 현행범으로 체포해버렸던 것이다. (…) 우리는 참호를 따라 쭉 늘어서 있었다. 그들이 그 장교를 총으로 쏴버렸다. 그러고 나서 참호 밖으로 시신을 내던지고 다시 기관총으로 쏴버렸다. 아무도 그 사실을 입 밖에 내지 않았다. 누군가가 무선으로 본부에 대장이 베트콩의 총격으로 사망했다고 보고했다. (…) 그것을 본 사람이 누구였겠는가? 그것을 본 사람은 아무도 없었다.

– 25보병단의 미겔 레무스 사병의 증언 •

• 조너선 닐 저, 정병선 역, 앞의 책, 229쪽(Charley Trujillo, *Soldados: Chicanos in Viet Nam*[Jul], Chusma House Pubns, 1990, p. 35 재인용).

영화 〈플래툰〉에 나오는 수색 중 상관 또는 동료를 살해하는 행위는 공식적으로는 프래깅에 포함되지 않았다. 전투 중 상대방이 아닌 아군에 의해 사망하는 경우도 적지 않았다. 처음 경험하는 전투에서 교본이나 훈련에서 배운 대로 사격을 하는 것은 쉬운 일이 아니었다. 죽음에 대한 공포는 정상적인 전투를 불가능하게 했다.

하이늘 대령은 1971년 주베트남 미군의 이러한 상황을 정리하면서 '군의 붕괴The Collapse of the Armed Forces'라고 이름 붙였다. 어쩌면 베트남으로부터 미군의 철수는 미국 정부의 대외 정책 변화 때문이 아니라 미군이 스스로 더 이상 싸울 수 없는 상황이 됐기 때문이었을 수도 있다.

영화 〈플래툰〉의 주인공 크리스는 영화 속에서 이렇게 말한다. "되돌아보건대, 나는 우리가 적들과 싸웠다고 생각하지 않는다. 우리가 싸웠던 것은 우리들 자신이었다. 그리고 적들은 우리 안에 있었다. 그 전쟁은 지금 나에게는 끝난 것이지만, 거기에는 항상 있을 것이다." 그에게 있어서 "지옥이 상식 자체가 불가능한 곳impossibility of reason이라면, 그 지옥은 바로 베트남이었다." 실제 수기를 영화화한 〈7월 4일생Born On The Fourth Of July〉(1989)에서 불구가 된 코빅은 이 전쟁은 공산주의를 막기 위한 전쟁이 아니었다고 회고하면서 반전 운동에 나선다.

전쟁에 나가 무엇인가를 위해서 자신의 목숨을 바친다는 것은 결코 쉬운 일이 아니다. 자신의 목숨을 바쳐서 지킬 만한 가치가 있는 무언가가 있어야 한다. '나'에게 목숨보다도 더 중요한 무엇. "조국과 민족의 무궁한 영광을 위하여 몸과 마음을 바쳐 충성을 다할 것을 굳게 다짐"했던 시대, "민족중흥의 역사적 사명을 띠고 이 땅에 태어"났던 냉전시대에 살았던 사람들에게도 자신의 목숨을 걸고 지켜야 하는 것이 그만큼의 가치가 있었다는 것을 증명할 수 있어야 했다.

미국 정부는 자유시장과 민주주의의 소중함을 알고 있었던 미국인들에게 베트남에서 공산주의의 확산을 막아야 한다는 사명감을 주었다. 수만 리나 떨어져 있는 베트남에서 공산주의자들을 막으면 미국의 안보가 지켜질 것이라고 믿었다. 막상 전쟁터의 실상은 그렇지 않았다. 그들이 지키고자 하는 정부는 민주주의 정부가 아니었다. 그곳에는 노르망디의, 혹은 인천의 영광도 없었다. 그저 정글에서 살아남기를 기도할 뿐이었다.

국가는 그들에게 싸워야 할 이유를 제시하지 못했다. 그리고 그들 개개인의 안보도 지켜주지 못하고 오히려 그들의 안보를 위협했다. 그들은 그곳에서 국가의 보호를 받지 못한 채 그들 자신과 싸워야 했다. 전 세계적으로 반전 운동이 확산됐다. '개인의 안보를 지켜주지 못하는 국가'의 안보가 왜 중요한가? 반전 운동은 사회적으로뿐만 아니라 군대 내에서도 일어났다. 그래도 군인들은 계속 동원됐고, 베트남 전선으로 보내졌다. 죽음의 근처로 간다는 것을 알면서도 그들은 왜 그곳에 가야만 했을까? 그곳에 보내진 그들은 누구였던가?

노동 계층의 전쟁
참전 미군들은 누구인가

1987년의 영화 〈풀 메탈 자켓Full Metal Jacket〉의 한 장면은 매우 인상적이다. 미군 신문인 〈성조Stars and Stripes〉의 기자인 주인공이 전선을 취재하러 가기 위해 헬기를 탔을 때 한 병사는 지상을 향해 무차별 사격을 가했다. 그리고 그는 주인공에게 자랑스럽게 말했다.

저격수: (내가 쏠 때) 누구든지 뛰는 놈은 베트콩이야. 누구든지 서 있는 놈도 잘 훈련받은 베트콩이야. 너희들 말이야, 언젠가 내 이야기를 좀 써줘.

주인공: 왜 우리가 당신 이야기를 써야 하지?

저격수: 내가 잘하니까. 지금까지 157명의 노랑이를 죽였지. 여기에 더해서 물소 쉰 마리를 저격했지. 확실해.

주인공: 아이와 여자도 포함되어 있나?

저격수: 가끔.

주인공: 어떻게 아이와 여자를 쏘지?

저격수: 간단해. 너무 많이 묻지 마. 전쟁은 지옥 아냐?

그 저격수는 미국 영화에서 빈곤층 출신 사고뭉치 아이들이 쓰는 전형적인 말투를 쓰고 있다. 주인공도 그렇게 잘난 집안 출신은 아닌데,

그래도 고등학교 때 학교 신문부에서 일한 경험을 가진 '책상물치'라 전선이 아닌 기자로 투입됐다.

〈풀 메탈 자켓〉은 베트남전쟁과 관련해서 미군들에게 일어난 모든 일을 다 담고 있는 다소 산만한 영화다. 이 영화를 보면 훈련소에서 적응하지 못한 신병이 베트남으로 가기도 전에 훈련 책임자를 죽이고 본인도 자살한다. 최전선에 있는 미군들은 매일매일 죽음에 노출되어 있었지만, 후방에 있었던 미군들의 일상 중 하나는 매춘이었다. 전선의 미군들은 베트남 민간인들의 주검 앞에서 아무런 느낌도 없었다. 수색 중에 떨어져 있는 인형을 주우려 하자 그 밑의 부비트랩이 터진다. 동료 미군의 죽음도 이제 또 다른 일상이 됐다. 베트콩 여성 저격수 1명 때문에 몇 명의 미군이 희생당한다. 미군이 자랑하는 해병대는 수색 중 길을 잃고 어디로 가야 할지 판단하지 못하고 있다.

누가 이런 전쟁에 가고 싶겠는가? 징병제가 작동하고 있었기 때문에 누구든 가야 했지만, 그렇다고 모두 가는 것은 아니었다. 한국에도 징병제가 있다. 모든 한국의 남자들은 일정한 연령이 되면 의무적으로 군대를 가야 한다. 그러나 모두 군대를 가는 것은 아니다. 뛰어난 특기와 역량으로 인해, 또는 신체적 문제로 인해 군대를 안 갈 수도 있다. 이런 것은 문제가 되지 않는다.

문제는 정치적 지위가 높을수록, 사회적 명예가 높을수록, 경제적 부가 있을수록, 그런 가정에서 태어난 남자들은 군대에 가지 않을 확률이 높다는 점이다. 그래서 이들은 '어둠의 자식들'도 아니요, '사람의 아들'이 아니며, '신의 아들'이었다. 몇 년 전인가? 한국 정부의 국가안보 컨트롤타워에는 정상적으로 군대를 다녀온 사람이 거의 없다는 이야기가 있었다. 이와는 반대로 제2차 세계대전과 한국전쟁 당시 미군의 장성들과 정치인들은 그들의 아들을 전선에서 잃은 경우가 많았다고 칭송받기도 했다.

베트남전쟁에서도 미국 사회의 지도층들은 한국전쟁 시기와 같이 모범을 보였을까? 매사추세츠공대MIT의 크리스천 애피 교수는 '도대체 누가 참전한 것인가'에 대해 분석함으로써 베트남전쟁의 본질에 접근하고자 했다. 그는 《노동 계층의 전쟁: 미 전투병과 베트남 *Working Class War: American Combat Soldiers and Vietnam*》이라는 책을 통해 베트남전쟁에 참전한 미군들을 분석했다. 그는 이 연구를 통해 주목할 만한 결론을 도출했다. '베트남에서 있었던 미국의 전쟁'은 미국 역사상 있었던 다른 전쟁에서는 볼 수 없었던 노동 계층의 전쟁이었다는 것이다.

베트남전쟁 시기에 징병 연령에 해당되는 젊은이들의 수는 총 2,700만 명에 달했다. 이들은 1945년 제2차 세계대전 종전 이후 베이비붐 세대에 태어난 젊은이들이었다. 어쩌면 1960년대의 20대는 미국 역사상 가장 규모가 큰 세대였는지도 모른다. 징병의 대상이 되는 2,700만 명 중에 약 10퍼센트인 250만 명이 베트남에 갔다. 베트남에 간 10퍼센트는 누구였고, 가지 않은 90퍼센트가 누구였는가가 곧 애피 교수의 질문이었다. 물론 90퍼센트 중에는 한국, 필리핀, 독일 등 해외 주둔 미군으로 파견된 사람들도 있었다.

애피 교수에 따르면 베트남에 간 250만 명 중 약 80퍼센트는 노동자 또는 가난한 집안에서 태어난 젊은이들이었다. 노동 계층의 아이들은 군대에 가고 부잣집 아이들은 대학에 갔다. 웨이터, 공장노동자, 트럭 운전사, 회사의 비서, 소방관, 목수, 영세 상인, 경찰관, 영업 판매원, 광부, 그리고 농부 가정 출신이 주로 징집의 대상이 됐다. 1961년부터 1972년 사이 매년 산업재해로 1만 4,000여 명의 노동자들이 죽었다.

베트남전에서 가장 많은 사상자가 생겼던 1968년, 거의 같은 수의 미군이 죽었다. 당시 미국 사회에서 군인이나 노동자나 모두 '가장 더러운the most dirty' 직종이었다.

한 예로 보스턴에서 가장 빈곤한 지역인 도체스터의 베트남전쟁 당시 인구수는 인근 지역인 밀턴, 렉싱턴, 웰즐리 지역과 비슷한 10만 명 정도였다. 베트남전쟁으로 인해 죽은 이 세 지역 출신은 모두 합쳐서 11명이었지만, 도체스터 한 지역에서는 42명이 죽었다. 1964년에 실시된 미국의 국가여론조사센터National Opinion Research Center의 조사에 따르면, 참전군의 아버지들 중 약 20퍼센트만이 화이트칼라 출신이며, 참전군의 약 12퍼센트가 1960년대 전체 인구의 5퍼센트에 지나지 않는 농촌 가정 출신이었다.

일리노이주에 대한 조사 결과도 유사했다. 가구당 소득이 5,000달러(1990년 환산으로 1만 5,000달러) 이하인 가정 출신의 사상자가 1만 5,000달러(1990년 환산 4만 5,000달러) 이상 출신자보다 네 배 이상 많았다. 미국 내 작은 타운 두 군데에 대한 비교 연구에서도 의미 있는 결과가 나왔다. 고등학교 졸업자가 전 인구의 3분의 1밖에 되지 않는 1만 7,500명 규모의 작은 타운(주로 농민과 면직물공장 노동자들 거주)에서는 베트남전쟁으로 인해 15명이 전사했는데, 전체 인구의 90퍼센트 이상이 고등학교를 졸업한 1만 9,000명 규모의 한 타운에서는 베트남전쟁으로 인한 전사자가 없었다.

또 하나 주목해야 하는 점은 지원자의 대부분이 10대였다는 사실이다. 지원자들의 평균 연령은 열아홉 살이었다. 이들에게는 투표권조차 없었다. 미국은 1971년에 가서야 투표 가능 연령이 스물한 살에서 열여덟 살로 낮아졌다. 스스로 정치적 결정에 참여할 수 없는 젊은이들이 전쟁터로 간 것이다.

베트남전에 참전했던 로버트 코너는 1993년의 인터뷰에서 다음과
같이 회고했다.

나는 내가 왜 남베트남에 있는지 몰랐다. 우리는 공산주의와 싸운다고 추
측했지만, 나는 당시 공산주의가 무엇인지 정확히 이야기할 수 없었다. 내가
아는 것은 검은 모자를 쓴 작은 친구들이 나를 향해 총을 쏘고 있다는 것이
었다. 되돌아보건대, 그놈도 왜 나를 향해 총을 쏴야 하는지 잘 모르고 있었
을 것 같다. (…) 우리는 많은 사람들이 설명할 수 없는 전쟁에서 싸웠다. 나
는 우리가 그곳에 있어야 하는 이유, 그리고 우리가 그곳에서 성취해야 하는
것에 대해서 들어본 적이 없다. 베트남에서 나올 때는 기뻤지만, 그곳에서
왜 나와야 하는지 알 수 없었다. 왜 우리는 한 대통령 아래에서는 그곳에 가
야 했고, 다른 대통령 아래에서는 그곳에서 나와야 했는가? 왜?

당시의 장군들, 국회의원들, 그리고 대통령들은 이런 바보 같은 실수를 한
것에 대해 전능하신 하나님께 설명해야 할 것이다. 오늘의 베트남도 1965년
의 베트남과 크게 다르지 않다. (그렇다면) 왜 우리는 지금 그곳에서 싸우지
않고 있는가?

― 로버트 코너의 증언[•]

투표권이 없는 젊은이들은 자신들이 뽑지 않은 대통령과 국회의원들
에 의해 베트남으로 갔다. 이들은 베트남에 가고 싶지 않다는 항의의

[•] Eric M. Bergerud, *Red Thunder, Tropic Lightning: The World of a Combat
Division in Vietnam*, Penguin Books, 1994(Robert J. McMahon edt., 앞의 책, pp.
249~250 재인용).

표시로 반대표를 던질 수도 없었다. 정치인들은 베트남 양민들을 돕기 위해 가야 한다고 했지만, 양민들은 미군에게 적대감을 갖고 있었다. 베트남 사람들의 삶의 터전을 지키기 위해 간다고 했지만, 군대는 베트콩의 씨를 말리기 위해 그 터전을 파괴하라고 지시했다. 또 공산주의 확산을 막으라고 말했지만, 공산주의는 이미 베트남 전체로 확산되어 있었다. 이 대목에서 2006년 김대중 전 대통령이 했던 연설이 떠오른다. "전쟁은 40대 이상의 장년층이 일으키고 전쟁터에서는 20대가 죽는다. 앞으로 전쟁이 일어나면 40대 이상을 전선으로 보내자."

자신의 정치적 의사를 표현할 수 있는 참전 군인의 수는 많지 않았다. 1960년대 중반부터 미국 사회에서는 고등교육의 붐이 시작됐다. 1965년 열여덟 살에서 스물한 살 사이의 젊은이 중 약 45퍼센트가 대학교육을 받고 있었다. 1970년에 가서는 50퍼센트 이상으로 증가했다. 그러나 1966년부터 1971년 사이 베트남전쟁 참전군 중 대학 재학 또는 졸업자는 총 21.4퍼센트에 지나지 않았다. 1970년의 하버드대학교 입학자들을 조사한 결과 단 2명만이 베트남에 참전해 있었다. 그나마 베트남에 간 대학생들은 비전투직에 배치됐다.

또 다른 문제는 인종차별이었다. 베트남전쟁 초기 흑인들이 전체 사망자의 20퍼센트를 차지했다. 이는 흑인이 차지하는 비율이 미국 전체 인구의 10퍼센트에 지나지 않는다는 점을 고려한다면, 그 사망률이 두 배에 달한다는 것을 의미한다. 이후 사망률이 감소하기는 했지만, 초기 이들의 사망률이 높은 이유는 분명치 않다. 수색 정찰에서 흑인 병사들이 항상 앞에 서도록 했기 때문인지, 아니면 흑인 병사들의 지능이 떨어져서 적의 매복이나 부비트랩에 쉽게 당해서 그런 것인지, 아니면 프렌들리 파이어friendly fire라고 불리는 아군, 특히 흑인에 대한 백인의 공격 또는 미 공군의 오폭에 의한 것인지 그 이유는 분명치 않다.

분명한 것은 흑인의 지능이 백인보다 떨어진다는 증거는 어디에도 없다는 것이다. 따라서 흑인의 사망률이 높다는 것은 그만큼 더 많은 흑인이 더 위험한 작업에 동원됐다는 것을 의미하거나, 아니면 부대 내의 또 다른 사회적 갈등 요소가 작동하고 있었을 가능성이 크다. 장교들 사이에서도 유사한 현상이 나타났다. 1966년의 조사에 의하면 미군 최고의 엘리트 군인 배출 기관인 웨스트포인트(육군사관학교) 출신 중 베트남전쟁에 장교로 참여한 비율은 11퍼센트에 지나지 않았다.

다른 한편으로 웨스트포인트에 입학하는 학생들의 출신 가족의 생활수준이 낮아지고 있었다. 제2차 세계대전 이전 웨스트포인트를 졸업했다는 것은 가문의 영광이었다. 제1차 세계대전 시기 입학자의 3분의 1이 의사, 변호사 등 전문직 가정 출신이었다. 이것은 1950년대 중반이 지나면서 바뀌기 시작했다. 전문직 가정 출신은 전체의 10퍼센트 정도에 지나지 않았다. 이제 더 이상 웨스트포인트를 졸업해서 국가의 엘리트 군인이 된다는 것이 큰 영광이 되지 않았다. 10년이 넘지 않아 연이어 전쟁을 경험하고 있었던 미국의 현실을 반영한 것이었을까?

1918년 제1차 세계대전 종전으로부터 1941년 제2차 세계대전 발발까지 20년이 넘는 기간이 걸렸지만, 1950년 한국전쟁은 제2차 세계대전 종전으로부터 5년, 1964년 통킹만 사건과 미국의 베트남에 대한 적극적 개입은 한국전쟁 정전으로부터 11년밖에 걸리지 않았다. 자기 자식을 웨스트포인트에 보낸다는 것은 장교로 임관하자마자 전쟁터로 보낼 가능성이 커진다는 것을 의미했다.

한편 가난한 집안 출신의 참전 군인들에게 필요한 것은 국가와 민주주의를 위해 헌신했다는 '자긍심'과 참전에 대한 적절한 '보상'이었다.

그러나 자긍심이나 보상금 대신 이들을 기다리고 있었던 것은 반전 운동가들이었다. 이들은 영화 〈7월 4일생〉이나 〈람보〉의 주인공처럼 스스로 전쟁 자체에 회의를 품기도 했다.

'람보'는 외쳤다. 국가를 위해 헌신한 자신에게 주차관리원 자리조차도 주어지지 않는다고. 게다가 이들에게는 민간인 학살자라는 오명까지 덧씌워졌다. 학살 문제는 개인적인 문제가 아니었다. 싸워야 될 이유를 찾지 못하는 군인들에게 국가가 끊임없이 승리를 요구했다는 것이 그 본질이었다. 베트남으로부터 나와야 될 시점에서 오히려 정반대 결정을 내리고 만 것이다. 그래서 참전 군인들은 다시 국가에 물었다. 어떻게 이길 것인가? 또 어떻게 이기고 있다는 것을 증명해야 하는가?

한국군은 개 · 돼지인가

미군이 한국군을 대하는 방식

베트남에서 미군이 겪던 문제는 한국군 역시 그대로 겪고 있었다. 특히 전투부대의 경우 미군보다도 더 많은 고충을 겪었다. 남의 집에서 살림을 하는데, 그것도 집주인에게 직접 세를 얻은 것이 아니라 세 들어 사는 사람의 공간 중 일부에 다시 세를 얻어 사는 꼴이 됐으니 말이다. 한국군의 파병은 공식적으로 남베트남 정부의 요청에 의한 것이었지만, 실제로는 미국 정부의 요청에 의한 것이었다.

1965년 10월 수도사단에서 재편성된 맹호사단과 해병 2여단(청룡부대)이 앞서거니 뒤서거니 베트남에 도착했다. 1964년에는 외과 병동 요원과 태권도 교관들만 파견됐는데, 1965년에는 베트남에 파병된 외국군대로서는 미군 다음으로 큰 규모의 전투부대가 파병된 것이었다.

파병 전에 한국군이 이미 파악하고 있었던 것처럼 베트콩은 남베트남 사람들한테서 지지를 받고 있었고, 남베트남 사람들로부터 충원됐다. 어디에서건 베트콩이 없는 마을이 없었다. "전체 베트남의 3분의 2는 베트콩이 장악"하고 있었으며 베트콩이 "베트남의 100퍼센트를 장악하려고만 하면 할 수 있었다"는 것이 채명신 사령관의 판단이었다.•

• 국방부 군사편찬연구소, 《증언을 통해 본 베트남전쟁과 한국군》 1, 국방부군사편찬연구소, 2001, 64쪽.

1965년 10월 채명신 주월한국군 사령관(왼쪽)이 부산항에서 베트남으로 파견되는 장병들을 격려하고 있다. 청룡부대와 맹호부대는 베트남에 파병된 외국 군대로서는 미군을 제외한 첫 전투부대였다.

맹호사단과 함께 처음으로 베트남에 도착한 해병 2여단은 각각 꾸이 년Quy Nho'n과 깜라인Cam Ranh에 상륙했고, 이후 후속 부대가 오면서 베트남의 동쪽 해안을 따라 송까우Sông Câu, 푸깟Phù Cát, 빈케, 쭐라이 chu lai, 호이안Hôi An 등으로 주둔지가 확대됐다. 동쪽 해안에서 서쪽 내륙으로 조금만 들어가면 베트콩들이 장악하고 있는 마을과 정글이 기다리고 있었다. 이제 베트콩뿐만 아니라 베트남 사람들과 직접 대면 하게 된 것이다. 외과 병원 요원들과 태권도 교관들은 휴가를 나가지 않는 한 민간인들을 만날 기회가 거의 없었지만, 전투부대는 달랐다.

한국군은 해안의 도시들을 연결하는 오작교 작전을 통해 베트남의 주축 도로인 1번 국도를 정상화했고, 이 과정에서도 도시의 시민들을 항시적으로 대해야 했다. 이후 한국군의 주둔지였던 꾸이년에는 한진

상사가 오고, 다낭에는 대한통운이 진출했다. 깜라인의 항만 공사는 현대가 담당했다.

한국군은 군사적 측면뿐만 아니라 정치적 측면도 고려해야만 했다. 특히 베트남전쟁이 남북 간의 이데올로기 전쟁이 아니라 근본적으로 남베트남 내부의 내전이었다는 점을 고려해야 했다. 이러한 상황에서 한국군이 채택한 전술은 평정 작전이었다. 베트콩들이 마오쩌둥의 전략, 즉 남베트남 사람들이 물이라면 베트콩이 물고기인 게릴라 전략을 수행하고 있다는 점을 고려할 때 베트콩과 남베트남 사람들을 서로 분리하고자 한 것이다.

주베트남 한국군 사령관 채명신 장군은 이러한 전략이 한국전쟁 시기와는 다른 것이라고 회고했지만, 평정 작전은 한국전쟁 시기 후방, 즉 제주도와 지리산 지역에서 수행됐던 빨치산 토벌 작전과 유사했다. 빨치산들과 주민들을 서로 분리함으로써 보급을 끊고 더는 활동을 할 수 없도록 고립시키는 전술이었다. 베트콩도 주민들과 분리될 경우 보급은 물론 더 이상의 게릴라 충원 역시 어려웠다.

한국군의 평정 작전은 당시 베트남전쟁의 본질적인 성격을 잘 파악한 것이었다. 베트콩과 주민들을 분리하지 못한다면, 북베트남의 지원을 끊는다고 해도 베트콩의 활동은 계속될 것이며, 선전포고도 없었던 전쟁은 끝도 없이 계속될 수밖에 없었다. 남베트남군과 미군, 그리고 한국군이 전략촌을 설정하고, 베트콩이 장악하고 있는 마을의 주민들을 이곳으로 이동시킨 것도 이러한 작전의 일환이었다.

이러한 작전으로 인해 한국군의 베트남 민간인 접촉이 늘어날 수밖에 없다는 점이 문제였다. 평정 작전이 베트남 사람들의 호응을 얻는다면 더할 나위 없이 최고의 작전이 되겠지만, 베트콩과 긴밀하게 연결되어 있는 베트남 사람들이 반발한다면, 한국군뿐만 아니라 민간인의 희생이 더 커질 수밖에 없었다. 따라서 한국군에게 '100명의 베트콩을 놓치더라도 1명의 양민을 보호하라'는 훈령이 내려졌다. 게릴라들은 민간인들과 긴밀하게 연결되어 있었기 때문에 사실상 게릴라를 토벌하는 과정에서는 불가능한 지시였다. 한국군이 평정 작전을 실시한 지역은 낮에는 남베트남, 밤에는 베트콩에 의해 장악되는 지역이었기 때문이다. 게다가 당시 한국군 사령부에 있었던 한 장군의 회고에 의하면 1967년 대통령 선거가 있기 전까지는 한국군 희생자를 최소화하라는 한국 정부의 지시는 또 다른 딜레마였다.

한국군에게는 해결해야 할 또 다른 문제가 있었다. 한국군이 미국의 용병이라는 인상을 주어서는 안 된다는 사실이었다. 이 전쟁이 정치적이었기 때문에 한국군의 이미지는 너무도 중요했다. 한국군의 전투 수당을 포함한 모든 전쟁 비용을 미국 정부가 지급했고, 한국 정부는 1966년 브라운 각서를 통해 파병을 대가로 미국으로부터 특별 원조를 받고 있는 상황이었다. 미국의 용병이라는 인상을 줄 수 있는 조건이었다.

베트남에서 한국군의 독자적인 작전권은 이러한 의미에서 매우 중요했다. 한국에서 한국군의 작전 통제권이 유엔군 사령관(주한미군 사령관이 겸임)에게 있었지만, 베트남에서도 그래서는 안 된다는 것이 한국군 지휘관들의 공통적인 견해였다. 그러나 미군의 생각은 달랐다. 특히 한국군의 투입을 통해 미군의 피해를 줄이려 했고, 이를 위해서는 한국군의 작전지휘권이 필요했다.

미군들은 백마부대를 가장 치열한 전투 지역에 투입하여 결정적인 전과를 올리려고 생각하고 있었습니다. 이를 위해 백마부대의 1개 연대를 대대 단위로 분할하여 미군들이 가지고 있는 나짱Nha Trang, 깜라인, 판랑Phan Rang 등의 전략 기지의 시설 경계 임무를 맡기려고 계획하고 있었습니다. 나머지 2개 연대는 주로 중부 전선 쁠래이꾸Pleiku와 같이 치열한 전투가 계속되고 있는 지역에 배치하여 준동하는 베트콩들의 기선을 제압하여야 한다고 계획했습니다. 따라서 최소한 4~5개 대대는 기동 타격대로서 자기네들이 요구할 때에는 즉각 출동할 수 있도록 준비해두어야 되겠다는 계획을 가지고 있었습니다.

- 주베트남 한국군 사령부 작전참모 손○○의 증언 •

미군은 애초에 맹호사단 2개 연대를 17도선 부근으로 보내려고 했다. 17도선은 남북 베트남을 가르는 선이었고, 북베트남의 정규군과도 교전해야 하는 지역이었다. 다행히 한국군의 주장이 받아들여져 사이공에 있는 주베트남 한국군 사령부가 독자적으로 작전지휘권을 행사하기로 합의하면서 미국의 계획은 일부 수정됐다.

물론 한국군이 독자적으로 활동할 수는 없었다. 무엇보다도 한국군에게는 독자적 정보 수집 능력이 없었다. 또한 미군의 탄약과 포탄의 지원뿐만 아니라 공군의 지원 없이 정글에서 독자적 활동이 불가능했다. 베트남 정규군 및 미군과 공동보조를 맞추어야 했으며, 때로는 공동 작전을 수행해야 했기에 3국 합동 작전회의와 실무자회의가 정례적으로 가동됐다.

미군은 파병 초기 한국군이 베트콩과 전투를 하지 않고 있는 것에 대

• 국방부 군사편찬연구소, 앞의 책, 111쪽.

해서도 불만을 가졌다. 동부 해안선을 따라 한국군 부대의 배치가 이루어지자 '한국군이 해변에 놀러온 것이냐'고 비난하기도 했다. 한국군의 한 장성은 미국의 이러한 태도에 대해 '우리의 한국군 장병이 죽는 것을 당신들은 개나 돼지가 죽는 것으로 생각하느냐'고 미군 장성에게 따지기도 했다.

한국군의 중대 기지 전술도 미군과 이견이 있었다. 미군은 대대 규모를 주둔지에 둔 상태에서 정찰대를 내보내는 방식이었지만, 한국군은 중대 병력을 이동시키면서 지역을 확대하는 전략을 썼다. 양군 간의 전략이 달랐기 때문에 한국군은 미군과 함께 작전을 할 때 양자 간의 견해차이를 극복하는 것이 효율적 작전 수행을 위한 필수적 전제가 됐다.

미국 사람들 하는 것을 봐서 그대로 따라하면 나라가 망합니다. 예를 들어 스피아관이나 플라스틱 같은 것이 있습니다. 한 번 쓰고 버려도 괜찮은 것이 아닙니다. 전쟁터에서 물자를 내버리면 군대는 망하는 것입니다. (…) 스피아관을 버리는 것은 지휘관의 잘못이니까 지휘관이 변상하라. 이렇게 했습니다. 마대까지도 실어서 갔습니다. 맥주 깡통까지도 버리지 말라고 했습니다. 적들은 OB맥주 깡통을 가지고 부비트랩을 만들어 썼습니다. 적은 이렇게까지 지독하게 만들어 쓰는데 너희들이 물자를 버려서야 되겠느냐고 교육시켰습니다.

– 주베트남 한국군 사령관 채명신의 증언 •

주베트남 한국군 사령부의 또 다른 고민은 한국에 있는 한국군과의

• 국방부 군사편찬연구소, 앞의 책, 69쪽.

스페어캔spare can. 미국 해병대에서 쓰
던 양철 기름통으로 스페어깡 혹은 스피
아관이라고 불렸다.

협조 문제였다. 베트남 파병은 국가적 대사였고, 한국 정부는 전적으로
모든 것을 지원했다. 그러나 실무자 선에서는 서로 이견이 있었다. 주
베트남 사령부의 제안이 서울에 있는 한국군 수뇌부에 그대로 받아들
여지지 않았다. 민간인들의 접촉이 많아지면서 대대 단위에 민사 장교
를 두는 것이 필요하다는 건의가 있었으나 한국군 수뇌부는 이 제안을
수용하지 않았다. 결혼한 사병이나 독자, 그리고 범죄 가능성이 많은
사병들을 차출하지 말아줄 것을 요청한 것도 제대로 받아들여지지 않
았다. 미군과의 협의 과정을 원활하게 하기 위해 협의 담당자의 승진을
요청했을 때에도 본국은 이 요청을 거절했다.

"해외 원정군의 어려움을 이해하지 못하는 그런 사람이 군의 지휘자
로 있는 한 많은 문제를 해결하지 못합니다." 한국군과의 공조에 중요
한 구실을 한 미군 장교에 대한 훈장 품의도 본국에 의해 무시됐다. "미

군이 강할 수 있고 해외에 나가서 큰 전쟁을 치를 수 있는 것은 전쟁을 뒷받침해주는 규정이 있기 때문이 아닙니까?" 채명신 사령관이 1969년 귀국했던 것은 '임기가 끝났기 때문이었겠지만, 본국과의 이러한 갈등 때문이었을 가능성을 배제할 수 없다.

초기 파병 과정에서 보급 지원도 문제였다. 채명신 장군의 방에 처음으로 에어컨이 설치된 것은 1967년 3월이었다. 그러니 다른 병사들의 조건은 어떠했겠는가? 한국군은 베트남의 뜨거운 날씨와도 싸워야 했다. 다른 보급품들도 제때에 조달되지 않았다. 물자가 없어서가 아니었다. 문제는 근해에 배가 30~40척씩 대기하고 있어도 이를 내릴 수 있는 항만 시설이 구비되지 않았다는 점이었다. 탄약도 내리기 어려웠고, C-레이션(전투 식량)도 없어서 오키나와에서 긴급 공수해와야 했다.

남베트남 정부군과의 협조 역시 쉽지 않았다. 미군은 남베트남 군대한테 자신들의 작전을 알리지 않았다. 작전을 알리는 즉시 그 내용이 베트콩에게 누설됐기 때문이다. 한국군은 가능한 한 베트남군에 작전 내용을 알렸다. 이로 인한 피해가 발생하기도 했다. 그럼에도 미군이 아니라 베트남군이 주인이기 때문에 알려야 한다는 것이 한국군 사령부의 생각이었다. 그러나 남베트남군 작전참모부장은 "한국군의 지원이 꼭 필요한 것은 아니다. 우리는 미국 쪽의 요구에 의해 한국군의 증파를 요청한 것"이라는 발언을 하기도 했다.

물론 베트남에 파견된 한국군 장교들 사이에도 문제가 많았다. '파월 한국군은 8년간 5,000여 명의 전사자를 냈는데, 이는 국내의 안전사고에 의해서 사망한 숫자와 유사하다'고 말하는 지휘관이 있는가 하면, 전적을 높이기 위해 적 사상자 수와 노획 무기 수를 늘리고, 아군의 안전사고를 전투 사고로 보고하기도 했다. 그래서 국방부의 공식 통계는 믿을 수 없다는 말이 나오기도 했다.

사령관과 지휘관 사이에 견해 차이가 불거지기도 했고, 연대장과 중대장 사이에서도 갈등이 발생했다. 작전 과정에서 발생하는 민간인 피해에 대해 야전 지휘관과 연대장 사이에 갈등이 발생하기도 했다. 야전의 하급 장교가 판단하는 현장의 상황은 상급 장교의 판단과 다를 수 있었다. 그래서 아군 1명 전사에 대해 적 10명을 사살했다는 보고가 들어올 때마다 감찰 조사를 하겠다는 견해가 한국군 내부에서 나오기도 했다. 대부분의 한국군 장교들은 사명감을 갖고 전투에 임했지만, 현장에서 나타나는 불협화음을 피할 수 없었다.

그럼에도 불구하고 1968년까지 미군은 한국군 지휘관들을 높이 평가했다. 부상자들에 대한 과학적 판단으로 한국군 피해를 줄이려고 했던 이명호 장군도 그 한 사람이었다. 이명호 장군은 베트콩에게 저격당하는 한국군의 피격 위치를 연구해 참호의 깊이를 적절하게 맞추도록 지시하기도 했다. 채명신 사령관에 대한 미군의 평가 역시 주목된다. 공조 관계를 둘러싼 이견이 있었음에도, 한국군의 뛰어난 작전 수행의 정점에는 채명신 사령관이 있었다. 채명신이 사령관직을 이임한 직후 주베트남 한국군 사령부 작전참모의 회고도 주목된다.

채명신 사령관은 군대에서 독보적인 존재로 압니다. (…) 그 양반이 생각하는 것이 멀리 내다보고 보통 스마트한 것이 아니에요. 그분은 주먹구구식으로 안 합니다. 참모들이 일하는데 막연한 이야기 하다가는 혼나지요. 숫자를 대야 합니다. (…) 외유내강입니다. 보기 드물게 지智・인仁・용勇을 겸한 분입니다. 엄격하지만 엄벌만 하는 사람이 아니고 사람을 재생해서 쓰려고 하고 부하들을 잘 활용하는 기술을 가지고 있습니다. 일단 발탁된 사람은 철두철미하게 돌보아주십니다.

– 주베트남 한국군 사령부 작전참모 한○○의 증언•

　채명신 장군은 유신에 대한 반대로 대장 진급도 탈락했고, 이후 대사를 역임하기는 했지만 1972년 유신 직전 군복을 벗었다고 한다. 사령관이 이런 대우를 받았다면, 국가의 부름으로 전장에서 죽음을 무릅쓰고 전투를 했던 다른 군인들의 경우는 어떠했을까?

• 국방부 군사편찬연구소, 앞의 책, 127쪽.

"잘 싸우지만 지나치게 잔인하다"

초기 한국군의 명암

베트남의 한국군은 다른 나라의 군대와 달리 단일하게 운영되지 않았다. 맹호부대나 백마부대와 달리 청룡부대는 독립작전이 가능하도록 편성되어 있었기 때문에 주베트남 한국군 사령부보다는 미국 1야전군 사령부와 더 긴밀히 협조하여 작전을 수행했다. 주베트남 한국군 사령부에는 미국 1야전군 사령부의 작전 지시를 통보하여 형식상으로 추인을 받는 형식이었다.

작전 방식도 달랐다. 최대한 민간인이 다치지 않도록 한다는 원칙은 동일하게 적용됐지만, 청룡부대의 작전 방식은 맹호부대와 달랐다. 맹호부대는 전술 책임 지역을 방어하는 평정 작전이 중심이었다면, 청룡부대는 적이 있는 곳을 찾아가는 수색과 격멸의 전술을 수행했다.[•] 민간인들을 수시로 접촉할 수밖에 없었다.

맹호부대와 청룡부대는 서로 다르게 운용됐지만, 남베트남 쪽의 입장에서는 용감했고, 베트콩의 입장에서는 잔인하다는 명성을 얻었다. 당시 주베트남 한국군 사령관 채명신 장군은 '한국군은 잘 싸우지만 적들에게 지나치게 잔인하다'는 소문을 걱정하고 있었다. 나중에 11중대

• 국방부 군사편찬연구소, 《증언을 통해 본 베트남전쟁과 한국군》 3, 국방부군사편찬연구소, 2003, 12~15쪽.

야간 습격에서 사살된 베트콩을 지켜보고 있는 한국군.(자료 제공: 박삼헌 교수)

장 정○○ 대위가 국내에 돌아왔을 때 국방부 장관이 정 대위를 만났다. 이 자리에서 "눈알을 빼버린다"는 이야기가 화제에 올랐다. 해병대 출신이었던 김성은 국방부 장관은 "아무 문제 없어. 죽기 아니면 살긴데 까짓것 눈알이 아니고 불알을 빼버리면 어때!"라고 하면서 해병대 후배들을 칭찬했다.• 미국 정부의 문서는 강경한 국방부 장관을 '골칫거리'로 묘사하기도 했다.••

한국군이 전쟁터에서 용감할 수 있었던 것은 한국전쟁을 경험한 지휘관들이 있었기 때문이기도 했다. 대대장급 이상은 대부분 10여 년 전의 한국전쟁을 경험한 지휘관들이었다. 전쟁에서 경험은 제일 중요

• 참전 수기 중 '베트남전쟁 짜빔동.'
•• 백악관 회의 기록(1968년 2월 15일).

한 무기였다. 시간이 지나면서 한국군은 현지의 상황에 적응해갔고 베트남에서의 독특한 자체 전술을 마련하면서 많은 성과를 달성했다.

베트콩이 최종 공격대기 지점에 이르기 전에 중간 집결지를 찾아 전투를 함으로써 효과를 올리기도 했고, 미군과는 다른 방식의 대민 지원을 한 것도 한국군만의 독특한 방식이었다. 베트남 민간인들을 만나면 '장유유서長幼有序'의 유교 사상으로 나이 든 사람에게 공경을 표했고, 쌀 한 가마의 보급품을 전달하더라도 한 번에 주는 것이 아니라 나누어서 줌으로써 민간인들에게 지속적으로 좋은 이미지를 줄 수 있도록 하는 방식을 취했다.

한번은 닌호아Ninh Hóa에서의 전투 중에 물소 20마리를 쏴 죽이는 사건이 있었다. 당시 베트남에서 물소 한 마리당 30달러 정도 하는데, 한국군은 100달러를 쳐서 보상해주었다. 그런데 베트남 사람들이 보상금을 받고 나서도 죽은 소를 달라고 했다. 이에 한국군은 자신들이 먹을 만큼만 남겨두고 나머지는 베트남 사람들에게 모두 나누어주었다. 그래서 "한국 사람 인심 좋다"는 이야기가 돌았다고 한다.

모든 전쟁이 그렇듯이 성공한 작전만 있는 것은 아니었다. 전쟁으로부터 교훈을 얻기 위해서도 성공한 경험보다도 실패한 경험이 더 소중할 수 있다.

베트콩들은 우리가 휴식을 하고 있을 때 3~4명이 은밀히 접근해서 갈깁니다. 조준사격을 피하면서 갈지자로 도망가는 것입니다. 이때 '잡아오너라' 하니 쫓아 들어가는 것이지요. 분대가 들어가면 분대가 전멸하는 것입니다. 그들의 전술에 말려드는 것입니다. 그래서 그와 같은 추격을 하지 못하도록 엄명을 내렸습니다. 그런데도 문제가 생겼습니다. 14명인가 15명이 전멸했습니다(청룡 2호 작전). 중대장을 군법회의에 회부했습니다.

– 주베트남 한국군 사령관 채명신의 증언 •

생과 사의 갈림길에 서 있는 전투가 진행되는 동안 이성적인 판단을 요구하는 것은 쉽지 않다. 물론 그렇기 때문에 더더욱 냉철한 판단이 필요하다. 좀더 냉철하게 판단하는 쪽이 이길 수밖에 없다. 냉철한 판단을 한다고 하더라도 생소한 지형과 게릴라전이라고 하는 생소한 전투 형태로 인해 피해를 입는 경우도 적지 않았다.

솔직히 말해서 처음에는 우리가 실패한 작전입니다. 나중에 가서는 만회를 했는데 처음에 우리가 산을 포위해서 올라간 것입니다. 하나가 길을 뚫으면 그 뒤를 따라가게 마련입니다. (…) 계획상으로는 가능한 이야기지요. 그런데 분대장이 앞에 서면 그다음 사람은 종대대형이 되는 것입니다. 뒤를 따라가게 되니까. 그것이 베트남에서 불가피한 결론입니다. (…) 소대장이 좌우 5미터 내에서 볼 수 없으니까 그들이 일렬종대로 올라가는지 횡대로 가는지 알 수 없습니다.

결과는 1개 종대로 쭉 대열을 지어 올라가다가 적이 보고 쏘았습니다. 우리가 일진으로 피해를 입었습니다. 지휘관이 이것을 만회해야겠다는 생각을 하면서 고지를 올라가니까 적은 계속 사격을 해서 상당한 피해가 났습니다. 적이 사격은 하지만 계속 올라오니까 희생자는 모르지요. (…) 우리는 희생을 당하면서 정상으로 올라갔습니다. 적은 오판을 하고 동굴 속으로 들어갔습니다. 지하화 되어 있는 동굴은 거미줄 같은 것이었습니다. 희생은 많이

• 국방부 군사편찬연구소, 앞의 책(2001), 66쪽.

1967년 7월 14일 맹호부대 병사들이 수용소로 가기 직전의 남베트남 민간인들을 보호하고 있다. 시간이 지나면서 한국군은 더 큰 전과를 올릴 수 있었지만, 베트남에서는 사상자 수가 더 많아졌다.

낳는데 쥐새끼 한 마리도 없었습니다. (…)

모든 작전이 일렬횡대로 전개된다는 것은 어려운 문제입니다. 베트남의 전투가 모두 그러한 형태입니다. 베트남의 작전 형태가 그 모양이며, 처음부터 끝까지가 똑같은 것입니다. 결국 베트남전은 소대장, 중대장들이 위력수색을 하는 형태지, 그것이 전면작전도 아니고, 게릴라전도 아니고 현재의 관점에서 볼 때에는 무의미한 전쟁이 아닌가 봅니다.

－주베트남 한국군 사령부 작전과장 김○○의 증언[•]

베트남의 지형상 횡대로 몰고 올라가는 것이 불가능했기 때문에 언덕이나 산에서의 싸움은 공격하는 쪽이 불리할 수밖에 없었다. 엄호사

• 국방부 군사편찬연구소, 앞의 책(2001), 139~140쪽.

격이 불가능하니 안전하게 앞으로 전진할 수 없었다. 결국 이러한 방식의 수색이나 추적을 포기해야 했고, 이는 베트콩을 끝까지 추적하는 것이 불가능하다는 것을 의미했다.

전과나 상황이 조작되는 경우가 적지 않았다. 우선 미군, 남베트남군과 서로 연락을 하면서 전투를 해야 했기 때문에 정확한 상황을 파악하기 어려웠다. 어느 지역에서 어떤 전과를 올렸다고 연락을 받았음에도 불구하고 막상 그 지역에 가 보면 완전히 다른 상황이 눈앞에 놓여 있기도 했다. 전과 계산에서도 무기 1정을 노획하면 3명을 사살, 5명을 사살하면 15명이 부상했다고 보고했으니 통계 역시 불확실한 것이었다.

한국 정부의 공식 전사에 성공한 작전으로 묘사된 전투에서도 상당한 문제가 발견되기도 했다.

오작교 작전 시 9사단 28연대 11중대 피습과 ○○사단 26연대 2중대 피습 상황을 현지에서 조사한 일이 있다. 분명히 말할 수 있는 것은 당시 ○○사단에서는 부분적인 문제점이 있었다. 그중 하나로 26연대에서는 피난민 문제에 실패했다고 본다. 그때 부연대장 문○○이 피난민촌에 나가서 통제를 한 일이 있었는데, 2,200명인가를 집결시켜놓고, 몇 명은 굶어죽는 현상을 빚었고, 또 일부는 강간을 해서 상당히 복잡한 문제가 있었다. 그때 피난민 관계로 26연대가 실패한 것만은 사실이다. 현지에서 피난민 문제를 다루면서 유○○ 사단장과 다투기까지 했었는데, 그 모든 것이 내가 캐고 들었기 때문이다. 하여간 피난민을 지휘한다는 것은 어려운 문제다.

2중대가 피습된 원인은 여자관계에서 비롯된 것이다. 여자관계로 첩보가 샌 일이 가끔 있다. 기지 주변에 떠도는 여자는 대부분이 베트콩 프락치니까. 26연대 2중대도 ○○○의 여자관계로 인해서 첩보가 누출되고 이로 인해 피습됐다는 것도 충분한 이유가 있다. 또 하나의 이유로는 그 당시 오작교 작전이 성공했다 하면서 미·월 등 주변에 대하여 대대적인 선전을 하여 한국군의 이미지를 더욱 좋은 각도로 크게 전환시켰다. 따라서 맹호·백마 사단장은 연결 작전의 성공으로 말미암아 전쟁의 영웅처럼 된 상태였는데, 사실상 그 작전 다음에 일어난 후유증은 정신 이완 상태였다.

– 주베트남 한국군 사령부 전투발전부장대리 김○○의 증언[•]

작전지휘부로서는 자기 부대의 전과를 최대화해야 했을 뿐만 아니라 부대원들의 전과도 높여주어야 했다. 부대원들의 사기를 높여주지 못할 사항들에 대해서는 보고하지 않는 경우도 있었다. 때로는 안전사고나 부비트랩을 밟아서 일어난 사고에 대해서 적의 습격을 받아 피해가 난 것으로 처리하기도 했다. 사령부의 훈령에도 없는 일이 발생했을 경우에는 사령관과 사단장 사이에서 갈등이 발생하기도 했다. 사고를 조사하러 가려다가 기상 조건 때문에 하루 이틀이 지나면 이미 상황은 모두 종료됐고, 사고에 대해 정확히 말해줄 사람도 없었다.

2중대는 11중대 기습 때보다 비참했다. 2중대는 사람들이 자고 있는 집에 들어와서 설치는 것처럼 베트콩이 호 속, 벙커 안까지 들어와 수류탄을 던지고 설쳐댔다. 벙커 안까지 들어왔으니 말로 표현하지 못할 지경으로 당했다. 오작교 작전의 성공으로 한창 큰소리치다가 갑자기 당했으니 어디다 대고 창피해서 말도 못 했고, 타 병사들의 사기 문제도 있고 해서 사실 많이 감추었다. 내 생각에 아직 많은 젊은 사람들이 살아 있기 때문에 자료만 계속 수

• 국방부 군사편찬연구소, 앞의 책(2001), 141~142쪽.

집했다가 나중에 쓰는 것이 바람직하다고 생각한다.

– 주베트남 한국군 사령부 전투발전부장대리 김○○의 증언 •

한국군이 이렇게 혼란을 겪은 데에는 상급 부대 지휘관의 지나친 간섭 때문이라는 주장도 있었다.

민족적인 성격의 문제이기도 합니다. 상급 부대 지휘관의 간섭 문제이지요. 우리 한국군이 성장하는 과정에 있어서 잘못 자라온 것만은 사실입니다. 그리고 또 윗사람들의 간섭이 너무 심합니다. 그러나 윗사람들만의 잘못이라고 할 수 없습니다. 똑같습니다. 연대장은 소대장이 하는 일까지 간섭을 합니다. 사단장도 연대장, 대대장이 하는 일을 간섭합니다.

싸움을 시작하면, 높은 사람들이 다 나와 가지고 '감 놓아라, 대추 놓아라. 북 치고 장구 치고' 다 합니다. 이래 가지고는 잘 안됩니다. 그래서 이기면 만사가 다 괜찮은데, 이것이 잘못되면 위에서 이렇게 하라고 해서 했다고 합니다. 또한 하급 장교들은 책임감이 없어요. 그러니까 누가 먼저인지 몰라. 계란이 먼저인지, 닭이 먼저인지. (⋯) 그러니까 자기의 분에 맞추어서 일을 해야 합니다.

– 수도사단 기갑연대장 신○○의 증언 ••

작전 초기에는 상급 부대의 무리한 작전 계획으로 인한 혼란도 있었다. 1연대 5중대장의 증언에 따르면 1966년 1월에 있었던 비호 전투에서는 너무나 광범위한 지역을 작전 범위로 정했기 때문에 제대로 된 작

• 국방부 군사편찬연구소, 앞의 책(2001), 142~143쪽.
•• 국방부 군사편찬연구소, 앞의 책(2001), 183쪽.

전을 실행할 수 없었다. 무리한 계획이 실패를 자초하게 된 것이다. 확정된 전선이 없고 제복을 입은 적군도 없었다. 무기를 갖고 대항하는 자는 적이었고, 웃으며 손을 흔드는 자는 양민이었다. 그러나 그들이 언제 어디서 적대 행위를 할지는 모른다. 그들이 손을 흔드는 지역은 양민의 거주 지역이고, 항거하는 지역이 전선이기 때문이다.

전선이 장병들을 어렵게 하는 또 하나의 요소는 일선 지휘관의 잦은 교체였다. 일선 지휘관은 대체로 1년마다 교체됐는데, 전투나 열병으로 인해서 교체되는 경우도 적지 않았다. 그런데 지휘관이 교체되면 부대의 분위기가 모두 바뀌었다. 익숙하지 않은 베트남 상황에 적응하는 것도 어려운 상황에서 지휘관이 교체되면 새로운 분위기에 다시 적응해야 했다. 게다가 C-레이션을 빼돌리는 지휘관을 만나면 더더욱 고달팠다.* 그러나 베트남의 상황에 점차 익숙해지면서 좀더 구체적인 지시들이 내려가기 시작했다.

1. 저명한 지형지물이 없는 개활지에서는 지형 판단이 어렵다.
2. 마을에서 기르는 개는 기도비닉(침투를 위해 몸을 숨기는 것)에 큰 장애가 된다.
3. 참고점을 미리 선정하고 컴퍼스에 의한 방위각을 기록·유지해야 한다.
4. 보측을 확실하게 하고 평지와 수렁에서의 보간 간격의 차이를 익혀두어야 한다.
5. 적의 매복지를 우회하기 위하여 소로는 가급적 회피해야 한다.
6. 수답(논)을 답파할 때는 소리가 크게 나므로 정숙 보행이 곤란하다는 것을 미리 알고 행동해야 한다.

• 김옥렬, 《열남》, 보고사, 2004, 292~300쪽.

7. 주간과 야간의 물체 형상이 다른 점을 사전에 분석해야 하고 모든 병사에게 이를 숙지시켜야 한다.

- 맹호부대 1연대 6중대 1소대장 박○○의 증언●

　시간이 지나면서 한국군은 더 큰 전과를 올릴 수 있었지만, 베트남에서 사상자 수는 더 많아졌다. 장교건 사병이건 언제 어디서 죽을지 모른다는 소문이 한국 사회에 점점 퍼졌다. 베트남에 다녀오면 돈을 벌어온다는 또 다른 소문도 있었고, '월남에서 돌아온 새까만 김 상사가 유행하기도 했지만.

　그래도 누군가는 가야 했다. 장교들은 본인이 원하지 않는 경우도 있었지만, 거의 100퍼센트 지원의 형태로 파병됐다. 장교의 50퍼센트 이상이 육군사관학교 출신이었으며, 국가의 부름을 따라야만 했다. 사병의 경우는 어떠했을까? 이들도 대부분 자원해서 간 것이었을까?

● 국방부 군사편찬연구소, 앞의 책(2001), 338～339쪽.

"돈과 백 있는 사람들은 다 빠졌다"

누가 베트남에 갔는가

대대 안의 장병이 그대로 갔습니다. 중대장이 지원서를 먼저 작성해서 부대원들에게 사인을 하도록 설득했다.●

김성은 국방부 장관은 당시 국회에 출석해서 야당의 질문에 대해 베트남에 파병될 군인들은 전원 지원서를 받아서 보낼 것이라고 답변했다. 맹호부대 6중대장과 9중대장에 따르면 파병 초기 지원자는 98퍼센트에 달했으며, 2퍼센트만이 지원하지 않은 병사들이었다. 2퍼센트의 경우에도 처음에는 불응했지만 나중에 중대장이나 대대장이 설득해 결국 자신들이 가겠다고 해서 충원을 했고, 결국은 100퍼센트 지원하는 형식이 됐다.

해병대의 경우도 "지원한 사람을 선발한다"는 것이 원칙이었다. 그다음에는 지원하지 않았지만 신체검사에 합격하고, 근무성적이 아주 우수한 사병들을 선발하여 지원하는 형식을 갖추었다. 2대대장에 따르면 장교들은 전원 지원에 의해 선발했지만, 사병의 경우는 약 70퍼센트 정도가 지원자였다. 맹호부대에서도 물론 전방부대의 경우 지원자

● MBC 다큐멘터리 〈이제는 말할 수 있다〉 77회(2004년 3월 28일 방영), '월남에서 돌아온 새까만 김병장.'

가 없어서 사단별로 지원자를 할당하기도 했다는 증언도 있었다.[*]

(훈련 중) 매일 도망자가 나왔다. 돈 있고 백 있는 사람들은 다 빠졌다. 어쩌다가 고졸 있고, 전문대 다니는 사람도 (우리 소대에) 없었다. 한 소대에 고등학교 졸업자가 1명 정도 있었다. 자발적으로 지원한 사람들은 베트남을 가면 돈을 벌어 온다는 이야기를 듣고 갔다.

〈이제는 말할 수 있다〉 제작진이 2004년 광주·전남 지역에서 참전한 사병들(308명)을 조사한 결과 65.6퍼센트가 지원, 34.4퍼센트가 차출에 의해서 베트남에 파병됐다. 지원해서 간 사병들 중에서 27퍼센트는 지원이 아닌데도 지원서를 썼고, 34.5퍼센트는 지원서를 강제로 썼다. 이를 통해 다시 분류를 해보면 전체 지원자 중 자신의 의사와 관계없이 34.4퍼센트가 차출됐고, 40.3퍼센트가 자신의 의지와 관계없이 지원서류를 작성했고, 나머지 25.3퍼센트가 자발적으로 베트남전쟁에 참전했다는 결과가 나온다. 전체의 74.7퍼센트가 자발적 지원자가 아니라는 것이다.

함평 지역의 참전 사병들을 조사한 결과는 이와 유사한 결과가 나왔다. 인터뷰에 응한 28명 중 18명이 자의에 의하지 않고 베트남에 갔다는 응답이 나왔다. 물론 이 결과가 특정한 지역에서의 조사 결과이기 때문에 베트남에 참여한 전체 사병들로 일반화시킬 수는 없다.

첫 번째로 드는 것이 애국심이었습니다. (⋯) 그렇지만 자기가 가는 것이

• MBC 다큐멘터리 〈이제는 말할 수 있다〉 77회(2004년 3월 28일 방영), '월남에서 돌아온 새까만 김병장.'

유리하냐, 그렇지 않으냐, 이런 것을 따지기도 했어요. 하지만 그래서 외국에 가보겠다. 그리고 한국에서야 보급도 나쁘고 내무 생활이 힘든 것도 많지 않습니까? 그러나 베트남에 가면 정신적으로 편하지 않겠느냐 그런 것이고, 그 외에 금전에 여유가 생긴다는 것도 하나의 요소가 되겠지요. 대부분의 병사가 다 그렇습니다. 병사들에게 물어보면 젊은 놈이 좁은 땅에서 땅만 파다가 죽는 것보다도 외국 맛을 보겠다고 이런 이야기를 했어요.

－1연대 9중대장 용○○의 증언[•]

베트남에 가는 이유는 다양했지만, 군인이기 때문에 상관의 명령에 따라야 한다는 것과 함께 금전적인 요소가 가장 컸다. 베트남에 파병된 한국군 사병의 전투 수당(이병의 경우 51.11달러)이 남베트남 사병(55.79달러, 미군 이병 235.15달러)보다 낮았음에도 한국에서 받는 월급과는 비교도 안 될 정도의 많은 돈을 받을 수 있었다. 당시 이병 월급이 1달러였다. 약 330원 정도였던 것이다. 기왕 군에 온 이상 군 복무 기간 중 돈을 벌 수 있다면 더 좋은 것 아닌가?

그러나 가족들의 생각은 달랐다.

당시에는 전투부대로서는 최초의 파월이었기 때문에 가족들은 가면 모두가 죽는 줄 알았습니다. 그래서 제일 곤란한 것이 중대원 편성이었습니다. 감시하는 식으로 우리 안에 집어넣고 편성했습니다. 그래도 도망자가 많이 생겼습니다.

편성 당시에 각 중대에서는 평균 2명씩의 탈영자가 생겼는데, 출발하기

• 국방부 군사편찬연구소, 앞의 책(2001), 199쪽.

전에 가족들이 찾아와 아우성이었습니다. 가족들의 면회 요구가 격렬해지다 보니 재구 중대장 그 사람은 중대원들에게 면회를 시켜주었는데, 그다음에 탈영률이 격증했습니다. 처음에는 가려고 마음먹었다가도 가족들을 면회하고 나면 안 가겠다고 합니다. 그래서 가족들을 전부 모아 정신교육을 했습니다.

−1연대 12중대장 방○○의 증언 •

채명신 사령관도 훈련 과정에서의 탈영을 걱정했다. 많은 날은 하루에 50명 정도가 탈영하기도 했다고 회고했다. 대부분은 훈련 중 도망가는 것이 아니었다. 가족들과 면회를 하거나 휴가를 간 후에 귀대하지 않았던 것이다.

우여곡절 끝에 베트남에 간 한국군 사병들은 한국에서는 할 수 없는 경험을 해야만 했다. 적이 분명하게 보이지 않는 것도 문제였지만, 한국과 다른 상황도 문제였다. 모기, 지네, 산게, 산거머리, 불개미들도 그들이 싸워야 할 적이었다. 전 대원들은 매일 이들과 일전을 치르는 것이 일과의 일부분으로 이어졌다. ••

전투 중이 아닌 열병에 의해 죽는 병사들도 나왔다. 그러나 더 무서운 것은 '황폐해가는 정신 속의 갈등과 노이로제 현상'이었다. 영화 〈알포인트〉는 이를 약간은 과장해서 보여줬지만, 언제 저격병이나 로켓포와 부비트랩에 의해 죽을지 모른다는 두려움이 계속되는 상황에서 받는 스트레스는 엄청났다. 그만큼 이들의 전투는 치열했고, 베트콩들은 목숨을 걸고 전투에 뛰어들었다.

• 국방부 군사편찬연구소, 앞의 책(2001), 203쪽.
•• 참전 수기 중 '누구를 위하여 종을 울리나(1)'.

11중대 3소대 1분대장 배장춘 하사는 총과 무전기를 버리고 곡괭이를 집어 들고 백병전에 뛰어들었다. 1분대 이학현 상병은 적병 5명이 참호로 돌입한 후 어둠 속을 헤매다가 중대 대변수집통으로 빠져버리자 대변수집통에 수류탄을 던져 적 5명을 대변통 속에서 폭사시켰다. 이학현 상병은 배장춘 하사에게 달려드는 적을 죽인 후 오른쪽 발목과 왼쪽 어깨에 총상을 입었다. 개인호에 뛰어든 적병과 싸우던 조정남 일병은 중과부적으로 밀리자 수류탄을 터뜨려 적들과 함께 자폭해버렸다. 김명덕 일병은 전신에 파편상을 입은 상태에서 수류탄을 모아 적들에게 계속 투척했다. 이영복 일병은 부상당한 배장춘 하사를 부축하여 2소대 진지로 후퇴했다. 이영복 일병을 제외하면 나머지 1분대원 전원이 전사하거나 중상을 입었다.•

치열한 전투 속에서 받는 스트레스를 푸는 것은 쉬운 일이 아니었다. 바닷가에 휴양소가 있었고, 장교뿐만 아니라 사병들도 휴양소에 갈 수 있었지만, 스트레스를 모두 해소할 수는 없었다. 돈도 많지 않았기 때문에 미군을 비롯한 다른 외국군에 비해서 휴양소에서의 생활 역시 풍부하지 않았다. 모래사장에서 하루 종일 선탠을 하는 미군들과 달리 한국군은 온종일 물놀이만 했다고 한다. 음료수도 마음껏 못 사먹었다. 베트남 사람들 입장에서는 맥주나 칵테일을 마셔야 돈을 버는데 한국군은 코카콜라만 마셨다. 그래서 베트남 사람들은 당시 '한국군이 불쌍했다'고 말하기도 했다. 위문단이 심심찮게 방문했지만, 그때뿐이었다. 여자 속옷을 갖고 있으면 죽지 않는다는 소문 때문에 위문단의 속옷이 없어지는 해프닝이 있을 뿐이었다.

• 참전 수기 중 '베트남전쟁 짜빈동'.

과도한 스트레스는 예기치 않은 사고의 원인이 됐다.

　전부터 근무 태도가 불량해서 늘 지적을 받던 초병은 더 이상 대화를 할 수 없는 상태로 취해 있었다. "필요 없어. 나 여기서 죽으면 그뿐이야." 초병은 그렇게 소리치고 있었다. (…) 초병이 갑자기 가슴에 달린 수류탄을 뽑아 안전핀을 빼버리고 "이봐, 최 하사관 잘됐네. 우리 여기서 같이 가면 되겠지?" 하는 것이었다. 위험을 감지한 최 하사는 그 초병의 손을 잡고 수류탄을 빼앗으려 했다. 그 순간 수류탄은 초병의 손에서 벗어나 땅에 떨어지고, "꽝" 하는 폭발음과 함께 두 사람은 만신창이 되어 쓰러졌다.•

오인사격도 문제였다.

　하광덕 병장이 "서 병장 아니 매제! 오늘 매복 나를 보내 줘!" (하는 것이다.)
　자기 조수인 송기성 상병이 나갈 차례인데도 불구하고 자기가 나가겠다고 서로 안 나가려고 하는 매복 작전에 순번을 바꾸어달라고 한 것이다. 이유인즉 꿈을 잘 꿨다나? 자기가 나가면 틀림없이 베트콩을 잡는다고. (…)
　남이 나갈 때 매복 작전을 바꾸어달라고 졸라대어 나가더니 그는 시체가 되어 십자성 106 후송 병원으로 갔단다. 하 병장의 죽음은 전사가 아니라 사고사였다. 인사계의 일병이 베트남 신병인 데서 문제가 생긴 것이다.
　지형의 여건에 따라 일자 매복을 쳤는데 본부 인사계 팀이 중앙에 위치하고 있었고 좌우로 장비과 수송부가 각각 호를 파고 들어가 자리를 잡고 있었는데 중앙에 위치한 인사계 팀의 호를 너무 좁게 파서 3명이서 비비적거리

• 참전 수기 중 '호이안 전선에 드리운 전운⑧'.

다 보니 주 사격 방향이 바뀌어 적이 침투할 수 있는 전방을 보고 있는 것이 아니라 아군인 장비과 팀이 있는 곳을 주시하고 있었다는 것이다. 이때 (장비과원들의 말에 의하면) 이상한 냄새가 나면서 머리카락이 쭈뼛하며 오싹한 기분을 느끼는데 역시 중앙에 있는 인사계 팀도 같은 냄새를 맡았고 같은 기분을 느꼈다는 것이다.

이때에 꿈을 잘 꿨다는 하광덕 병장이 전방을 관찰한다고 머리를 위로 슬그머니 내놓으니 중앙에 인사계 팀의 겁 많은 일병 1명이 어둠 속에서 나타나는 표적을 향하여 사격을 했던 것이다. 사격을 가하자 물체가 없어지니까 수류탄 두 발을 던졌는데 신병답게 안전핀만 빼고 수류탄의 몸통을 감고 있는 2의 안전핀을 풀지 않아 천만다행으로 나머지 2명의 우리 과원은 목숨을 부지했으나 너무도 어처구니없는 일이라 입이 열리지 않아 전화기를 들고 한동안 말을 못했다.[•]

이렇게 치열한 전투를 치르고 정신적 고통을 받은 뒤 돌아가는 한국군들은 해변에서 얼굴을 태우고, 한몫 챙겨서 돌아갈 수 있는 상황이 아니었다.

1968년 2월 2일 나는 1년 전과 같이 다낭 앞바다에 와 있었다. 이번에는 귀국을 하기 위해서 (…) 잠시 후 여러 대의 헬리콥터가 귀국선을 향하여 날아오더니 배 위에다 병사들을 내려놓기 시작하는데 순간 나는 눈을 크게 뜨며 충격에 휩싸였다.

헬기에서 한 병사를 선두로 10여 명씩 내리는 그들은 전에 내가 봤던 청룡

• 참전 수기 중 '어처구니없는 전사.'

부대 우리들의 전우가 아니라 처참한 몰골의 낯선 사람들이었기 때문이다. 찢어져 너들너들 해진 전투복에 피까지 묻어 있는 (…) 그 모습은 전쟁터에서 살아서 고국으로 무사히 돌아가는 개선용사의 모습이 아니었기 때문이었다. 그야말로 충격적인 모습이었다.•

이러한 상황 속에서 조금씩 참전에 회의를 느끼는 병사들이 나타나기 시작했다.

그 전쟁이 그랬다. 어느 놈이 적이고 누가 우군인지 알지 못하는 이상한 나라의 전쟁이었고, 그 이상한 전쟁에서 죽는다는 것은 너무 억울하다고 생각했다. 한마디로 말해 지킬 가치가 없는 나라였고, 적어도 도와줄 가치도 없는 그런 나라였다. (내 생각에는 그랬다.)••

'베트남전쟁과 한국군' 홈페이지의 참전 수기는 주로 사병 출신들이 올린 것이다. 이곳에 올라온 참전 수기와 글에 달린 댓글을 보면 베트남전쟁의 스트레스가 지금도 계속되고 있다는 것을 알 수 있다. 한 참전 병사는 "이 사이트에서 멀어져야 베트남 생각을 안 하게 될 터인데. (…) 지금 생각에도 A형 가져온 놈이나, 시백 하나 메고 온 놈이나 차이 나는 건 고엽제 경·중·고뿐"이라고 말했다.•••

• 참전 수기 중 '베트남전에서 만난 해병과 육군병사의 눈물(정박호)'.
•• 참전 수기 중 '호이안 전선에 드리운 전운(2)'.
••• A형 레이션은 미국식 레이션이다. 전투 식량인 C-레이션이나 한국식인 K-레이션에 비하여 고기가 풍부하게 들어 있다고 한다.

4부

미국은 베트남에서
어떻게 패배했는가

북베트남의 어뢰 공격은 없었다

통킹만 사건의 진실

50년 전, 미국 역사 그리고 세계 역사에서 매우 중요한 일이 있었다. 1964년 8월 7일 미국 의회는 존슨 대통령이 베트남전쟁과 관련된 어떠한 결정도 의회의 동의 없이 내릴 수 있도록 모든 권한을 위임했다. '동남아시아 결정(또는 '통킹만 결정')'이 그것이다. 모든 권한을 위임받은 미국 정부는 유엔을 동원할 수 없는 상황에서 한국을 포함한 미국의 동맹국한테 베트남전쟁에 동참할 것을 요청했고, 이후 10년 동안 미국은 모든 국력을 베트남에 쏟아부었다. 한국전쟁 발발 직후의 경험을 교훈으로 갖고 있는 소련이 유엔 안전보장이사회에서 거부권을 행사할 것이 분명했기 때문이다. 또한 베트남전쟁의 참전에 부정적 견해를 갖고 있는 영국이나 프랑스의 의사도 불분명했다.

베트남에서의 전쟁이 제2차 세계대전과 같이 전 세계를 뒤흔들 수 있는 전쟁이 아니었음에도 의회가 행정부에 대한 스스로의 견제권을 포기하고 대통령에게 전권을 위임할 수 있었던 계기는 무엇이었을까? 그만큼 중대한 위기가 있었던 것인가? '동남아시아 결정'에 중대한 영향을 미친 것은 그로부터 5일 전 발생했던 통킹만 사건이었다.

미국의 신문들은 1964년 8월 2일 베트남 연안에서 정찰 중이던 미국의 매덕스Maddox 구축함이 북베트남의 어뢰정으로부터 공격을 받았다고 보도했다. 미국의 해군은 북베트남의 공격에 적극적으로 대응했고, 그로 인해 북베트남 어뢰정 세 척이 파괴되고 10여 명의 사상자가 나왔다. 미군은 부상자가 1명도 없었다.

이틀 뒤인 8월 4일 존슨 행정부는 매덕스와 터너조이Turner Joy 구축함이 또 한 차례 공격을 받았다고 발표했다. 두 구축함은 북베트남 연안으로부터 12해리(22킬로미터) 이내로 들어와서 활동하고 있었다. 매우 궂은 날이었고 주위에는 북베트남 함정이 하나도 없었다. 북베트남으로부터 실제적인 공격은 없었지만 미국의 구축함들은 자신들을 공격하기 위한 수중음파탐지기와 무선 신호를 발견했다.

미국의 구축함에서는 당시의 상황에 대해 여러 차례 국방부에 전문을 보냈다. 매덕스호의 존 헤릭John J. Herrick 대령이 보낸 마지막 전문은 다음과 같았다. "매덕스호에 가까이 있는 북베트남 함정으로부터 어뢰가 발사된 것 같다. 그러나 소리만 있었지 보이지는 않는다. 계속되는 매덕스호의 어뢰 관련 보고서는 분명하지 않으며, 매덕스호 자체의 엔진 소리를 (어뢰 공격으로) 잘못 탐지한 것 같다."

마지막 전문은 대통령에게 보고되지 않았다. 두 번째 공격에 관한 전문을 받은 지 30분도 채 되지 않아 존슨 대통령은 전면적인 보복 공격을 지시했다. 당일 저녁 존슨 대통령은 대국민 선언문을 발표했다. "미국의 함정들은 공해 상에 있었다. 미국의 함정들은 방어적 태세만 갖추고 있었다. 우리는 전쟁을 하고 싶지 않다. 그러나 북베트남의 이러한 불법 행위로 인하여 우리의 남베트남 국민과 정부에 대한 총체적인 지원은 더욱 배가될 것이다."

그의 연설로부터 1시간 40분이 지난 뒤 미국의 전폭기들이 북베트남에 접근했고, 북베트남 연해의 어뢰정 기지와 원유 저장고를 폭격했다.

의회에서는 곧바로 베트남전쟁에 대한 미국의 적극적 개입에 대한 논의가 시작됐다. 의회의 동의 없이는 미국의 대통령도 자기 마음대로 전쟁 개입을 확대할 수 없었다.

오리건 출신의 웨인 모스Wayne Morse 상원의원은 이 사건에 의문을 제기하면서 매덕스호의 전문을 재조사하고자 했지만, 전문은 제공되지 않았다. 주요 신문들도 어떠한 의문도 제기하지 않은 채 정부의 발표만 주워 담기 바빴다. 이런 상황에서 존슨 대통령에게 전쟁에 대한 모든 권한을 위임하는 결의안이 의회에서 8월 7일 통과됐다. 모스 의원과 알래스카 지역구의 어니스트 그리닝Ernest Gruening 의원 둘만의 반대가 있었을 뿐이었다.

모든 일은 일사천리로 진행됐다. 마치 한국전쟁 발발 직후의 상황이 재연되는 것 같았다. 북한의 남침 후 사흘 만에 백악관에서는 긴급회의가 소집됐고, 일본에 있는 미군의 파견이 결정됐다. 유엔 안전보장이사회는 북한을 침략자로 규정하는 동시에 유엔군의 조직과 파병안을 통과시켰다. 소련의 불참 속에 미국은 전 과정을 주도했다. 마치 북한의 남침을 기다렸다는 듯이. 한국전쟁에서의 결정들이 3일 만에 이루어졌다면, 통킹만 결의안의 처리 과정은 5일 안에 신속하게 이루어졌다. '불감청不敢請이언정 고소원固所願'이었나?

통킹만 사건에 대해서는 초기부터 의혹이 제기됐다. 먼저 정황상에서 의문이 제기됐다. 미국의 베트남 개입은 이미 10년 전인 아이젠하워 행정부 때부터 시작됐다. 전선이 17도선 이북의 북베트남으로 확대되지 않았을 뿐이지, 게릴라 전쟁은 계속되고 있었다. 미국이 지원하던 남베트남 정부는 힘겹게 버텼지만 1963년부터 연속적으로 일어난 몇 차례의 쿠데타에 의해 흔들리고 있었다. 인구의 대다수를 차지하는 불교도들의 정부에 대한 불만도 높아만 갔다. 1960년부터 남베트남 게릴라에 대한 북베트남으로부터의 지원이 강화되면서 남베트남 정부의 운명은 풍전등화 같았다.

1965년 제2기가 시작된 존슨 행정부는 북베트남으로부터의 지원을 차단하지 않고서는 반정부 게릴라들의 활동을 막을 수도 없고 남베트남 정부의 안정도 보장할 수 없다고 판단했다. 이미 1964년 5월부터 미국 정부는 북베트남에 대한 폭격을 포함한 적극적 군사작전을 고려했다.* 따라서 북베트남에 대한 공격을 위해 미국 쪽이 의도적으로 통킹만 사건을 이용했거나 또는 고의로 일으켰을 가능성에 대한 의문이 제기됐다.

의회 결의안이 통과된 직후인 1964년 8월 14일자 〈타임〉은 미국 정부 안에서 통킹만 사건의 상황에 대해 어떠한 논의도 없었다며 의문을 제기했지만 대중의 관심을 받지 못했다. 미군이 베트남으로부터 철수를 본격적으로 고려했던 1971년에 가서야 한나 아렌트Hannah Arendt의 《거짓의 정치Lying in Politics》를 통해 존슨 대통령이 통킹만 사건 직후 대국민 성명을 발표할 때 그 자신은 물론 맥나마라 국방부 장관도 북베트남의 공격에 대해 확신하지 못했다는 사실이 폭로됐다. 2003년 공개된 존슨과 맥나마라의 전화 통화 녹음에도 이 점이 분명하게 드러난다.

통킹만 사건에 대한 본격적인 문제 제기는 사건으로부터 20여 년이 지난 뒤 관련자들의 증언으로부터 시작됐다. 당시 해군 항공기 조종사였던 제임스 스톡데일James Stockdale의 회고록(1984)에 따르면, 그는 비행 중 매덕스호의 보복 공격을 목격했는데 그 근처에는 어떠한 북베트

---

* 미국 국무부 문서, 〈특별국가정보평가 보고서(NIE 50-2-64)〉.

남의 함정도 없었으며 단지 검은 바다와 유령만이 있었을 뿐이었다. 오히려 터너조이호에서 매덕스호를 향해 무엇인가를 발사하는 것 같았다고 한다.

통킹만 사건 후 30년이 지난 1994년 또 다른 폭로가 잇따랐다. 통킹만 결의안이 통과된 지 1년이 지난 시점에서 존슨 대통령이 사석에서 '우리의 해군이 고래를 쏘았을 뿐'이라고 말했다는 것이다. 매덕스호에서 북베트남의 공격에 관한 전문을 보냈던 헤릭 대령은 북베트남 해군의 매복이나 공격에 대해서 전혀 확신할 수 없었고, 그러한 내용의 전문을 분명하게 국방부에 보고했다고 증언했다.

오히려 미군 쪽이 남베트남 해군과 라오스의 공군이 함께 북베트남을 공격하고 있었다는 주장도 제기됐다. 매덕스호에 승선하고 있었던 정부 관료들과 선원들도 이와 유사한 증언을 했다. 또한 베트남에 대한 적극적 개입을 반대했던 존슨 행정부의 핵심 관료 중 한 사람인 조지 볼George Bowl은 영국 신문과의 인터뷰에서 당시 미국 정부에서는 북베트남에 대한 폭격을 시작하기 위한 하나의 계기를 기다리고 있었으며, 그것이 바로 통킹만 사건이었다고 밝혔다.•

매덕스호의 임무에 대한 의문도 제기됐다. 매덕스호는 1968년 북한에 의해 나포됐던 푸에블로호와 같은 임무를 맡고 있었다. 아직 인공위성에 의한 정보 활동이 있기 전이었기 때문에 정보함에 의한 무선통신 가로채기가 이루어지고 있을 때였다. 그런데 정보함의 경우 최대한 상대국의 해안에 다가가야만 했다. 또한 무선통신의 가로채기를 위해서는 적을 자극해서 더 많은 무선통신이 사용되도록 해야 했다. '치고 빠

• Edwin E. Moïse, *Tonkin Gulf and the Escalation of the Vietnam War*, University of North Carolina Press, 1996.

상대국 해안에 다가가 무선통신을 가로채 정보를 수집하던 매덕스호. 의회가 존슨 대통령에게 전쟁에 관한 모든 권한을 위임하는 계기가 됐던 1964년 8월 4일 통킹만에서의 북베트남 어뢰정에 의한 매덕스호 공격은 없었다는 것이 당시 관련자들의 증언이다.

지기' 방식의 공격이 있었을 것이며, 이 과정에서 매덕스호가 북베트남의 공격을 유인해냈을 가능성도 있었다.[*]

사족을 하나 달자. 매덕스호의 정보함으로서의 임무를 고려한다면 1968년 푸에블로호 사건으로 북한이 얼마나 큰 위협을 느꼈을지 어렵지 않게 추측할 수 있다. 북한에 대한 미국 정보함의 활동은 푸에블로호가 처음이 아니었다. 1967년 12월에도 북한에 의해 미군의 정보함이 나포됐다는 보도가 있었다.[**] 푸에블로호 사건은 통킹만 사건과 너무나 유사했다. 실제로는 보복 공격도, 전면전으로의 확전도 없었다. 북한이 푸에블로호에 타고 있었던 미국인 선원 70여 명을 인질로 잡고 있었기 때문일 수도 있고, 아니면 베트남에서 큰 성과를 거두지 못했던

[*] James Bamford, *Body of Secrets*, Doubleday, 2002.
[**] 〈조선일보〉 1967년 12월 26일자 1면, '북괴 방송 주장 간첩선을 나포.'

존슨 행정부의 '학습 효과' 때문이었을 수도 있다. 북한은 국방비를 획기적으로 늘렸고, 이는 지금까지도 계속되고 있는 북한 경제의 침체에 중요한 계기가 됐다.

다시 통킹만으로 돌아가보자. 2003년 〈전쟁의 안개The Fog of War〉라는 다큐멘터리 프로그램에 출연한 맥나마라 국방부 장관은 의회에서 '동남아시아 결의안'을 이끌어내는 데 결정적 계기가 됐던 1964년 8월 4일의 공격은 없었다고 증언했다. 또한 미국과 베트남 사이에 국교가 정상화된 이후 베트남의 보응우옌잡Võ Nguyên Giáp 장군은 미국이 북베트남과의 직접적인 전쟁을 촉발시키기 위해 정보함을 북베트남 인근에 파견했다고 주장했다. 그에 의하면 매덕스호는 북베트남이 경계로 설정했던 12해리 이내로 들어와 활동하고 있었으며, 당일 북베트남의 어선을 공격했다.

이러한 논란은 2005년 10월 〈뉴욕 타임스〉에 국토안보국 소속의 역사담당관 로버트 하녹Robert J. Hanyok의 보고서 일부가 보도되면서 명백한 문서들에 대한 조사로 일단락됐다.[*] 이 보고서는 원래 2001년에 공개될 예정이었지만, 이라크전쟁 문제와 연계될 가능성 때문에 5년여 동안 공개되지 않았다. 1964년 통킹만 사건 당시의 문서를 조사한 하녹은 1차 공격은 있었을 가능성이 있지만, 의회 결정의 결정적 계기가 된 2차 공격은 명백히 없었다고 결론을 내렸다. 그리고 하녹 보고서가 일정하게 '세탁'되어 공식적으로 공개된 것은 부시 행정부의 마지막 해인 2008년이었다.

2008년 1월 중동의 호르무즈 해협에서 이란의 해군 함정이 미군 함

• Robert J. Hanyok, "Skunks, Bogies, Silent Hounds, and the Flying Fish: The Gulf of Tonkin Mystery, 2~4 August 1964", 1995.

정과 충돌하자, 국무부 산하 국가정보평가National Intelligence Estimate 보고서 팀 소속이었던 한 요원은 이라크에서의 대량살상무기 논란과 통킹만 사건의 경험을 상기했다.* 하나의 조작된 사건이 이후 미국을 어떠한 구렁텅이에 빠뜨렸는가?

영화 〈그린 존Green Zone〉(2010)은 후세인의 대량살상무기를 이유로 개입한 미군의 이야기를 그렸다. 결국 대량살상무기는 없는 것으로 판명됐지만, 미군이 철수하기는커녕 더 깊이 개입했다. 발생하지도 않았던 공격을 빌미로 통과된 통킹만 결의는 250만여 명의 미군, 그리고 32만 명에 달하는 한국군을 전선에서 고통받도록 했다. 그 기간 동안 전쟁터에 있었던 베트남 사람들의 고통에 대해서는 더 이상 말할 것도 없다.

냉전시대에는 국가의 결정에 대해 어떠한 반론도 제기하기 어려웠다. 이데올로기라는 수단이 목적이 되어버렸기 때문이었다. 반론을 제기하면 공산주의자로 몰렸다. 국가안보에 관한 한 언론들 역시 어떠한 역할도 하지 못했다. 국가의 결정이나 극단적인 사람들의 주장은 어떠한 검증도 받지 않은 채 그냥 사실이 됐다. 매카시즘, 통킹만 사건, 이라크전쟁 등이 그 대표적인 사례였다.

우리에게도 그런 사건들이 적지 않았다. 최근 무죄 선고가 다시 내려지고 있는 과거사 사건들은 그 대표적인 사례다. 소봉암 사건, 인민혁명당 사건, 그리고 간첩조작 사건들과 아직도 밝혀지지 않은 수많은 사건과 관련된 문서들이 창고 안에 묻혀 있거나 아니면 하나둘씩 사라지고 있다.

• Ray McGovern, "CIA, Iran & the Gulf of Tonkin", January 12, 2008(〈컨소시엄 뉴스〉 홈페이지www.consortiumnews.com/2008/011108a.html 참고).

미국 정부는 이라크전쟁에 대한 실체가 밝혀지는 것이 두려웠음에도, 통킹만 사건의 진실을 밝혀줄 문서들을 공개했다. 미국 시민들은 감정적으로만 반전 운동을 하지는 않았다. 그들은 모든 진실을 밝히고자 했다. 1970년대 반전 운동 당시에는 베트남 관련 문서들이 공개되지 않았다. 그들은 대신 그때 공개됐던 1940년대 주일미군정과 주한미군정의 문서들에 관심을 기울였다. 미국은 아시아로부터 초대받았는가?

시간이 걸리겠지만, 언젠가 모든 사건의 진실은 밝혀진다. 문서를 통해서, 증언을 통해서, 그리고 아주 우연한 기회를 통해서. 그러나 진실이 밝혀지지 않고, 언론의 협조 속에 왜곡된 정보만 유통된다면 그 피해는 무엇으로 보상받을 수 있을까?

베트콩을 격퇴하고도 패닉에 빠지다

구정공세와 반전 운동

음모로 시작된 전쟁은 곧 벽에 부닥쳤다. 통킹만으로 본격화된 전쟁이 채 3년도 되지 않아 미국 사회에서 '신뢰 갭credibility gap'이라는 말이 유행하기 시작했다. 정부의 발표와 실제 사이에 너무나 큰 차이가 있다는 것이다. 그리고 이는 곧 전쟁에 반대하는 사회적 움직임으로 확산됐다.

실화에 바탕을 둔 영화 〈7월 4일생〉의 주인공과 미국 현대사를 풍자적으로 그린 〈포레스트 검프〉의 주인공이 베트남전쟁을 다녀와 맞닥뜨린 현실은 반전 운동의 물결이었다. 제2차 세계대전이 끝나고 환호 속에 귀향했던 그들의 선배들과 달랐고, 한국전쟁이 끝나고 조용히 귀국했던 선배들과도 달랐다.

1969년 어느 날 베트남에서의 근무를 무사히 마치고 필라델피아 공항에 내린 한 병사는 한 손에는 콜라, 다른 한 손에는 맥주를 든 채 한 여성으로부터 질문을 받았다. "죄 없는 사람들을 죽인 기분이 어때요?" 그들의 일부는 좌절했고, 다른 일부는 오히려 반전 운동에 깊숙이 개입했다.

마틴 루서 킹Martin Luther King 목사는 1967년 5월 전쟁에 대한 반대를 선언했다. 그는 존슨 행정부의 '빈곤과의 전쟁' 프로그램으로부터 희망을 찾고자 했지만, 그가 찾은 것은 빈곤으로부터의 해방이 아니었다.

172

미국 흑인 인권 운동의 양대 진영이었던 마틴 루서 킹 목사와 맬컴 엑스.

빈곤한 흑인들이 넘쳐나던 남부 조지아와 할렘가에서는 전혀 찾을 수 없는 자유를 찾겠다고 8,000마일이 넘는 곳에 가서 죽어가는 형제들이 있을 뿐이었다.

반전 운동에는 소집반대 운동을 전개했던 군 소집 당사자들뿐만 아니라 여성들도 적극 나섰다. 그들은 어머니, 누나, 연인, 부인의 이름으로 그들의 아들, 남동생, 연인, 그리고 남편이 전쟁터에 나서는 것을 반대했다. 미국의 여성들은 전쟁과 징집에 반대하는 것을 합법으로, 징집을 통해 젊은 세대를 전쟁에 몰아넣는 정부의 정책을 범죄로 규정했다.

베트남에 가기 싫었던 젊은이들은 대학에 들어갔다. 일정 기간 연기가 가능했다. 징병소에 간 젊은이들은 어떻게든 빠질 수 있는 방법을 찾고자 했다. 몸무게가 54킬로그램 이하가 되면 군대에 가지 않아도 됐기 때문에 살을 빼는 사람도 있었다. '자살을 고민해본 적이 있는가?' 하는 군의관의 질문에 대해서는 흔쾌히 '그렇다'고 말했다. 그래도 안 되면 소집영장을 불태웠다.

참전 군인 중 하나였던 케리는 1971년 4월 상원 청문회에 섰다. 그는 베트남에 다녀온 모든 참전 군인들을 대신하여 동남아시아에서 벌어진 전쟁 범죄에 대해 증언했다. 그는 베트남에서의 경험을 700년 전에 있었던 칭기즈칸의 정벌에 비교했다. 싹쓸이였다. 베트남에서의 상황 중 미국의 안전에 위협이 되는 것을 찾을 수 없었다. 베트남과 라오스, 그리고 캄보디아에서 그들이 한 일은 평화를 지키는 것이 아니라 범죄적 위선이었다.

미국 사회 내에서 처음부터 반전 운동이 광범위하게 전개되지는 않았다. 결정적인 전환은 1968년의 구정공세Tet Offensive였다. 한국과 마찬가지로 음력설을 쇠는 베트남에서 베트콩의 구정공세가 있었던 시점은 한국에서 청와대 습격 사건에 이은 푸에블로호 사건이 발발한 지 일주일 후였다.

베트콩은 주요 도시와 남베트남군, 미군, 한국군 기지에 대해 총공세를 펼쳤다. 안전하다고 믿었던 사이공도, 미국대사관도 공격을 받았다. 전쟁에 지친 것은 미군이나 한국군뿐만 아니라 베트콩 역시 마찬가지였다. 무언가 전세 역전이 필요한 상황이었다. 이렇게 더 가다가는 전쟁에 지친 남베트남 사람들의 인심이 베트콩으로부터 멀어질 수 있었다. 고민 끝에 베트콩은 총공세를 펼쳤다. 밀림과 농촌 지역에서 위세를 떨치던 베트콩들은 대도시를 공격·장악함으로써 전황을 결정적으로 바꾸어보고자 했다.

연휴 동안 휴전을 하자는 합의를 어기고 기습적 공격을 감행했음에도 결과는 베트콩의 대패였다. 일시적으로 대도시의 일부를 장악했고 주사이공 미국대사관도 점령했지만, 그들은 곧 물러나야 했다. 게릴라 전투는 소부대를 중심으로 싸워야 했고, 활동 지역에서 친베트콩 민간인들의 지원을 받아야만 생존할 수 있었다. 베트콩을 지지했던 민간인들의 활동은 비밀 조직을 통해 운영됐다. 게릴라들의 군사 전략도 때로는 계획적이고 조직적이었지만, 상황에 따라 즉흥적으로 대처해야 하는 경우가 더 많았다.

대도시를 공격하기 위한 대규모 공세는 이와 달랐다. 대부대가 조직적으로 움직여야 했다. 또한 외부에서의 공격에 호응하기 위해 민간인들의 비밀 조직이 공개적으로 활동해야 했다. 이러한 공격이 성공하면 문제가 없지만, 만약 실패한다면 상황은 100퍼센트 달라질 수밖에 없었다. 대규모로 재편성된 게릴라들은 도주하거나 은폐하기가 힘들어질 뿐만 아니라 베트콩의 공격에 호응했던 민간인들은 자신들의 조직을 그대로 노출했다.

베트콩은 한국전쟁 당시 빨치산들이 범했던 오류를 그대로 반복했다. 빨치산은 게릴라 부대였다. 소규모로 이동하면서 주변 민간인들의 지원을 받아야 했다. 그러나 북한의 노동당은 빨치산 부대를 남부군이라는 거대한 부대로 개편할 것을 지시했다. 대부대는 대규모 작전을 하기에는 유리했지만, 대부대의 이동은 자신들을 숨기기에는 적절하지 않았다. 다시 소부대로 재편을 위한 지시가 전달됐을 때에는 이미 남부군의 대부분이 괴멸된 상태였다.

베트콩들은 또한 대공세 시기에 대도시에서 베트콩에 호응하는 봉기가 일어나고 남베트남 군대가 총구를 돌릴 것으로 예상했다. 대규모 봉기는 없었다. 군대 내 반란도 일어나지 않았다. 전면전에서는 미국의 화력에 밀린다는 교훈을 얻었을 뿐이다.

1950년 봄 스탈린을 만난 북한의 지도부는 북한에 의해 남침이 시작되면 남한에 있는 20만 이상의 공산주의자들에 의해 대규모 폭동이 일어날 것이라고 장담했다. 그러나 어떠한 폭동도 발생하지 않았다. 1946년의 이른바 대구 사건,* 그리고 1948년의 여순 사건** 등을 통해 비밀 조직들은 이미 대부분 붕괴됐으며, 1949년 이후 광범위하게 진행된 좌익 숙청과 농지개혁으로 인해 남한에서 북한의 남침에 호응하는 어떠한 움직임도 일어나지 않았다.

남베트남의 응우옌반티에우 대통령과 미국의 맥나마라 국방장관은 구정공세의 결과에 매우 만족했다. 베트콩을 반기는 사람들이 많지 않다는 점이 구정공세를 통해 증명됐다는 것이 티에우 대통령의 판단이었다. 미국 국방부는 구정공세로 전체 베트콩 중 최소한 5분의 1이 사망했다고 판단했다. 주베트남 미군 사령관은 만약 20만 명의 전투병들이 더 투입된다면, 미국이 승리할 수 있는 절호의 기회가 다가왔다고 판단했다. 만약 미국에서 더 이상 차출하는 것이 불가능하다면 한국에서 차출해야 한다는 것이 미군 사령관의 요청이었다.

실패임에도 불구하고 베트콩과 북베트남은 '전례 없는 성공'을 이루었다고 자평했다. 마치 북한이 한국전쟁에서 그랬던 것과 같이. 남베트남 부대의 3분의 1, 미군 부대의 5분의 1이 전멸했다고 평가했다. 대도시 장악이라는 원래 목표에 대해서는 전혀 언급하지 않은 채 농촌에서 지배력이 확대됐으며, 남과 북에 있는 모든 사람들에게 자신감을 불어넣

• 1946년 10월, 미군정의 친일 관리 고용과 강압적 미곡수집령에 항의하고자 대구 시민들이 시위를 벌이다가 경찰의 발포에 수백 명이 희생된 사건.
•• 1948년 10월 19일 여수 지역에 주둔하고 있는 국군 14연대가 봉기를 일으켜 정부 진압군이 이를 진압하는 과정에서 양민 2,500여 명이 숨진 사건.

었다는 것이 그들의 결론이었다. 그러나 구정공세 두 달 뒤인 1968년 3월에 나온 공산주의자들의 이 보고서는 현실을 외면할 수는 없었다.

군사적인 면에서 더 많은 적을 전멸시키지 못했고, 정치적으로는 더 조직화된 힘이 부족했으며, 많은 이들을 사상전향시킬 리더십도 부재했다. 우리는 견고함이 부족했으며, 우리의 계획은 너무 단순하고, 우리의 조직은 조잡했다. 전선으로부터의 보고와 전투부대에 대한 중앙의 요구는 계속해서 지연되고 있다.●

구정공세의 결과가 베트콩의 의도와는 반대로 베트콩의 괴멸로 끝났다는 사실을 감안한다면, 미국에서 반전 운동이 구정공세를 계기로 더 확산됐다는 것을 어떻게 이해해야 할까? 주베트남 미군 사령관의 판단이 사실이라면, 전쟁 승리를 목전에 둔 상황에서 미국 사람들은 왜 베트남전쟁의 빠른 종결을 주장했던, 공화당의 닉슨을 대통령으로 선택했을까?

존슨 행정부의 국가안보회의 요원이었던 로버트 코머Robert W. Komer는 구정공세로 게릴라들의 핵심이 파괴됐다고 회고했다. 코머에 따르면 구정공세는 하노이에 의한 '될 대로 되라는 식의 도박'이었고, 마오의 농촌 전략을 포기한 것이었다. 그러나 베트콩들의 구정공세는 워싱턴을 패닉 상태로 만들었다. 미국의 지도부들이 전쟁에 질 수도 있다는 생각을 처음으로 하게 됐다. 코머는 이것을 '구정 쇼크Tet Shock'라고 명

● 북베트남 공산당의 정세보고. 'Lao Dong Party Training Document', March 1968 [Robert J. McMahon edt., *Major Problems in the History of the Vietnam War*(3rd edition), Houghton Mifflin Company, 2003, pp. 324~326 재인용].

명했다.

1967년 말 베트남에 있는 미군 장성들이 '1968년은 성공적인 해가 될 것'이라고 했던 보고가 있었기 때문에 워싱턴의 충격은 더 컸다. 1967년까지 워싱턴으로 가는 보고에는 미군의 빛나는 승리로 가득 차 있었는데, 그렇게 괴멸적 타격을 입은 적들이 어떻게 마흔 개가 넘는 도시와 마을을 동시에 습격할 수 있을까? 여기에 더해 구정공세 직전에 있었던 북한에 의한 푸에블로호의 70여 명에 이르는 미군 선원 억류는 워싱턴 행정부를 더 혼란스럽게 만들었다.

미국 사람들뿐만 아니라 남베트남 사람들도 더더욱 자신들의 정부를 믿을 수 없게 됐다. 농촌에서는 전투가 진행되더라도 대도시는 안전할 것이라는 믿음이 깨졌다. 사이공의 미국대사관마저 안전하지 않았다. 티에우 대통령은 구정공세를 통해 남베트남 사람들의 지지를 확인하는 계기가 됐다고 했지만, 티에우 정부의 버팀목이었던 대도시에 거주하는 특권층과 중산층마저도 더 이상 티에우 정부를 신뢰할 수 없었다. 미국이 베트콩의 공세를 성공적으로 막아낸 시점에서 이런 결과가 나왔다는 점이 역사의 아이러니였다.

1968년 대통령 선거의 민주당 후보이자 케네디 대통령의 동생인 로버트 케네디Robert Kennedy는 암살당하기 직전 구정공세가 가져온 결과에 대해 그 핵심을 찔렀다. "베트콩들은 분명 퇴각할 것이시만 그들은 남베트남의 어느 누구도, 어느 곳도 그들의 공격으로부터 안전하지 못하다고 선언할 것이다. 이제 베트남전쟁의 진실을 마주해야 한다. 우리 군인들이 용감하지 않기 때문이 아니라 전쟁의 본질을 잘못 이해했기 때문이다."

맥나마라의 후임으로 취임한 클리퍼드 국방장관도 흔들렸다. 그는

20만 병사가 더 있으면 승리의 팡파르를 울릴 수 있다는 주베트남 미군 사령관의 말을 신뢰하지 않았다. 적들도 똑같이 병력을 증강시킬 것이기 때문이다. 베트남전쟁에 들어가는 예산을 증가시킨다고 전쟁에서 승리할 수 있을 것인가? 아니다. 단지 국제수지 악화와 물가 상승과 세금 인상, 그리고 임금 동결을 야기할 것이다. 클리퍼드 장관은 자문했다. "지난 4년 동안 베트남에 엄청난 양의 폭격을 했다고 해서 적들의 의지가 반감됐다고 생각합니까?"

구정공세를 TV를 통해 지켜본 국민들의 심정은 어떠했을까? 동네 청년, 옆집 총각, 친척 조카, 그리고 그들의 자식들이 구정공세 시기 죽어가는 모습을 지켜봐야만 했던 시민들은 더 이상 늪 속에 젊은이들을 보내서는 안 된다고 결론을 내렸다. 반전 운동은 더 힘을 받았고, 깊숙한 개입을 결정한 지도자들은 이제 무대에서 물러나야만 했다.

존슨 대통령은 1968년 4월 15일 호찌민에게 협상을 요청했다. 역사적인 날이었다. 북베트남을 대화의 상대로 인정한 것이다. 1964년 통킹만 사건을 만들어낼 때 베트콩과 그들을 돕는 북베트남은 단지 이 세상에서 없어져야 할 대상이었지만, 이제 그들이 대화의 상대가 된 것이다. 북핵 문제를 해결하는 과정에서 북한 정부를 '악의 축'이라고 규정했던 부시 행정부가 2006년 북한이 핵실험에 성공하자, 상대방을 대화의 상대로 인정했던 것과 같이 너무 많은 비용을 치른 뒤에야 협상이 시작된 것이라고 한다면, 역사적 시기와 공간을 너무나 많이 뛰어넘는 비약이 되는 걸까?

협상을 제안하면서도 존슨이 잊지 않았던 것이 있다. 만약 미국의 제안을 받아들이지 않을 경우 엄청난 보복이 있을 것이라는 협박. 그러나 물러선 것은 호찌민이 아니라 존슨이었다. 존슨은 1968년 대통령 선거에 나서지 않겠다고 선언했다. 이제 시민들의 선택은 너무나 당연했다. 다음 대통령은 전쟁을 빨리 끝낼 사람이어야 한다.

언론의 부정적인 보도가 사회적 분위기와 정책 결정에 악영향을 끼쳤다는 주장도 있고, 군사적 실패가 아니라 정치적 패배였다는 주장도 있다. 시민들은 더 이상 참을 수 없었다. 결국 고민 끝에 악수를 두었다. 닉슨을 선택한 것이다.

구정공세는 베트콩의 실패였다. 그러나 역으로 미국에서 반전 운동이 확산되고, 정권이 교체되는 결과를 가져왔다. 위기는 기회이고, 기회는 곧 위기로 다가온다. 1997년 위기는 한국 경제 구조를 건강하게 재조정할 수 있는 기회였지만, 양극화와 비정규직이라는 또 다른 위기를 가져왔다. 구정공세는 반전 운동의 고조라는 위기를 가져왔지만, 동시에 미국이 베트남에서 벗어날 수 있는 기회를 주었다. 인간이 만드는 역사가 그렇다.

미국 내에서 협상에 들어가야 한다는 주장이 대두하면서 다시 한번 한국전쟁의 망령이 되살아나기 시작했다. 최대한 명예롭게 전쟁을 끝낼 수 있을까? 협상을 유리하게 진행하기 위해 적을 어떻게 압박해야 할 것인가? 닉슨은 이 질문에 대답할 수 있는 충분한 자질을 갖춘 지도자였을까? 베트남전쟁의 종결을 공약으로 내건 닉슨이 취임한 지 4년이 지나서야 미군의 전면 철수를 지시한 것은 무엇 때문이었을까?

"바보야, 문제는 경제야"

닉슨 철군 정책의 이면

1968년 11월 미국은 닉슨을 선택했다. 전쟁에 지친 미국인들의 선택이었다. 닉슨은 앨저 히스Alger Hiss 사건으로 유명해진 보수적인 반공 정치인이었다. 앨저 히스 사건은 1948년 전 〈타임〉의 편집인이었던 휘터커 체임버스Whittaker Chambers가 히스 등 전직 국무부 관리들을 소련의 간첩이었다고 고발한 사건이었다. 이 사건은 한국전쟁과 함께 시작된 매카시즘의 직접적 배경이 됐고, 이 사건에서 고발자의 편에 서서 스타가 된 닉슨은 1952년 아이젠하워 대통령의 러닝메이트로 부통령에 당선됐다. 비록 1960년 대통령 선거에서 케네디에게 물을 먹었지만, 1968년 베트남에서 미군을 철수시키겠다는 공약을 내세워 일약 대통령에 당선됐다.

미국의 역사학자 코헨은 한국전쟁이 미국 사회에 미친 가장 큰 부작용은 닉슨이 유력한 정치인으로 활동할 수 있게 된 것이라고 지적할 정도로 그는 강력한 보수적 반공주의자였다. 그러한 반공주의자가 베트남에서의 전쟁을 '명예로운 평화'와 함께 끝내겠다고 약속하고, 공산주의 중국의 문을 열기 위해 베이징을 방문해 마오쩌둥과 손을 잡았다는 것은 역사의 아이러니였다. 아니 어쩌면 그가 강력한 반공주의자였기 때문에 마오쩌둥과 만났을 수도 있었다. 그를 아는 미국 시민사회의 누구도 그를 제5열(간첩)로 의심하지 않았기 때문이다.

전쟁에도 지쳤지만 히피 문화와 반전 운동에도 지친, 사회적으로 보수적인 중산층이던 '침묵의 다수'는 닉슨의 가장 중요한 지지층이었다. 대통령 취임식에서 닉슨은 성경의 이사야서 2장 4절의 말씀으로 선서했다. "그들은 칼을 쳐서 보습을 만들고 창을 쳐서 낫을 만들리라. 한 민족이 다른 민족을 거슬러 칼을 쳐들지도 않고 다시는 전쟁을 배워 익히지도 않으리라."

베트남 문제를 두고 총과 칼이 아닌 경제로 돌아가겠다는 정책은 이미 존슨 행정부 말기에 시작됐다. 존슨 행정부는 1968년 말 북베트남에 대한 폭격을 중지하면서 아무런 조건 없는 평화 협상을 제안했다. 그러나 반공주의자인 닉슨은 존슨 행정부의 정책을 계승하지는 않았다. 마치 2001년 시작된 부시 행정부가 에이비시ABC: Anything But Clinton 정책*을 통해 북한과의 모든 협상을 원점으로 돌려놓은 것처럼.

닉슨 대통령이 전쟁을 끝내겠다고 한 것은 그의 공약이었지만, 그의 철학은 아니었다. 그것은 불가피한 조처였다. 닉슨이 대통령에 당선된 뒤 처음으로 발견한 것은 곳간이 비었다는 것이었다. 닉슨이 대통령에 취임한 1969년 미국의 인플레이션은 4.7퍼센트로 한국전쟁 이후 가장 높았다. 존슨 행정부에서 복지 정책을 확대했기 때문이기도 했지만, 이는 기본적으로 베트남전쟁에 너무나 많은 전비를 사용했고, 그 전비를 충당하기 위해 돈을 너무 많이 찍어냈기 때문이었다. 국방비의 과다한 증가는 미국 정부의 재정적자를 가져왔다. 닉슨으로서는 정부의 지출을 줄임으로써 통화 팽창을 막고 인플레이션을 잡아야만 했는데, 이를

• 클린턴 행정부의 정책은 하나도 계승하지 않겠다는 정책.

위해 불가피하면서도 가장 좋은 방법은 전쟁을 끝내는 것이었다.

재정과 경제에서의 위기는 반공주의자였던 그가 베트남에서 철수를 추진할 수밖에 없었던 가장 근본적인 이유였다. 1953년 백악관에 들어온 아이젠하워가 한국전쟁으로 인한 미국의 국방비 증가, 재정적자, 그리고 인플레이션을 막기 위해 '뉴룩New Look' 정책*을 실시했던 것과 동일한 과정이었다. 아이젠하워 대통령은 정전협정에 반대하는 이승만 대통령을 제거하기 위한 '에버레디 계획Ever-ready Plan'**을 입안하면서까지 정전협정을 체결했다. 그리고 아이젠하워 대통령과 닉슨 대통령은 공히 군사비를 줄이기 위하여 해외에 있는 미군의 재편을 추진했고, 주한미군 감축을 실시했다.

닉슨 행정부의 재정 문제는 1950년대 한국전쟁 직후보다 더 심각했다. 1950년대 초 한국에서보다 1960년대 중반 베트남에서 미국은 더 많은 돈을 썼다. 한국전쟁과 달리 미국은 베트남에서 더 큰 규모의 재정적 지원을 해야만 했다. 유엔군을 모두 포함하여 120만 명(미군 48만 명 포함)이 동원된 한국전쟁과, 미군과 한국군만으로도 300만 명이 동원된 베트남전쟁은 그 규모 면에서 큰 차이가 있었다. 남베트남 군인들의 전투 수당까지 미국이 지급했다.

게다가 존슨 대통령의 안보 담당 고문이었던 월트 로스토는 심리전의 측면에서 남베트남에 전략촌을 만들어 반정부 게릴라들을 고립시켜야 한다고 주장했다. 이를 위해서는 대규모 사회·경제적 지원을 해야만 했고, 동맹국 중 대규모 전투부대를 파병한 한국에 대해서는 군사

• 건전한 재정을 만들기 위해 정부 지출을 감축했던 정책.
•• 1953년 반공포로 석방을 전후해서 미군이 입안한 이승만 대통령을 제거하기 위한 계획.

원조뿐만 아니라 특별 경제 원조를 실시했다.

통킹만 사건 이후 의회로부터 모든 권력을 허용받은 존슨 행정부는 전쟁 수행을 위해 국민의 세금을 마음대로 사용했고, 1970년 의회는 베트남전쟁에 사용된 돈을 조사하기 위해 사이밍턴 위원회를 구성했다. 미국 정부가 적절하게 사용했는가에 대한 조사가 우선적인 것이었지만, 미국 정부의 돈으로 파병을 했던 아시아 동맹국들이 미국으로부터 받은 돈을 적절하게 썼는가에 대한 조사도 포함됐다. 이에 따라 한국, 필리핀, 타이 등 아시아 파병국에 대한 사이밍턴 위원회의 조사가 이루어졌다.

보고서에 의하면 베트남전쟁으로 한국 정부가 얻은 이득은 일본보다는 적었고, 타이완보다는 많은 액수였다. 청문회에서는 한국이 그렇게 많은 이익과 군사적 원조를 받았음에도, 인구수도 남한에 비해서 적고 경제력도 우월하지 못한 북한에 대해서 스스로의 방위를 담당하지 못하는 이유가 무엇인지 질의하기도 했다.

미국 내 경제 위기는 세계적 경제 위기로 상승 작용을 했다. 우선 전쟁 물품을 충당하는 과정에서 심각한 무역적자가 발생했다. 전쟁 비용을 절감하기 위하여 운송비를 줄일 수 있는, 베트남에 가까운 지역에서 가능한 한 값싼 제품을 구매해야 했다. 베트남전쟁 과정에서 존슨 정부가 1950년대처럼 '바이 아메리칸Buy American' 정책*을 고수했다면, 정부의 재정 상태가 안 좋아졌다 하더라도, 미국 내 경제적 상황은 좋아질 수도 있었다.

한국전쟁 시기 미국의 상황이 그랬다. 정부의 재정은 군사비 증가로

---

* 미국 정부의 예산으로 구매하는 물품을 미국산 제품만 구매하도록 하는 정책.

안 좋아졌지만, 대부분의 군수품을 미국에서 조달함으로써 미국 기업들의 상황은 그리 나쁘지 않았다. 일부를 일본에서 조달했지만, 전쟁 패망으로 산업시설이 거의 다 파괴됐던 일본과 이제 막 식민지에서 해방된 주변국으로부터 대규모 군수물자 조달은 불가능했다. 그러나 베트남전쟁에서는 가능하면 가장 싼 군수품을 구매하고자 했으며, '더 많은 깃발에 동참'해서 파병해준 동맹국들이 이 기회에 미국과 베트남에 대한 수출을 늘리고자 했던 요구를 무시할 수 없었다.

일본은 한국전쟁과 1950년대를 통해 아시아 최고의 경제력을 갖춘 국가로 성장했고, 동남아시아의 동맹국들은 1950년대 말 일본으로부터 전쟁 배상금과 기술 원조를 받으면서 경제 성장에 박차를 가하고 있었다. 한국은 승전국으로 인정받지 못했기 때문에 1965년에 가서야 배상금이 아닌 청구권 자금을 받았지만, 1960년대 초 케네디 행정부의 경제개발 원조에 힘입어 공업화를 위한 경제개발 계획을 추진하고 있었다. 미국의 개발도상국 동맹국 중 베트남 주변의 타이와 필리핀이 파병에 동참했고, 한국은 동맹국 중 가장 큰 규모의 전투부대를 파병해준 상태였다. 미국의 가장 중요한 동맹국이던 영국이나 프랑스가 파병을 외면한 상황이었기 때문에 파병 요청을 수용한 이들 아시아 개발도상국의 수출 확대와 군수품 조달 요구를 외면할 수 없었던 것이 존슨 행정부의 사정이었다.

필리핀은 1965년부터 1970년 사이 매년 5퍼센트 넘는 경제 성장률을 기록했고, 타이의 경우 1965년부터 1969년 사이 실질 경제 성장률이 12퍼센트에 달했다. 파병을 하지 않았던 타이완도 1964년부터 1973년 사이 11.1퍼센트의 높은 성장률을 기록했고, 1967년부터 1971년 사이 한국의 성장률은 9.6퍼센트였다. 한국의 경우 1969년부터 부실기업 문제에 부딪혔던 점을 고려한다면, 닉슨 행정부의 긴축 정책이 시작되기 이전인 1967년과 1968년 집중적으로 경제 성장이 이루어졌음을 알 수 있다.

파병한 동맹국들이 성장하고 있는 동안 미국의 경제 상황은 점점 더 안 좋아졌다. 이제 브레턴우즈 체제가 흔들리기 시작했다. 제2차 세계 대전 중인 1944년 브레턴우즈 체제가 시작된 이래로 전 세계는 달러라는 기축통화에 의해 운영됐으며, 달러만이 금과 교환될 수 있는 화폐 자체로서의 가치를 가졌다. 금 1온스는 35달러의 가치를 갖고 있었고, 세계 무역과 환율은 모두 달러의 가치를 기준으로 이루어졌다. 그러나 베트남전쟁 시기 미국의 무역 적자로 인해 금이 계속 유출됐고, 이로 말미암아 달러의 가치가 점점 떨어졌다.

1968년 3월 금의 이중가격제가 시작됐고, 달러의 가치 하락은 미국을 시작으로 전 세계에 인플레이션의 확산을 가져왔다. 달러의 기축통화로서의 역할이 흔들리자 국제통화기금IMF은 부족한 달러와 금 대신 '특별인출권SDR: Special Drawing Rights'을 발행하여 달러나 금 없이도 국제무역을 진행할 수 있도록 하는 방안을 마련했다. 세계 무역량이 커지면서 더 이상 달러가 이를 감당할 수 없게 됐던 측면도 있었지만, 달러 위기를 극복하기 위한 궁여지책이기도 했다.

1969년이 되면서 국제통화기금은 전 세계 회원국들한테 재정안정계획을 적용하도록 했고, 신규 외화 대출을 중지했다. 그러나 어떤 조처도 베트남전쟁으로 인한 미국 경제의 위기를 막을 수 없었다. 1970년 말 온스당 37달러에서 1971년 7월 말에는 42달러로 급증했다. 여기에 더하여 무역수지 적자로 인해 미국의 자산이 145억 달러인 데 반해 해외 채무 잔고가 206억 달러에 이르게 됐다. 미국의 무역수지는 적자로 가고 있는데, 서독과 일본의 국제수지 흑자 폭은 더욱 확대되고, 외환 보유액마저 급증했다.

이에 닉슨 대통령은 1971년 8월 15일 달러의 금태환이 정지됐음을 선언했다. 달러의 기축통화 역할을 포기한 것이다. 아울러 인플레이션 억제를 위해 미국의 대외 원조액 10퍼센트 삭감, 향후 90일 동안 임금 및 물가 동결, 관세 부과의 대상이 되는 모든 수입품에 대해 10퍼센트 의 수입부가세 부과를 선언했다. 또한 소비 진작을 위해 자동차 구입 때 부과되는 10퍼센트의 소비세를 철폐하고 향후 1년 동안 투자 촉진 을 위한 세금 중 특혜 10퍼센트를 산업계에 제공하도록 결정했다. 연 방예산 지출액 47억 달러 삭감과 연방정부의 고용자 5퍼센트 감원 역 시 이 선언에 포함됐다.

이러한 닉슨의 결정은 한국 경제에 결정타가 됐다. 미국은 한국의 가 장 큰 수출대상국이었다. 그런데 닉슨 행정부에 와서 수입부가세가 신 설됐다. 게다가 미국은 한국에 예외조항을 주었던 면직물 수출에 대해 서도 쿼터 시스템을 도입했다. 1970년을 전후한 시기 한·미 간의 가장 중요한 현안이 주한미군 1개 사단 철수 문제였다고 알려져 있지만, 면 직물 쿼터 시스템의 도입 역시 주한미군 문제 못지않은 중요한 현안이 었다. '노동집약적 경공업' 제품 수출에 집중했던 한국으로서는 이제 새로운 분야의 수출 품목을 찾아야만 하는 기로에 서게 된 것이다. 1969년의 부실기업 위기와 1972년의 8·3조치 역시 미국발 경제 위기 와 무관하지 않았으며, 1973년의 중화학공업화 선언도 미국의 무역 정 책 변화와 맞물려 있었다.

이제 미국은 더 이상 세계 경제를 호령하던 미국이 아니었다. 베트남 개입은 무소불위의 미국을 치사한 호랑이로 만들었다. '자유무역'을 세계질서의 가장 중요한 원칙으로 주장하던 미국은 수입관세를 만들어야 했고, '개발의 10년'이라고 하면서 개발도상국의 경제 성장을 호언장담했던 미국은 이제 사라졌다. 개발도상국이 발전해야만 선진국이 '지속가능한 성장'을 할 수 있었다고 외쳤던 미국한테 이제 체면이 문제가 아니었다. '시장'이 모든 경제 활동의 중심이 됐다. 케인스는 뒷방으로 밀려나게 됐고, 신자유주의 시대가 시작됐다.

'칼을 쳐서 보습을 만들고, 창을 쳐서 낫을 만들리라'는 선언을 하고 대통령에 취임한 닉슨은 평화를 위해서 무기를 생산 도구로 바꾸고자 한 것이 아니었다. 그것은 이길 수 없는 전쟁에 너무나 깊이 빠져버렸던 미국이 치를 수밖에 없는 비용이었다. 닉슨 대통령과 키신저Henry Kissinger 국무장관이 내세운 데탕트(긴장 완화)와 '레알 폴리틱(현실주의 정치)'은 전 세계가 냉전으로부터 정상화될 수 있다는 희망을 보여주는 것이었지만, 그 이면에는 경제 위기로 인한 불가피함이 자리 잡고 있었다. '베트남화Vietnamization'가 베트남에서의 '명예로운 철수'를 위한 방안이었다면, 데탕트와 '레알 폴리틱'은 경제 위기로부터 '명예로운 탈출'을 위한 간판이었다.

베트남에서 미국의 후퇴를 이해하기 위해서는 1992년 빌 클린턴 대통령이 아버지 부시 대통령을 이길 때 했던 말을 되새겨야만 한다. "바보야, 문제는 경제야It's the economy, stupid."

그렇다고 해서 곧바로 보습과 낫을 만들 닉슨이 아니었다. 일단 칼과 창을 휘둘러서 보습과 낫을 만들 수 있는 여지를 만들어놓고자 했다. 막상 전쟁을 끝내겠다고 선언한 닉슨 행정부 시기에 와서 반전 시위가 더 거세게 일어난 것도 다 그만한 이유가 있었다. 그리고 시위는 닉슨 행정부 제2기에 정점을 찍는다.

평화를 위한 폭격?

한국전쟁의 빗나간 교훈

닉슨은 미국이 베트남에서 이길 수 없다는 것을 잘 알고 있었다.[*] 그가 대통령에 취임한 1969년 초 일주일에 300명의 미군이 베트남 전선에서 희생되고 있었다. 1954년 위기에 빠진 프랑스를 돕자고 주장했고, 존슨 대통령의 점진적 전쟁 확대 전략에 대해서 비판했던 닉슨이었지만, 이러한 상황에서 경제적으로뿐만 아니라 정치적으로도 전쟁을 끝내야만 할 이유가 있었다. 1970년에는 상·하원의 총선거가 있었고, 1971년에는 제2기를 위한 대통령 선거가 기다리고 있었다. 그는 빠르게 자신의 성과를 보여야 했다. 그러나 레어드Melvin Laird 국방부 장관에 따르면 대통령에 취임할 당시 "그에게는 어떠한 계획도 없었다."

닉슨이 처음으로 내놓은 성과는 괌에서 발표한 '닉슨 독트린'이었다. 미국이 완전히 발을 빼는 것은 아니지만, 아시아인의 문제는 아시아인들이 책임져야 한다는 것이 그 핵심이었다. 그는 마치 '하늘은 스스로 돕는 자를 돕는다Heaven helps those who help themselves'라고 외치는 것 같았다. 공산주의로부터 스스로를 지키고자 하는 의지가 없는 사람들은 더 이상 도와주지 않겠다는 것이었다.

• 닉슨 행정부의 베트남 기본 정책 자료(키신저의 비밀보고서), 〈국가안보 연구 비망록 제1호〉, 1969년 1월 21일.

너무나 당연한 말이다. 이미 미국은 케네디 행정부에서부터 대외 원조 정책의 기조를 바꾸었다. 무조건 주는 것이 아니라 스스로의 사회를 개조하고 발전시킬 의지를 갖고 있는 국가에만 원조를 주겠다는 것이었다. 남베트남도 예외가 아니었다. 그러나 결과는 어땠는가? 케네디 행정부 시기부터 시작했던 '전략촌' 캠페인을 강화했다. 농촌을 발전시킴으로써 남베트남 사람들에게 자신감을 불어넣어 주겠다는 명분으로 시작되어, 시간이 지나면서 베트콩이 활동을 벌일 수 있는 지역에 거주하는 주민들을 미군과 남베트남군이 통제할 수 있는 지역으로 이주시키는 작전으로 바뀌었다. 이주를 강제하기 위해 원거주지에는 고엽제를 뿌렸다.

만약 이 정책이 성공했다면, 애초에 남베트남에 미국이 개입할 필요가 없었을 것이다. 1967년 선거로 집권한 응우옌반티에우 대통령은 겉으로는 안정된 권력을 유지하는 것처럼 보였다. 1969년 5월 27일부터 한국을 방문했고, 전임 응오딘지엠처럼 서울대학교에서 명예박사 학위를 받았다. 그리고 1971년에 대통령에 재선됐다. 그러나 그는 군부 및 화교 자본과 얽혀 있는 부정부패 위에서 표면적으로 안정을 구가하고 있었다. 상황은 지엠 시절보다 나아진 것이 없었고, 베트콩에 대한 대중적 지지는 줄어들지 않았다.

이러한 상황에서 닉슨의 정책은 '명예로운 철수peace with honor'로 불렸다. 키신저의 회고에 의하면 드골이 알제리에서 프랑스를 구했듯이 닉슨은 베트남에서 미국을 구해야 했지만, 그것이 패배로 비쳐서는 '절대로' 안 됐다. 왜 명예로운 철수였어야 했는가? 베트남에서의 철수 과정은 이후 미국의 위신을 좌우할 수 있었다. 또한 자신에게 표를 준 유가족들의 비통함을 무시할 수 없었다. 그들은 아들의 희생이 헛되이 되

닉슨은 폭격을 통한 압력이 평화 협상에 유리하게 작동할 것이라고 오판했다. 미국이 폭격을 통해서 얻어낸 것은 거의 없었다. 사진은 베트남전쟁 당시 융단폭격에 나섰던 B-52 폭격기다.

는 것을 원치 않았다. 이를 위해 닉슨 행정부가 표면적으로 취한 조치는 '베트남화'였다. 1947년 주한미군 철수를 준비하면서 내놓았던 '한국화Koreanization'와 같은 용어로 미군이 하고 있었던 역할을 베트남 사람들이 직접 담당하게 한다는 것이었다.

'베트남화' 정책은 실현 가능한 정책이었는가? 그것이 가능했다면 미국이 왜 개입을 했겠는가? 결국 닉슨은 화전 양면의 정책을 선택했다. 한편으로는 평화 협상을 제안하면서, 다른 한편으로는 더 강한 공격을 통해 상대방이 재기할 수 없도록 한다는 것이었다. 강력한 반공주의자다운 결정이었다. 아울러 상대방에 대한 강력한 공격은 평화 협상 과정에서 더 유리한 입장에 설 수 있도록 하는 상황을 만들어낼 수도 있다고 믿었다.

닉슨 대통령은 괌에서 독트린을 발표하기 이전인 1969년 3월 비밀리에 북베트남과 캄보디아에 대한 폭격을 승인했다. 존슨 대통령이 백악관을 떠나기 직전 평화 협상을 위해 단행했던 폭격 중지 조처가 취소되고 폭격이 재개됐다. 1969년 7월 베트남을 방문한 직후에는 '호찌민 루트'를 봉쇄하기 위해 라오스로 공격을 지시했다. 라오스는 케네디 행정부 시기인 1961년 제네바 협상을 통해 평화를 유지하기로 미국도 합의한 곳이었지만 명예로운 철수를 추진하는 닉슨에게 케네디의 합의는 더 이상 중요하지 않았다. 1970년과 1971년에는 미군 대신 남베트남군을 앞세워 캄보디아와 라오스에 대한 대대적인 지상작전을 전개했다. 전쟁을 끝내기 위해 확전을 지시한 것이다.

1971년 라오스에 대한 공격은 미국에게는 하나의 재앙이었다. '람선 Lam Son 719 계획'으로 명명된 공격 작전은 남베트남군에 의한 공격 구상이었다. 북베트남은 이러한 공격을 예상하고 있었다. 남베트남의 티에우 대통령은 미국의 권고보다도 훨씬 적은 1만 7,000명을 동원할 능력밖에 없었다. 남베트남군의 절반인 8,000여 명이 사망했다. 100여 대의 헬리콥터가 추락했고, 600대가 손상됐으며, 55명의 미군이 작전 중 사망했다.

닉슨은 의회에 라오스에서의 공격이 성공적이라고 말했다. 그러나 미국의 시민들은 저녁 뉴스를 통해서 라오스로부터 나오기 위해 헬리콥터에 매달려 있는 남베트남군을 목격했다. 북베트남이 더 큰 손실을 입었다는 정부의 주장은 더 이상 중요하지 않았다. 베트남에서 에이브럼스 사령관의 새로운 리더십이 많은 성과를 내고 있다는 주장은 사회적 공감대를 얻지 못했다. 물량공세를 퍼붓고도 아무런 성과 없이 그 지역에서 철수해야 하는 상황이 더 중요했다. 닉슨은 스피로 애그뉴

Spiro Agnew 부통령에게 '왜곡'된 내용을 보내는 텔레비전을 폭파하라고 말하기도 했다.

라오스와 캄보디아로의 진격은 남베트남 정부에도 큰 해를 입혔다. 성과도 없이 라오스와 캄보디아 전투에서 돌아온 남베트남 장병 및 상이군인들의 행패로 인해 남베트남의 군 기강이 무너지고 있었다. 또한 이 시기에 있었던 남베트남에서의 대통령 선거 결과로 인해 남베트남 국민들뿐만 아니라 군부의 불만이 계속 고조되고 있었다.•

닉슨 행정부의 이러한 전략은 잘못된 가정으로부터 나온 것이었다. 우선 닉슨 행정부는 북베트남뿐만 아니라 주변국 캄보디아와 라오스에 대한 폭격 및 군사적 공격을 통해 미군이 철수한 이후 베트콩이 재기하지 못하도록 하려고 했다. 이미 5년이 넘도록 미국의 공세를 버텨온 베트콩이 북베트남의 지원 없이는 생존하기 어렵다고 판단한 것이다. 15년간 베트남에서 승리하지 못한 전쟁을 수행했음에도 베트남의 민심을 전혀 읽지 못했다. 베트콩에게 북베트남의 지원은 절대적인 것이었지만, 이들의 근본적 기반은 북베트남이 아니라 남베트남 사람들이었다.

미국은 또한 이 전쟁의 본질을 한국전쟁과 같은 남북 간의 전쟁으로 파악하고 있었다. 베트남전쟁의 본질은 남베트남 정부에 반대하는 남베트남 사람들의 저항이었다. 이들이 없었다면 호찌민의 지원은 아무런 효과도 보지 못했을 것이다. 베트남전쟁 과정뿐만 아니라 통일 이후에도 남베트남의 베트콩과 북베트남 공산당 사이에 의견 차이와 갈등이 있었던 것은 이 때문이었다.

• 대통령기록관 자료, 〈해병대 사령관 베트남 시찰 결과보고(EA0004491)〉, 1971년 9월 10일.

닉슨 행정부의 폭격 확대 정책은 다른 한편으로 한국전쟁의 정전협상에 대한 잘못된 교훈으로부터 시작된 것이기도 했다. 옥스퍼드대학교의 로즈메리 풋 교수에 의하면 미국 정부는 한국전쟁 시기의 상황을 복기하면서 정전협정 과정이 매우 성공적이었다고 평가했다. 2년이 넘는 기간 동안 정전협정이 진행됐고, 이 기간에 미국은 한반도의 북부에 끊임없이 폭격을 가했다. 38선 부근에 형성된 전선에서는 고지전이 계속됐다. 또한 정전협정이 진행되는 판문점 근처에도 폭격이 이루어졌기 때문에 협상은 계속 지연됐다.

미국의 목표는 북한이 더 이상 재기할 수 없도록 한다는 것, 그리고 군사적 압박을 통해 상대방으로부터 양보를 얻어낸다는 것이었다. 미국의 군부는 이러한 전략이 매우 성공적이었다고 평가했고, 그러한 평가는 베트남전쟁의 평화회담 과정에서 중요한 교훈으로 작동했다. 풋 교수에 의하면 미국은 한국에서도, 그리고 베트남에서도 폭격을 통해서 얻어낸 것이 거의 없었다. 남은 것은 강력한 반전 운동이었다.

폭격을 통한 압력이 평화 협상에서 유리하게 작동할 것이라는 오판은 닉슨 행정부 초기부터 파리평화협정이 끝나는 1973년 초까지 4년 동안 지루하게 계속됐다. 닉슨의 베트남뿐만 아니라 캄보디아와 라오스에 대한 공세 강화는 비밀리에 수행됐고, 군사 활동은 의회에도 제대로 보고되지 않았다.

백악관에서는 비밀이 누설되는 것을 막기 위해 '비밀 누설을 막는 사람들의 모임White House Plumbers'이 조직됐지만, 세상에 비밀은 없었다. 닉슨의 두 얼굴이 폭로되기 시작했다. 비밀리에 진행됐던 폭격이 1969년 5월 9일 〈뉴욕 타임스〉 기자에 의해 폭로됐다. '종전'이 아니라 '확전'이 알려지면서 미국 역사상 최대 규모의 학생시위가 벌어졌다.

1969년 5월 중순까지 사립대학의 89퍼센트, 공립대학의 76퍼센트에서 반전 시위가 있었으며, 448개 대학에서 수업거부가 있었다. 오하이오주의 켄트주립대학교에서는 경찰 발포로 인해 학생 5명이 사망했다. 닉슨은 그들을 '부랑자bum'로 치부했다. 닉슨은 딸 줄리의 스미스대학 졸업식, 사위 데이비드의 애머스트대학 졸업식에 참석하지 못했다.

1970년 5월 18일 닉슨은 캄보디아로의 확전이 전쟁의 빠른 종결을 위한 것이라고 했지만, 시민들은 이를 수긍하지 않았다. 200개가 넘는 도시에서 200만이 넘는 사람들이 참여한 반전 시위가 일어났다. 1969년 10월 15일 미국 전체에서 동시 파업이 감행됐다. 그럼에도 불구하고 닉슨은 자신이 미국 역사에서 첫 번째로 패배한 대통령이 될 수 없었다. 그리고 총파업 이튿날 미국 시민의 68퍼센트가 닉슨을 지지한다는 믿기 어려운 여론조사를 내놓았다.

미국 국방부는 베트남전쟁이 성공적이라고 선전하기 위해 매년 1억 9,000만 달러를 사용하고 있다는 사실도 1971년 봄 CBS의 다큐멘터리 〈셀링 오브 더 펜타곤The Selling of the Pentagon〉을 통해 폭로됐다. 밀라이 학살 문제에 대한 재판이 같은 시기에 진행되고 있었으며, 재판 내용은 신문의 1면을 장식하고 있었다. 그리고 하원은 열일곱 번에 걸쳐 닉슨의 동남아시아 정책을 제한하는 결의안에 대한 투표를 실시했다.

같은 시기 닉슨은 북한에 대한 핵 공격을 구상하기도 했다. 그가 취임한 직후 미국의 정보기 EC 121이 동해상에서 격추되자 입안된 작전명 '자유로운 투하Freedom Drop'가 그것이었다. 평양의 방공망을 무력화시키는 '새로운 폭풍Fresh Storm' 작전도 입안됐다. 만에 하나 북한이 반발할 경우 미국이 한반도에 또다시 묶일 수 있다는 가능성 때문에 이들

작전은 실행되지 않았지만, 닉슨 행정부의 정책은 한반도를 또 다른 전쟁터로 만들 수도 있었다.

티에우 대통령의 반대에도 불구하고 베트콩을 협상 대상자로 인정하면서 평화 협상은 조금씩 진전을 보였다. 마치 1963년 민정이양을 둘러싼 한·미 간의 갈등이 노정됐을 때 케네디가 박정희에게 했던 것처럼, 경제·군사 원조를 빌미로 티에우 대통령에게 협박을 가했다. 그리고 동시에 하노이 정부에 압박을 가하기 위해 크리스마스 폭격을 시행했다.

결국 1973년 1월이 되어서야 평화협정이 체결됐다. 재선 이후 6개월 안에 미군을 전면 철수하려고 했던 닉슨의 계획은 그대로 실행됐다. 4년 동안 미군 1만 8,000명, 최소한 10만 7,000명의 남베트남군, 그리고 50만여 명의 북베트남 군인이 죽었다. 수많은 젊은이들이 1951년부터 1953년 사이 한반도의 고지에서 죽어갔던 것처럼. 캄보디아에서만 4년간 54만여 톤의 폭격으로 80만 명이 희생됐다. 평화 협상이 전쟁을 멈추기 위한 것이었다면, 협상이 시작되는 순간 전투 행위는 멈추었어야 했다. 최소한 100여 만 명의 생명은 살릴 수 있는 기회가 날아가버렸다.

미국은 평화 협상 당시의 공세전략을 통해 스스로 도미노 이론을 증명하기도 했다. 미군과 남베트남군의 공세에 의해 호찌민 루트를 이용했던 북베트남군은 캄보디아 주민의 대부분이 거주하고 있는 내륙 지역으로 밀려났고, 이들의 영향력 아래서 미국에 반대하는 세력이 캄보디아에서 정권을 잡을 수 있는 기회가 발생한 것이다. 캄보디아 사람들 대부분은 도시가 아닌 내륙 지역에 거주하고 있었기 때문이다. 1975년 베트남전쟁이 끝나면서 북베트남군의 지원으로 정권을 잡은 크메르루주 치하에서 1979년까지 4년 동안 무려 100여 만 명의 캄보디아인들이 학살당하거나 굶어 죽었다. 부르주아지라는 이유만으로. 1985년 만들어진 영화 〈킬링필드〉는 그 처참함을 고발했지만, 막상 크메르루주가 정권을 잡는 배경에 미국의 폭격이 자리 잡고 있었다는 역사적 배경은 전혀 언급하지 않았다.

결국 1973년 평화협정이 맺어지고, 모든 외국 군대는 베트남에서 철수했다. 그러나 전쟁의 상흔은 결코 지워지지 않았다. 닉슨의 욕심과 국방부의 잘못된 교훈으로 인해 너무나 많은 비용을 치러야 했다. 파리평화회담을 이끌었고, 중국의 문을 연 키신저는 노벨평화상을 받았다. 그러나 그 평화상은 너무나 많은 사람들이 흘린 피의 대가였다.

역사는 현재와 미래를 위해 중요한 교훈을 준다. 그러나 항상 그 교훈이 올바른 것은 아니다. 역사가 잘못됐기 때문이 아니다. 역사를 잘못 해석하고 그로부터 잘못된 교훈을 얻기 때문이다. 과거의 '영화'를 그리워하는 일본의 극우 세력들의 배후에는 1945년 이전에 군국주의자들이 저지른 만행에 대한 그릇된 해석이 자리 잡고 있다. 한국전쟁의 정전협정 과정이 베트남전쟁에 관해 미국에게 잘못된 교훈을 주었다면 키신저의 노벨평화상은 현재와 미래에 어떤 교훈을 줄 것인가? 과정이야 어쨌든 간에 중요한 것은 결과라고?

새로운 시대의 디딤돌

미국의 반전 운동

구정공세는 베트콩과 북베트남의 결정적 실수였다. 이를 통해 미군은 승기를 잡을 수 있었지만 오히려 이 시점에 존슨은 평화회담을 제안했다. 이는 반전 운동의 확산 때문이었다. 그렇다면 베트콩에 의한 학살이나 납치에는 눈감은 채 미군의 전쟁범죄만 주목한 반전 운동은 미군의 패배에 큰 책임이 있었던 것인가?

1968년부터 확산된 반전 운동은 닉슨 행정부에 들어오면서 절정에 달했다. 구정공세도 중요한 계기였고, 캄보디아와 라오스의 전선 확대도 중요한 요인이었다. 워싱턴DC에서는 1969년 10월 15일 '베트남전쟁 반대의 날'이 열렸다. 시민 수만 명이 모인 가운데 '포레스트 검프'는 그의 여자친구와 감격적인 만남을 가졌다.

민주당은 전임 존슨 대통령이 베트남 개입에 책임이 있음에도 불구하고, 반전 운동과 빠르게 결합했다. 시민들이 닉슨의 말과 정책을 신뢰하지 않았고, 반전 운동을 하는 학생들이 경찰의 진압 과정에서 사망하는 사건도 발생했다. 그런데도 1972년의 대통령 선거에서 미국 시민들은 왜 닉슨을 다시 선택한 것일까?

대부분의 미국 역사가들은 반전 운동이 미국의 베트남 정책과 미국 정치에 미친 영향이 크지 않다고 평가한다. 반전 운동이 1965년부터

1968년 파리에서의 반전 시위 모습. 미국의 베트남 반전 운동은 세계로 확산되었고, 이 반전 운동은 20세기 후반 새로운 진보를 위한 디딤돌이 됐다.

1973년 미군이 베트남에서 완전히 철수할 때까지 오랫동안 계속됐고, 많은 시민들이 반전 운동에 참여했지만, 실제로 전쟁이 끝나는 데 있어서 결정적인 역할을 하지는 못했다는 것이다. 이들은 베트남에 있었던 전쟁을 국내로 가지고 왔지만, 실제 대중들의 참여도는 크지 않았다. 그렇기 때문에 닉슨 행정부는 반전 운동의 주장에 크게 귀를 기울이지 않았다.

베트남 참전에 대한 반대는 미국 사회의 공감대를 형성했지만, 반전 운동에 적극적으로 참여한 사람들보다 그렇지 않은 사람들이 더 많았다. 대부분의 미국인들은 베트남에 대한 미국의 개입에는 반대했지만, 그렇다고 해서 그들의 반대 의사를 공개적으로 표출하지 않았다. 중산층 출신으로 고등교육을 받았던 이들은 조직적인 반전 운동에 참여했다. 그러나 더 많은 수의 미국인들은 반전 운동에 적극적으로 참여하지 않았다.

반전 운동에 참여하지 않은 사람들은 경제적으로 하층에 속했고, 여자와 흑인들이 많았으며, 낮은 수준의 직장을 갖고 있었다. 하층의 가족들로부터 더 많은 베트남 파병 희생자들이 나왔는데도, 이들은 닉슨을 지지했다.* 그러는 동안 민주당은 코끼리만 생각하고 있었다.** 반전 운동은 막상 그 피해자들인 하층을 동원해내지 못했다.

어떤 이는 당시 반전 운동이 너무나 다양하게 구성되어 있었고, 이들이 정치적으로 서로 통합되지 못했기 때문에 성공하지 못했다고 주장한다. 또 다른 이들은 반전 운동이 때로 급진주의자들이나 폭력주의자들에게 휘둘림을 당함으로써 대중으로부터 외면받을 수밖에 없었다고 말한다. 징병과 관련된 기관에 대한 공격, 징병 카드 화형식, 그리고 휘날리는 베트콩의 깃발은 반전 운동으로부터 대중들을 멀어지게 했다. 하버드대학교 앞의 한 서점에는 지금도 베트콩의 깃발과 마오쩌둥의 사진이 걸려 있다.

반전 운동의 중심에는 대학생들이 있었고 그들은 징집의 대상이었다. 이들은 처음에는 대학을 중심으로 반전 운동을 벌여나갔다. 학생들을 동원하기 좋았기 때문이었다. 이들은 평화로운 행진을 벌였지만, 때로는 학군단ROTC 건물을 공격하기도 했다. 그러나 대학생들의 반전 운동도 더 이상 발전하지 못했다. 전체 2,500개의 대학 중 10퍼센트에

• C. DeBenedetti and C. Chatfield, *An American Ordeal: The Antiwar Movement of the Vietnam Era*, Syracuse University Press, 1990, pp. 401~405.

•• 조지 레이코프 저, 유나영 역, 《코끼리는 생각하지 마: 미국 진보 세력은 왜 선거에서 패배하는가》, 삼인, 2006. 코끼리는 공화당을 상징하는 동물이다.

서만 반전 운동이 있었다.

반전 운동은 그 자체로서 크게 두 그룹으로 나뉘어 있었다. 하나의 그룹은 자유주의자들로서 베트남전쟁 그 자체에 대한 비판에만 집중했다. 미국의 개입은 실수였다는 것이다. 다른 그룹은 구좌파, 또는 신좌파로서 미국의 엘리트주의와 자본주의의 근본적인 속성을 비판하고자 했다. 이들은 부와 권위의 재분배를 통해 미국 사회를 혁명적으로 변혁시키고자 했다. 아마도 미국 반전 운동의 좌파들이 독일과 일본처럼 '적군파'로 진화됐다면, 이들은 시민사회로부터 완전히 격리됐을 것이다.

어쩌면 더 근본적인 문제는 그 자체로서의 폭력성이 문제가 아니라 그 폭력성만을 부각시킨 닉슨 행정부의 성공적인 정책 때문일 수도 있었다. 닉슨 행정부는 반전 운동 세력을 끊임없이 테러리스트와 공산주의자들로 몰아갔다. "반전 운동은 호찌민과 베트콩들에게 힘을 주거나 그들에게 이용당하고 있다."

어떠한 조사나 재판에서도 반전 운동 참여자들이 하노이에 의해 조종됐다는 증거는 없었고, 보편적 관점에서 전쟁의 부도덕성이 그 핵심 사안이었지만, 정부는 이를 정치적 이슈로 몰고 갔다. 곧 '정치화'된 것이다. 반전평화를 위해 노래를 불렀던 존 레넌은 끊임없이 사찰과 추방의 위협에 시달려야 했고, 징병을 거부한 무하마드 알리는 링으로부터 쫓겨났다.

도덕성을 강조한 반전 운동이 보여준 반도덕적 프레임은 미국 시민사회에 있어서 베트남전쟁의 반도덕적 프레임보다도 더 강한 인상을 주었다. 1967년 이전 폭력은 인종주의자로 이루어진 지방 우익들의 전유물이었지만, 이제 반전 운동이 폭력의 상징이 됐다. 시위의 폭력성만 문제가 된 것이 아니라 히피로 대표되는 문화적 폭력성도 나타났다.

반전 운동에 대한 반동은 거셌다. 반전 운동을 반대한 쪽의 주장은 반전 운동이 인도차이나에서 미국의 군사 작전을 제한하는 역할을 했다는 것이다. 그로 인해 전쟁을 멈추기는커녕 오히려 전쟁을 더 길게 끌도록 했다. 미국이 베트남에서 소기의 목적을 달성하지 못한 것은 반전 운동 때문만은 아니었지만, 의회를 장악한 민주당을 움직였고, 닉슨 정부의 군사작전은 의회를 통해서 지속적으로 제한됐다. 또한 반전 운동은 남베트남의 사기를 떨어뜨렸으며, 하노이는 반전 운동으로부터 많은 힘을 얻을 수 있었다. 이러한 주장을 한 가핑클Adam Garfinkle*은 마지막으로 질문을 던졌다. "만약 베트남화 작업이 2~3년이 아닌 10~12년 정도 계속됐다면 어떤 결과를 가져왔을까?"

물론 반전 운동이 정치적으로 아무런 역할도 하지 못했다고 말할 수는 없다. 미국의 역사학자나 정치학자의 입장에서 보면 별다른 영향이 없었다고 주장할 수도 있다. 왜냐하면 당장 1972년의 선거에서 닉슨을 또 선출했기 때문이다. 그러나 1976년 인권외교를 주장했던 카터의 대통령 당선은 반전 운동이 미국 사회의 사회적 공감대에 미친 영향을 잘 보여주는 예라고 할 수 있다. 베트남으로부터 상처받은 미국의 도덕성을 되살리고자 한 것이다. 또한 반전 운동이 미국 역사에서뿐만 아니라 세계 역사에서 하나의 혁명을 가져왔다고 할 수 있을 만큼 큰 전환점이 됐던 것은 부인할 수 없는 사실이다. 반전 운동이 가져온 혁명은 그 운동 자체가 '베트남전 개입 반대'에서 시작된 것이 아니라 이미 1950년

* Adam Garfinkle, "Telltale Hearts: The Origins and Impact of the Vietnam Antiwar Movement", *The American Historical Review*, Vol. 102, No. 2, 1997, pp. 580~581.

대 후반부터 시작된 미국 내의 다양한 사회 운동과 결합하면서 상승 작용을 했기 때문이었다.

반전 운동이 본격화되는 시점은 매카시즘과 같이 냉전에 편승한 정부의 독주에 미국 사회가 염증을 느끼고 있던 시기와 일치했다. 1960년 U-2기가 소련에 의해 격추되는 사건이 발생했을 때 미국인들은 소련 정부가 아니라 미국 정부가 거짓말을 하는 장면을 목격했다. 미국 정부는 U-2기가 소련 영공을 넘어가지 않았다고 주장했지만, 그것은 곧 거짓말로 드러났다. 1961년 영국에서 있었던 프러퓨모Profumo 장관의 섹스 스캔들 역시 또 다른 사례였다. 한국이었다면 지금까지도 그 진실이 밝혀지지 않았겠지만, 당시 장관이었던 프러퓨모는 자신은 스캔들과 아무런 관련이 없다고 했다가 곧 거짓이 폭로됐고, 여기에 더해 그 상대가 소련의 스파이일 가능성이 있다는 사실도 밝혀졌다. 영국을 비롯한 유럽에서도 냉전을 빙자한 정부의 독단과 기존 질서의 방종에 염증을 느끼기 시작했다. 이제 반기성권력anti establishment 운동, 반문화 counter-culture가 나타나기 시작한 것이다.

미국에서의 또 다른 문제는 인종, 성, 여성 인권, 마약 등 금기사항에 대한 반항이었다. 영화 〈미시시피 버닝Mississippi Burning〉(1988)에서처럼 1960년대 후반까지 흑인들은 인간이 아니었다. 흑인들이 미국 인구 중 차지하는 비중은 4분의 1도 되지 않았지만, 이들은 한국전쟁에 참전했고, 베트남전쟁에도 동원됐다. 이들은 차별을 받으면서도 냉전 이데올로기를 위한 희생을 강요받았다. 이런 와중에 흑인들이 문화·사회 활동을 통해 그들의 이름을 알리기 시작했다. 루이 암스트롱Louis Amstrong은 1920년대부터 인정받기 시작해 1949년 2월에는 재즈음악가로는 처음으로 〈타임〉의 표지에 실렸다. 그의 노래 '헬로, 돌리!Hello, Dolly!'

는 1964년 팝차트에서 비틀스를 1위에서 끌어내리기도 했다. 비록 암스트롱은 '엉클 톰'으로 불리면서 흑인 민권 운동에 적극 참여하지 않았지만.

마틴 루서 킹 목사는 1963년 흑인 민권 운동의 시작을 알리는 버밍햄 캠페인을 시작했고, 1964년 버클리대학교에서는 '프리 스피치' 운동이 시작됐다. 동성애와 여성 인권의 문제가 사회적으로 대두되기 시작했고, 전통적 형태의 결혼으로부터 벗어나는 오락으로써의 섹스 문화에 대한 관심도 나타나기 시작했다. 미국의 반기성권력 운동은 '코끼리'의 프레임으로부터 벗어나려고 했던 것이다.

반전 운동은 1965년 이후 흑인 민권 운동과 결합하면서 큰 힘을 받기 시작했다. 1967년 4월 4일 뉴욕에서 마틴 루서 킹은 베트남에 대한 미국의 개입에 반대하는 연설을 했다. 그는 "호 아저씨(호찌민)의 정부는 중국에 의해 만들어진 정부가 아니라 베트남 바로 그곳에 사는 공산주의자들을 포함한 원주민들에 의해 구성된 정부이며, 농부들에게 이 새로운 정부는 그들에게 절실하게 필요한 토지 개혁을 한 정부다"라는 내용의 연설을 했다. 그리고 베트남에서의 구정공세와 함께 흑인 민권 운동과의 결합을 통해 반전 운동은 절정에 달했다.

반전 운동은 반문화로서의 히피와도 결합했다. 1967년은 히피가 시작된 역사적인 해였다. 샌프란시스코의 골든게이트 공원에서 '휴먼비인Human Be-In'이라는 축제가 열렸고, 기존 문화와 가치관에 반대하는 히피들이 나타났다. 마약을 금지하는 캘리포니아 법안에 반대하면서 시작된 휴먼비인에서, 히피들의 국가國歌로 지칭되는 스콧 매켄지의 '샌프란시스코, 너의 머리에 꽃을 꽂아라'가 울려퍼졌다. 히피는 '꽃의 아이들flower children'로 지칭됐다. 이 과정에서 히피와 사회주의자들의 사이에 위치하는 이피Yippies라는 새로운 그룹이 등장하기도 했다.

호그 팜Hog Farm 운동도 히피 문화의 산실이었다. 이들은 히피들의 공동체를 만들었다. 이들은 1969년 우드스톡 축제를 만들었다. 3일간 열린 우드스톡 축제는 30만 명이 넘는 젊은이들이 몰려들어 지미 헨드릭스와 산타나, 조 코커라는 당대의 대중음악가들을 탄생시켰다. 이곳은 히피들의 해방구였다. 이웃 국가인 멕시코에서도 1971년 멕시코판 우드스톡이 열렸고, 누드와 마약이 판을 쳤다. 멕시코의 독재자 루이스 에체베리아의 시대에 있었던 이러한 움직임은 당시 학생들의 저항 운동과 연결되어 있었다.

영화도 마찬가지였다. 1934년에 시작된 미국의 영화검열제도인 헤이스 규약Hays Code에 반대하는 영화감독들이 나타나기 시작했다. 검열기관인 PCAProduction Code Administration에 의해서 매력적인 만화 주인공 베티 붑Betty Boop은 그녀의 옷을 구식의 가정주부 스커트로 바꾸어야 했고, 영화 〈카사블랑카Casablanca〉(1942)에서 주인공들이 파리에서 함께 자는 장면은 촬영될 수 없었다. 〈타잔〉(1934)의 여자친구 제인의 누드 신은 가위로 잘려 나갔다. 제2차 세계대전 이전에 제작된 나치의 집단수용소 관련 영화는 검열을 통과하지 못했다.

1960년대 후반부터 이를 반대하는 뉴시네마 운동이 시작됐다. 영화 〈보니와 클라이드Bonnie And Clyde〉(1967)는 그 시작이었고 〈이지 라이더Easy Rider〉(1969)는 대표적인 영화였다. 성적 표현은 물론 범죄와 마약이 영화 속에서 자유롭게 표현됐다. 인간의 욕망을 자유롭게 표현하고자 하는 반문화 운동의 영상 표출이었다. 영화 〈귀향Coming Home〉의 제인폰다는 하노이를 방문했다. 미국의 북폭이 계속되고 있는 상황에서.

반전, 반기성권력, 반문화는 세계로 확산됐다. 유럽에서는 런던, 암스테르담, 파리, 로마, 그리고 서베를린이 그 핵심적인 지역이었다. 파리에서는 1968년 5월 노동자들과 학생 총파업이 일어났다(68혁명). 서독에서는 '코무네 1Kommune 1' 운동이 일어났다. 이들은 신좌파(뉴레프트)의 영향을 받았으며, 볼셰비키로부터 사이비로 비판받았던 프랑크푸르트학파가 다시 주목받기 시작했다. 이들은 프랑스와 일본의 학생 운동의 지적인 배경이 됐다.

반전, 반기성권력, 반문화는 그 당시에는 성숙하지 못했고 제멋대로였으며, 비합리적이었다. 심지어 적군파처럼 위험하기까지 했다. 그러나 그 안에는 새로운 시대를 여는 힘이 있었다. 아방가르드가 힘을 얻었고 뉴시네마가 창조됐으며, 기술에서도 혁명적 진보를 이루어냈다. 2명의 스티브(스티브 워즈니악Steve Wozniak과 스티브 잡스Steve Jobs)가 애플을 구상하기 시작한 것도 바로 이때였다. 〈사토리(깨달음·득도·각성)에서 실리콘밸리까지〉라는 글을 쓴 문화역사학자 로잭Theodore Roszak은 이들의 영감은 이 시기 환각제와 버클리, 스탠퍼드, MIT를 잇는 '배회roaming' 속에서 가능했다고 평가했다.

반전 운동은 단기적으로 볼 때 정치적 성공을 거두지는 못했다. 이들에게는 대안이 없었기 때문이다. 그러나 역사의 모든 이슈들이 서로 상반된 두 가지 측면을 갖고 있듯이, 반전 운동은 20세기 후반 새로운 진보를 위한 디딤돌이 됐다. 킹 목사는 "미국의 정신이 중독되어 죽었다면, 죽은 시체의 일부는 '베트남'이라고 읽어야 한다"고 말했지만, 다른 일부는 새로운 시대를 여는 역할을 했다. 창조는 통제로부터 오는 것이 아니라 통제에 대한 반동과 자유로부터 온다. 탈냉전 이후 본격화된 세계화의 기원이 반전 운동의 지구화로부터 시작됐다는 것 역시 또다른 역설이다. 백인 사회에 적극적으로 동조하려고 했다는 비난을 받은 암스트롱의 '왓 어 원더풀 월드What a wonderful world'가 베트남전쟁의 이면을 보여주는 영화 〈굿모닝 베트남〉의 주제곡으로 나왔다는 역설과 함께.

5부

한강의 기적과 감춰진 진실

우리는 민족중흥의 역사적 사명을 띠고…

전 국민적 동원

1967년 10월 31일 베트남을 방문한 정일권 국무총리는 험프리 부통령을 만났다. 이 만남은 매우 중요했다. 1965년 이후 대규모 전투부대의 베트남 파병으로 한국과 미국은 가장 좋은 관계를 유지하고 있었지만, 1966년 말부터 한반도의 안보 위기가 심화되면서 한·미 관계가 악화되기 시작했다. 한쪽에서는 더 많은 원조를 받기 위해 노력하고 있었고, 다른 한쪽에서는 한국 정부를 진정시킴으로써 한반도의 안보 위기가 또 다른 한국전쟁으로 확대되지 않도록 하고자 했다.

이 만남에서 험프리 부통령은 북한에 대한 보복 행동을 자제할 것을 강력히 요청했다. 남한이 '돌발적인 일탈 행동'을 벌이지 말아달라는 것이었다. 이 자리에서 험프리는 한국군의 추가 파병을 요청했고, 정일권은 한국에게 더 많은 수출 기회를 줄 것과 제대 군인의 재파병 가능성을 타진했다. 두 사람의 만남은 당시 미국 정부와 한국 정부가 서로 동상이몽을 하고 있었음을 잘 보여준다. 한국군의 추가 파병은 양국 정부가 모두 일치하는 정책이었지만, 목적은 서로 달랐다.

정일권 총리는 험프리 부통령의 일침에 주춤하기도 했지만, 여전히 자신감이 있었다. 게다가 정 총리는 한국 사람들을 파견해서 반전 시위를 막을 수 있다고 말하면서, 반전 시위자들을 모두 한국에 보내면 이

들을 모두 교육시켜서 생각을 바꾸겠다고까지 말했다.[*]

한국은 베트남에서 승리할 때까지 함께할 것이다. 그런데 반전 시위가 도를 넘어서고 있다고 하는데, 이들을 한국에 보내면 모두 전향시킬 수 있다. 다음 베트남 참전 7개국 회의 때는 20만 명을 보내서 반전 시위를 침묵시키겠다.

반전 시위에 대한 정 총리의 이러한 자신감은 어디서 나온 것일까? 한국 사회에서 반전 시위가 전혀 없었고, 한·미 동맹이 하나의 성역이 되어 있었기 때문이었을까?

베트남전쟁 시기를 통해 박정희 정부는 한국 사회에 대한 통제에 자신감을 갖게 됐다. 물론 그 과정은 간단하지 않았다. 우선 베트남 파병에 대해 국민들로부터 동의를 얻어야 했다. 스스로의 안전을 책임지지 못하면서 다른 사람의 안전을 책임지겠다는 주장이 설득력을 갖기 힘들었다. 스스로의 안보를 지키지 못해서 다른 나라 군대가 주둔해 있는 상황에서 다른 나라의 안보를 지키기 위해 우리의 군대를 보낸다는 것이 과연 합리적인 선택이었을까?

파병을 위해 사회적 동의를 얻고 사람들을 전쟁에 동원하는 것은 쉬운 일이 아니었다. 국경을 맞대고 있는 이웃나라를 위해 파병하고자 사랑하는 아들을 보내야 했던 마오쩌둥은 그 전선에서 아들을 잃었고, 전쟁포로의 일부가 귀환을 거부함으로써 중국군의 동원이 자발적 동원이 아니었음이 만천하에 밝혀져 어려움을 겪어야 했다. 이웃 국가로의

• 주사이공 미국대사관 전문(1967년 10월 31일).

베트남전쟁에 참가할 장병들이 서울역을 향해 시가행진을 하고 있다.

파병도 이렇게 어려웠는데, 이역만리 떨어져 있는, 그것도 너무나 생소한 지역에 군대를 파견하기 위해서 한국 정부는 특별한 조치를 취해야했다.

물론 불과 10여 년 전에 전쟁을 경험했던 한국 사회는 동원하기에는 좋은 조건을 갖고 있기는 했다. 반공이데올로기가 사회 운영의 기본 이념으로 작동하고 있었고, 1963년 16.3퍼센트, 그리고 1965년 14.5퍼센트에 이르는 도시 지역 비농가의 높은 실업률은 전쟁 동원을 위한 중요한 토양이 되기도 했다.

그럼에도 불구하고 베트남의 상황이 한국의 안보에 직접적으로 영향을 미치는 것은 아니었다. 아무리 돈을 벌 수 있다고 하더라도 목숨을 걸고 싸워야 할 필요성을 느끼기 어려웠다. 따라서 직접적으로 이해관계가 없는 지역에 파병을 하기 위해서는 전 국민적 동원 체제를 만들어야 했다. 군인들뿐만 아니라 모든 국민들이 함께 동원되고 있다는 것을 보여주어야 했다.

윤충로 교수의 글은 전 국민 동원의 실상을 잘 보여준다.* 그에 따르면 정부는 국무총리를 위원장으로 하는 파월장병지원위원회를 1966년 5월 6일 설치했다. 각 시·도·군·읍·면 단위로 2,637개의 지방위원회를 조직하여 전국적인 조직망을 갖추었다. 이 위원회는 파월 장병 사기 앙양, 가족 지원, 파병에 관한 홍보·계몽, 전상자 원호대책과 함께 파월 기술자에 대한 행정적 조치도 함께 수행했다.

위문사업도 적극적으로 진행했다. 1966년부터 1972년까지 위문사업을 위해 조성된 성금은 총 1억 4,000여 만 원이었고, 위문품은 1,900여 만 점에 이르렀다. 1969년 발행된 주택복권의 당첨금이 300만 원이었던 것을 고려하면 성금 총액은 집 40채가 넘는 엄청나게 큰 액수였다. 군대 파견을 결정한 것은 정부인데 전투 수당은 미국에서, 위문성금은 미국의 대한 원조나 국가예산이 아니라 국민의 주머니로부터 나왔다.

예컨대 〈동아일보〉 1969년 12월 25일자를 보면 서울 고척초등학교 학생 일동이 5,420원, 인천 한독실업고등학교 학생 일동이 8,370원을 성금으로 납부했다.** 코흘리개의 주머니를 털었다. 게다가 위문편지를 위한 엽서를 10원이라는 당시로서는 비싼 가격에 판매해서 물의를 빚기도 했다. 초·중·고등학생들에 의한 600만 통이 넘는 위문편지는

• 윤충로, 〈베트남전쟁 시기 한국의 전쟁 동원과 일상〉, 《사회와역사》 제95호, 한국 사회사학회, 2012, 281~314쪽.
•• 〈동아일보〉 1969년 12월 25일자 7면, '일선·파월 장병 위문금품.'

기본이었다.

돈과 물품으로 끝나는 것이 아니었다. 파월장병 환송국민대회(1회, 1966년 백마부대), 파월개선장병 환영국민대회(7회, 청룡부대), 파월교체장병 환송영행사(120회)에도 동원되어야 했다. 이외에도 파월 장병 가족을 돕기 위한 보리밭 노력 봉사, 부상병을 위로 봉사하기 위한 여학생 봉사단 활동 등도 이루어졌다. 1966년에는 '파월 장병 가족 돕기 운동의 달'이 지정되기도 했으며, 자산가들과 파월 장병 극빈가족 간의 자매결연 맺기 운동도 전개됐다.

군인들에게 직접 도움을 주는 방법은 연예인 공연단의 파견이었다. 1966년부터 1971년까지 연예인 공연단은 83차례에 걸쳐 1,160명이 파월됐고, 모두 2,922회의 공연이 이루어졌다. 영화 〈님은 먼 곳에〉(2008)에서 잘 보여주듯이 예술인과 종군 작가단의 파견은 마치 1940년대 초 태평양전쟁 당시의 위문을 연상케 하는 것이었다.

원호와 위문이 동원을 설득하기 위한 기제였다면, 정부에게는 동원을 가능하게 할 수 있는 사회 통제를 위한 메커니즘도 필요했다. 우선 한국 정부에는 더 많은 군인이 필요했고, 이를 위해서는 징병제를 보완하는 작업이 필요했다. 전투부대 파병으로 인한 공백을 채워야 했다.

1965년부터 본격적인 파병이 시작되자 한국군의 수는 60만에서 62만 3,000명으로 늘어난 데 반하여 1965년 이후 입대해야 하는 1945~1950년 사이의 출생자는 한국전쟁으로 인해 상대적으로 적었다.[•] 국방부는 아직 병역 의무를 수행하지 않았던 스물한 살 이상 서른 살 이하의 제1국민역 청년들에 대한 대대적인 징병 작업에 들어갔다.

• 〈조선일보〉 1967년 1월 12일자 4면, '올해 병무 가이드: 신검과 징병 어떻게 되나.'

1967년부터는 징병기피자를 모두 형사고발하기 시작했다. 과거와는 달리 형사고발 후 입영시키는 강경한 방침이었다. 또한 부산, 대구, 광주에 징병서가 신설되어 거주지를 중심으로 근무소집, 검열, 점호 등이 실시됐다. 1969년 2월까지 전국에 상설 징병서가 설치됐다.

1968년부터는 대학생들에 대한 징집이 강화됐다. 징집 연기가 가능했던 스물네 살 이상의 학생들에 대해 징집이 실행됐고, 장기휴학자들에게도 징집영장이 발부됐다. 새로운 조치에 의해서 징집영장을 받을 대상자는 2만여 명에 이르렀다. 공군의 경우에는 1963년 이후 제대한 예비역을 재입대시키기도 했다.

1968년 예비군의 창설 역시 군을 통한 사회 통제의 중요한 방식이었다. 1968년의 안보 위기가 예비군 창설의 중요한 이유였지만, 이는 다른 한편으로 병역의무를 마친 예비역들을 지속적으로 통제·동원할 수 있는 시스템을 갖춘다는 것을 의미했다. 1971년 대통령 선거에서 예비군제도가 쟁점화된 것도 사회 통제의 역할 때문이었다. 지금도 그렇지만, 예비군 훈련은 단지 군사훈련만 있는 것이 아니라 정신 훈련도 같이 구성되어 있다. 예비군이 끝나면 민방위로 편성되어 또 다른 정신 훈련을 받는다. 그 효용성은 둘째치고라도 전역한 젊은이들을 대상으로 한 이러한 훈련과 교육은 동원의 연장을 의미했다. 지금은 폐지됐지만, 1990년대 초까지만 하더라도 해외에 나갈 때 반드시 예비군에 신고를 하고 나가야만 했다.

예비군과 관련된 비리도 끊이지 않았다. 당시 예비군에 대한 감사 자료들에 기초해서 본다면, 훈련 참가자들에게 돈을 걷는 행위와 예산의 유용 및 착복이 가장 많은 비리 행위로 지적되고 있다. 이는 향토예비군을 조직했지만, 재정이 충분하지 않았다는 점을 보여주는 것이다. 사회지도층 인사들이나 연예인들의 예비군 불참에 대한 지적도 나타나고 있으며, 돈을 내고 예비군 훈련에 불참하는 사례 역시 많이 적발됐다.[*] 1970년 1월부터 9월까지의 조사에 의하면 예비군에서의 총기사고는 총 서른아홉 건으로 오발 스물다섯 건, 자살 및 미수 아홉 건, 그리고 불법살상이 다섯 건에 달했다.[**]

징병제도의 강화가 군대에 동원할 수 있는 특정 세대를 대상으로 한 것이었다면, 주민등록법은 전 국민에 대한 통제 시스템을 강화하는 조치였다. 원래 주민등록법은 5·16 쿠데타 직후인 1962년 5월 10일 국가재건최고회의 법률 제1067호로 입법됐지만, 본격적인 실행은 베트남 파병 기간에 가서야 이루어졌다.

박정희 정부는 전투부대의 파병이 시작되는 1965년, 간첩을 단속한다는 명분 아래 주민등록법을 강화하고자 했다. 허위 기재를 처벌하고, 시·도 민증을 항상 휴대하도록 규정한 것이다. 그러나 한국전쟁 시기에도 제대로 시행되지 못했던 시·도 민증의 항시 휴대가 가능했을까? 간첩을 잡기는커녕 오히려 간첩들이 위조한 시·도 민증을 갖고 활개치도록 하는 것은 아닌가 하는 의문도 제기됐다.

주민등록제도가 본격적으로 작동한 것은 1968년이었다. 1967년부터 계속된 남북 간의 충돌이 1968년에 이르러 정점에 달하자 주민등록제도는 비로소 그 틀을 갖추기 시작했다. 1968년에도 반발이 없었던 것은 아니지만, 10월 중순이 되면 전국적으로 94.6퍼센트의 국민들이 주민등록을 신고했다. 베트남 파병으로 인해 남북 간의 충돌 심화, 그

• 대통령기록관 자료, 〈예비군 합동감사 결과보고(EA0004355)〉, 1970년 7월 1일.
•• 대통령기록관 자료, 〈내무·국방 예비군 관계관 회의 결과보고(EA0004425)〉, 1970년 10월 19일.

리고 이로 인한 안보 위기로 더 이상 주민등록에 반대하기 어려운 상황이 조성된 것이다.

징병제의 강화와 주민등록제도의 본격적 실행을 통해 사회적 동원과 통제가 강화되는 가운데 박정희 대통령은 1968년 1월 16일 신년 기자회견을 통해 뜬금없이 '제2경제'의 중요성을 강조하고 나섰다. 물질적인 '제1경제'가 성장함에 따라 그에 걸맞은 정신적 측면에서 '제2경제'가 필요하다는 것이었다. 박 대통령은 '정신면의 후진성'을 제거하는 '정신 개조 작업'이 시작되어야 한다고 주장했다. 이광수의 민족개조론과 그 맥락이 유사했다.

국민들의 정신을 개조하겠다는 제2경제론은 1968년 광화문에 충무공 동상을 세우고, 국민교육헌장을 제정하는 것으로 이어졌다. 이제 "민족중흥의 역사적 사명을 띠고 이 땅에 태어나는" 모든 국민을 성공적으로 동원하고 통제할 수 있는 시스템이 만들어진 것이었다. 그리고 일제의 태평양전쟁과 한국전쟁 시기에 등장했던 애국적 어머니를 다시 만들어갔다.

중대장님의 투철한 전투지도에서 승전의 열매를 못 맺고 전사했으니 중대장님께 오히려 송구스럽습니다. 자식을 잃은 어머니는 허무하기 짝이 없으나 자유 베트남 전선에서의 승전을 보는 것이 아들을 곁에 둔 것보다 더한 기쁨으로 여기겠습니다.•

베트남 파병 기간에 이루어진 한국 사회의 변화는 현재 한국 사회의

• 〈조선일보〉 1966년 3월 24일자 6면, '월남통신: 전지에 핀 선의'(윤충로, 앞의 글, 302쪽 재인용).

원형을 제공했다. 특히 주민등록제도를 통해 모든 국민들을 통제할 수 있고, 강화된 병역제도와 예비군제도를 통해 언제든지 국민을 동원할 수 있는 병영국가가 탄생한 것이다.

국민들에 대한 통제의 강화는 1972년 유신 체제를 선포할 수 있는 기틀을 만들었다. 비록 많은 국민들이 유신 체제에 동의하지 않았음에도 불구하고, 정부는 베트남 파병 기간을 통해 만들어진 사회적 통제 시스템을 통해 유신에 대한 국민들의 반대 의사를 성공적으로 통제할 수 있었다.

물론 이러한 통제가 일방적으로만 이루어지는 것은 아니었다. 밑으로부터의 동의도 필요했다. 베트남전쟁의 특수와 그를 통한 경제성장과 산업화는 일반 대중들의 동의를 얻는 데 중요한 역할을 했다. 1967년 선거와 1971년 선거가 부정 선거였음에도 불구하고, 박정희 대통령이 재선과 삼선에 성공할 수 있었던 것은 이러한 아래로부터의 동의가 존재하지 않았다면 불가능한 것이었다.

그럼에도 모든 과정이 성공적이었는가에는 의문이 남는다. 베트남 파병은 1964년의 한·일협정 반대 시위를 침묵시켰지만, 1967년 부정 선거 규탄 시위, 1969년 삼선 개헌 반대 운동 등을 모두 통제할 수는 없었다. 게다가 1971년 대학가를 휩쓴 교련 반대 운동은 박정희 정부에 큰 위기로 다가왔다. 정부는 위수령을 발동하여 대학에 휴교를 선언하고, 1971년 12월 긴급사태를 선포했다. 이러한 학생과 시민들의 움직임은 유신 체제 아래 강력한 사회적 통제 속에서도 민주화 운동으로 이어졌다.

이렇게 한국 사람들도 완전히 개조시키지 못한 한국 정부가 미국의 반전 시위자들을 받아서 사상을 개조시킬 수 있었을까? 그렇게 자신이 있었다면 1969년 삼선 개헌에 반대 서명을 한 미국의 평화봉사단원들도 '사상 개조'를 했어야 하는 것 아닌가? 반전 시위를 과소평가한 것은 아니었을까? 그럼에도 불구하고 전쟁특수를 통한 경제적 호황이 사회적 불만을 잠재울 수 있는 역할을 했던 것은 아닐까?

쏟아지는 외화와 신흥 재벌기업

전쟁 특수

월급 350~400달러, 별도의 숙식비 180달러 포함해 총 530~580달러의 월급.

1966년 4월 13일자 〈동아일보〉에 실린 기술자 광고이다. 이 정도의 월급은 당시 일반 노동자들이 받던 월급보다 15배쯤 많은 수준이었다. 1970년 가장 인기 있는 직종 중 하나였던 은행원의 초급이 3만 원 안팎이었다. 파월 기술자의 월급이 장관 월급보다도 더 많다는 소문도 돌았다. "베트남에서 1년만 일하면 한밑천은 거뜬히 마련한다"는 이야기가 돌았고, "숱한 위험 부담에도 매이지 않고 베트남행 버스는 언제나 붐비고 있었다."● 한국 사람들에게 베트남은 '포연에 싸인 전장'이 아니라 '꿀과 우유가 흐르는 약속된 복지'의 땅으로 인식되고 있었다.

베트남에 진출한 한국 기업들의 성장은 눈부신 것이었고, 이들 기업은 베트남에서뿐만 아니라 베트남에서의 경험을 바탕으로 다른 지역에까지 진출했다. 한국 정부와 신문은 군대를 파견하지 않았고 내부에서 반전 시위가 심했던 일본이 한국보다 더 많은 전쟁 특수를 얻고 있

● 〈동아일보〉 1968년 9월 17일자 3면, '대월 경제 진출 현황: 3년간 실적과 전망.'

다고 불만을 표했지만, 쏟아져 들어오는 외화에 입을 다물지 못했다.

특히 한국의 일부 기업들에는 성장의 중요한 기회가 됐다. 처음으로 베트남에 진출한 것은 1965년이었지만, 본격적인 공사 도급은 1966년 시작됐다. 이때 진출한 기업이 현대건설, 대림산업, 공영건업, 부흥건설, 삼환기업이었다. 이들이 1966년 한 해 동안 계약한 공사는 모두 480만 달러였다.

건설 도급에서 가장 큰 혜택을 본 기업은 현대였다. 현대는 1966년부터 1972년까지 총 1,950만 달러의 공사 및 세탁사업 수익을 거두었다. 깜라인만 지역공사(약 900만 달러), 깜라인 소도시 건설공사(약 470만 달러), 세탁 사업(약 170만 달러) 등이 주요 사업이었다. 1966년 현대는 베트남에만 머무르지 않고 타이로 발을 넓혀 고속도로 공사를 따냈다. 대림은 일본으로 가 소규모이기는 하지만 11만 6,000달러의 공사를 도급했다. 1966년 다섯 개 건설업자들이 베트남을 비롯해 타이 및 일본 등지에서 도급한 공사 계약액은 모두 1,100만 달러로 1965년에 비해 두 배 이상 늘어났다.

1967년부터는 중앙산업, 아주토건, 파일산업, 경남기업, 한양건설의 다섯 개 기업이 더 진출했으며 용역회사로 한국종합기술개발공사도 진출해, 모두 열한 개 회사가 베트남에서 갖가지 공사 도급 및 시공에 열을 올렸다. 같은 해 삼환기업은 대림에 이어 두 번째로 일본에 진출해 14만 7,000달러의 공사를 도급했고, 또 다시 연합건축은 류큐열도(현 오키나와)에 나가 125만 6,000달러의 공사를 계약하는 등 해외 진출의 전성기를 이루었다. 이해 총 해외 공사 도급액은 1966년보다 460만 달러가 많은 1,560만 달러에 이르렀다.

1968년에는 계약액이 2,000만 달러를 넘어 2,570만 6,000달러에 달했다. 고려개발과 대훈산업이 베트남에 추가로 진출했고 중앙산업은 태평양의 미국령 괌에 진출해 한국의 토목·건설업 해외 진출이 종래의 베트남, 타이, 일본에서 미국으로 확장됐다. 타이의 고속도로를 제외한 나머지 공사는 대부분 그 지역에 주둔한 미군 기지와 관련된 공사였고, 이는 한국군의 베트남 파병으로 인한 결과였다.

미국에 대한 수출도 증가했다. 1964년까지 한국의 제1수출국은 일본이었다(1964년 전체 수출액의 32.1퍼센트). 그런데 1965년 전투병을 파병한 직후부터 대미 수출이 대일 수출을 초과하여 1972년 한국군이 마지막 주둔하고 있을 때까지 대미 수출액은 전체 수출액의 50퍼센트에 육박할 정도로 늘어났다. 반면 대일 수출액은 21퍼센트까지 떨어졌다가 베트남에서 한국군이 철수하는 1973년에 가서야 대일 수출이 차지하는 비중이 30퍼센트대로 다시 올라섰다. 섬유 관련 제품의 수출이 가장 큰 비중을 차지했지만, 합판 수출도 주목된다. 1970년 미국이 수입하는 전체 합판 물량의 41.3퍼센트를 한국에서 수입했다(일본 15.8퍼센트, 타이완 24퍼센트). 이는 1963년의 7.4퍼센트에 비하면 엄청난 증가였다.

미국에 대한 섬유(메리야스 포함) 수출 역시 비약적으로 증가했다. 1963년까지 1,600만 달러 안팎에 불과하던 섬유 수출은 1966년 5배가량(8,000만 달러) 증가했으며, 1970년에 이르면 3억 3,000만 달러로 20배를 넘어섰다. 전체 섬유 수출 중 순수 의류 수출도 1963년에 비해 1970년 50배 이상 증가했는데, 이 중 미국으로의 수출이 차지하는 비중은 60퍼센트가 넘었다. 1969년 대미 섬유 수출로만 처음으로 1억 달러를 돌파했다.

베트남전쟁을 거치면서 한국의 10대 재벌 순위가 바뀌었다. 1966년 재벌 순위는 삼성, 삼호, 삼양, 개풍, 판본, 럭키, 대한, 동양, 화신, 한국글라스 차례였다. 1950년대 원조를 이용한 삼백산업으로 급부상한 방직공업과 유통산업이 그 중심에 있었다. 베트남전쟁을 거치면서 이 중 10대 재벌 안에 살아남은 것은 삼성과 럭키뿐이었다. 1975년 10대 재벌에는 현대, 한진, 효성, 쌍용, 대우, 동양맥주, 동아건설(구 충남토건), 신동아 등이 새롭게 등장했으며, 이들은 베트남전쟁 당시 용역과 건설, 무역 등으로 성장한 기업이었다. 베트남전쟁으로 인해 통기타 문화와 함께 맥주 문화가 확산되면서 OB맥주를 생산하던 동양맥주(지금의 두산)가 10대 재벌 안에 포함된 것도 눈길을 끈다.

이때 형성된 10대 재벌은 1980년대 이후에 그 세를 더 확장하여, 선경, 한국화약, 롯데를 제외하고는 나머지 일곱 개 기업이 10대 재벌 순위를 그대로 유지했다. 1997년 외환 위기를 거치면서 해체된 대우와 쌍용을 제외하고는 1970년대의 10대 재벌 순위는 지금도 그 골격을 그대로 유지하고 있다.

한국 기업이 이렇게 전쟁 특수를 누리는 동안 외국계 기업에 취직한 기술자와 근로자가 받는 월급의 송금도 한국 정부한테 중요한 수입이 됐다. 한국 회사보다도 외국 회사에 소속된 기술자들이 더 많았는데, 1968년에는 한국 회사 소속이 4,284명이었던 데 반해, 외국 회사 소속이 1만 1,287명에 달했다. 이들의 수는 1972년까지 점차 줄었지만, 매년 1만 명이 넘는 기술자와 근로자들이 베트남에서 활동했으며, 제대한 일부 장병들은 귀국하지 않고 현지에 있는 회사에 취직하기도 했다. 한국 정부는 1명의 기술자라도 외국계 회사에 더 취직시키기 위해 '한미 주둔군 지위에 관한 협정SOFA' 논의 과정에서 한국의 기술자들과의 용역 계약을 위해 오는 회사 관계자들에 대해 주한미군과 동일한 특혜를 주었다.

베트남의 기술자와 근로자가 송금하는 과정에서 수수료가 붙었고,

달러로 받은 돈을 한국 돈으로 환전할 때 또 수수료가 붙었다. 당시 파병 군인들의 송금액이 전체 무역외 수입의 19.7퍼센트를 차지했는데, 참전 군인 수에 비하여 5분의 1 정도였던 파월 기술자·근로자들의 송금액은 1억 6,600만 달러로 무역외 수입의 16.3퍼센트에 달했다. 당시 베트남에서 무역외 수입이 전체의 72.3퍼센트나 됐다는 점을 고려한다면, 이들의 송금은 용역군납(23.4퍼센트)과 함께 당시 한국에는 가장 중요한 외화 수입의 원천이 됐다.●

미국으로부터 받는 한국군의 전투 수당 역시 이와 동일한 경우였다. 1965년부터 1973년까지 미국이 한국군에 지급한 수당 총액은 2억 3,500만 달러였는데, 이 중 베트남에서 사용하지 않고 본국에 송금한 액수가 1억 9,500만 달러로, 파병 군인들은 전체 수당 중 83퍼센트를 국내에 송금했다.●●

군인과 기술자들이 보낸 송금액이 당시 한국의 국민소득 증가분에서 차지하는 비율은 1967년 9퍼센트, 1968년 7.2퍼센트, 그리고 1969년에는 5.8퍼센트에 이를 정도로 큰 비중을 차지했다. 이를 다시 한국의 전체 비실업인구의 소득 증가액과 비교한다면, 송금액이 차지하는 비율은 1967년 16.5퍼센트, 1968년 16.6퍼센트, 1969년 14.1퍼센트에 달했다. 1960년대 중후반 경제 활동 인구가 900만 명 정도였다는 점을 고려한다면, 전체 경제 활동 인구의 7퍼센트밖에 되지 않는 파병 군인과 기술자가 그 두 배 이상이 되는 소득 증가분을 담당했다는 점을 알 수 있다.

● 朴根好, 《韓國の經濟發展とベトナム戰爭》, 御茶の水書房, 1993.
●● 윤충로, 〈파월 기술자의 베트남전쟁 경험과 생활세계의 변화〉, 《사회와역사》 제71권, 한국사회사학회, 2006, 217~250쪽.

베트남 특수가 한국 경제 전체에 미친 기여도[•]

연도	특수 총액(A)	GNP (B)	수출 총액(C)	외환보 유고(D)	무역외 수지(E)	A/B (%)	A/C (%)	A/D (%)	A/E (%)
1965	19.5	3,006	175	138	125.8	0.6	11.1	14.1	15.5
1966	81.1	3,671	250	236	238.4	1.7	24.4	25.9	25.6
1967	151.3	4,274	320	347	375.2	3.5	47.3	43.6	40.3
1968	168.6	5,226	455	388	424.5	3.2	37.0	43.5	39.7
1969	200.1	6,625	623	550	497.1	3.0	32.3	36.5	40.3
1970	204.6	7,834	835	584	490.7	2.6	24.5	35.1	41.7
1971	133.3	9,148	1,068	535	486.6	1.5	12.5	24.9	27.4
1972	83.2	10,254	1,624	684	579.2	0.8	5.1	12.0	14.4

베트남 특수가 한국 경제 전체에 미친 기여도 역시 적지 않았다. 위의 표를 보면 이 점이 잘 드러난다. 전쟁 특수가 한창이었던 1967년부터 1970년 사이를 보면 전체 국민총생산GNP에서 베트남전쟁 특수가 차지하는 비중은 2.6퍼센트에서 3.5퍼센트에 달했고, 수출 총액의 25퍼센트에서 47퍼센트를 차지했다. 외환보유고의 경우 베트남에서 들어온 외화가 전체 보유고의 40퍼센트가 넘었으며, 무역외 수지 역시 이와 비슷했다. 다시 말하면 1960년대 후반의 국민총생산의 가파른 증가는 베트남전쟁 특수를 제외하고는 설명하기 어려울 정도로 큰 영향을 미친 것이다.

베트남을 통해서 들어온 특수 외에도 미국의 군사 원조 역시 매우 중요했다. 베트남 파병 이전에도 국방예산에서 미국으로부터의 군사 원조가 차지하는 비중이 46.5퍼센트(1962년)에서 67.3퍼센트(1961년)에 달

• 朴根好, 앞의 책, 39쪽.

했는데, 파병 이후에도 1968년까지 평균 50퍼센트 수준으로 유지됐다. 1969년 이후 35퍼센트 내외로 줄어들지만, 국방예산 자체가 늘어나는 상황이었기 때문에 1969년을 제외하고는 1972년까지 지속적으로 증가했다. 국방재원 중 베트남 파병 지원이 차지하는 비중이 1.2퍼센트에서 4퍼센트 내외였던 점을 참작한다면, 대부분의 군사 원조는 한국의 자체 국방예산에 충당됐다고 보아야 한다. 다시 말하면 미국의 군사 원조 없이 당시 한국 정부가 국방예산 자체를 감당할 수 없었다는 것을 의미한다. 1973년부터 무상 군사 원조가 급감하지만, 이와 반대로 해외군사차관FMS은 증가했다. 1971년과 1972년 무상 군사 원조가 갑자기 급증한 것은 주한미군 1개 사단 철수와 관련하여 한국군의 현대화 지원을 위한 것이었다.

전쟁 특수의 또 다른 측면은 한국의 산업구조를 바꾸어놓은 것이다. 1960년대 경제개발 계획의 실시와 함께 급속하게 2차 산업이 발전했지만, 이는 주로 노동집약적 경공업 제품의 수출 증가에 따른 것이었다. 신발과 의류, 합판과 가발 등은 대표적인 수출 종목이었고, 애초에 군사정부와 박정희 정부가 계획했던 중화학공업과 종합기계공업의 건설과 발전은 미미한 상태였다. 선진국들은 한국이 중화학공업 분야를 담당하기보다는 선진국의 중화학공업에 의존하는, 국제적 분업에 충실하기를 원했기 때문이었다. 1962년 군사정부의 야심찬 계획에 반대하면서 노동집약적 경공업 제품을 중심으로 한 계획의 필요성을 강조한, 미국 백악관 국가안보회의에 참여했던 로버트 코머의 권고안은 그 대표적 경우였다.

베트남전쟁을 통해 한국 정부는 중화학공업과 종합 기계 산업 건설이라는 애초의 계획을 다시 부활시킬 수 있는 기회를 잡았다. 무엇보다도 중요한 계기가 된 것은 미국이 한국 정부한테 무기를 제조할 수 있는 권한을 부여했다는 사실이다. 특히 주한미군의 감축으로 인해 한국 정부에 '부채'를 안고 있었던 닉슨 행정부는 한국 정부가 M16 소총을 생산할 수 있는 권한을 부여했다. 한국 정부의 무기 생산이 동북아시아에서 군비 경쟁을 촉발해서 안보 위기를 가져올 수 있다고 염려했던 미국 정부였지만, 한국군의 현대화를 미군 감축의 대안으로 제시하고 있었던 터라 한국 정부의 요구를 받아들이지 않을 수 없었다. 여기에 더하여 1969년 8월 F-4 팬텀 최신 전투기 여섯 대가 처음으로 한국군에 인도됐다.

한국이 무기를 생산할 수 있다는 것은 곧 중공업이 육성될 수 있음을 의미했다. 1973년 1월 중화학공업화를 선언하기 이전에 이미 한국 정부는 무기산업을 중심으로 한 중공업 육성 계획을 마련하고 있었으며, 1970년 이미 국방과학연구소와 무기개발위원회가 설치됐다. 물론 전투부대 파병을 대가로 존슨 대통령이 선물한 한국과학기술연구원KIST의 설립 역시 빼놓을 수 없는 중요한 전쟁 특수였고, 1957년 '외부로부터 성능이 더 좋은 무기를 도입할 수 없다'는 내용의 정전협정 13조 d항을 유엔 군사령관이 무력화한 것 역시 군수산업 도입의 장애물을 원천적으로 제거한 것이었다. 군수산업을 배우기 위해 1970년대를 통해 영국, 타이완, 이스라엘 등에 전문가들이 파견됐으며, 일본의 기술자들이 직접 한국에 머무르며 군수산업 발전에 기여하기도 했다.*

베트남전쟁의 특수를 이렇게 본다면, 한국 경제와 국방의 성장과 발전에 지대한 공로를 미쳤다는 기존의 주장이 결코 틀린 것이 아니다.

---

* 대통령기록관 자료, 〈한국형 소화기 기술 제휴(EA0004526)〉, 1971년 12월 28일(보고관: 오원철).

베트남 특수를 고려하지 않고 1960년대 한국의 경제 성장과 1970년대 초 중공업으로의 전환을 설명할 수 없다. 그러나 과연 그러한 성장과 발전이 과연 전쟁에 직접 참여한 사람들에게도 돌아갔는가? 그리고 이러한 성장·발전과 더불어 베트남 참전의 애초 목적이었던 한·미 동맹과 안보의 강화는 달성된 것인가?

죽음의 전선에서 번 돈은 어디로

파월 군인과 노동자에 대한 보상

1960년대의 성공적인 1, 2차 경제개발 계획의 실행 과정을 통해 박정희는 두 번에 걸쳐 대통령에 당선됐다. 1969년에는 삼선을 위한 개헌에 성공했다. 재야와 시민, 그리고 학생들의 반대로 인해 삼선 개헌 과정이 매끄럽지는 않았지만, 베트남전쟁 특수를 통해 경제 성장에 성공한 박정희로서는 그의 업적을 마지막으로 인정받을 수 있는 상황에 와 있었다.

물론 풀어야 할 난제도 많았다. 베트남 파병 이후 더욱 악화된 남북관계를 푸는 것도 중요한 문제였고, 베트남에 파병된 군인들과 돈을 벌기 위해 간 근로자와 민간인들을 무사히 귀국시켜야 하는 것도 또 하나의 과제였다. 그뿐만 아니라 닉슨 행정부가 들어선 이후 더 이상 한국에 우호적이지 않았던 대미 무역 문제도 풀어야 했다. 그러지 않고서는 박정희 정부한테 1970년대는 장밋빛 연대가 될 수 없었다. 1960년대를 지나고 새로운 10년인 1970년대를 맞는 한국 사회의 분위기는 어땠을까?

올해는 돈 없고 빽 없는 모든 동포들에게도 마음 놓고 명랑하게 살 수 있는 한 해가 되어주었으면 싶다. 지서 앞을 지날 때 까닭없이 가슴이 두근거리지 않아도 되는 세상이, 젊은 면서기의 반말 섞인 핀잔을 듣지 않아도 되는 세상이 되어주었으면 싶다. 기름을 주지 않아도 절로 민원서류가 돌고 서민들의 눈에 두려움과 비굴이 가시는 세상이 되어주었으면 한다. (…) 60년대는 민권의 함성으로 막이 열렸다. 70년대는 건설의 함성 속에 막이 열리고 있다. 그러나 함성의 요란함 속에서도 가냘프게 들리는 응달의 서민 소리를 그냥 씻어버려서는 안 될 것이다.•

4·19 혁명과 5·16 쿠데타로부터 10년, 베트남 파병의 전쟁 특수로부터 5년이 지난 1970년의 시점에서 서민들의 삶은 아직도 고된 것이었다. 서민의 아들들이 베트남에서 열심히 돈을 벌어왔지만, 이들은 아직도 빡빡한 생활에서 벗어나지 못했다.

파병 군인들은 수당의 대부분을 가족들에게 송금했다. 이들이 현지에서 쓴 금액은 수당 중 20퍼센트도 되지 않는 4,000만 달러 정도였다. 죽음을 넘나드는 베트남 전선에서 군인들은 좋은 아들, 좋은 남편, 좋은 아빠였다. 총 파병 군인 수를 32만 명으로 계산하면 1인당 100달러가 조금 넘는 돈을 1년의 주둔 기간 동안 사용했을 뿐이다. 그만큼 현지에서 돈을 쓸 여유가 없었다.

한국군이 베트남에서 돈을 쓸 수 없는 데에는 그만한 이유가 있었다. 이들의 전투 수당이나 월급이 터무니없이 적었다. 이들에게 지급된 전투 수당은 매월 장군이 210~300달러, 영관급이 165~191달러, 그리고 위관급이 135~150달러였던 데 비해, 가장 많은 수가 파견되어 전선에서 직접 전투를 수행한 하사관(57~125달러: 1만 4,820~3만 2,500원)과

• 〈동아일보〉1970년 1월 1일자 1면, '횡설수설.'

사병(37.5~54달러: 9,750~1만 4,040원)의 수당은 위관급의 2분의 1에서 3분의 1 정도였다. 상사쯤 되어야 국내 회사원보다 더 높은 월급을 받았다. 전투 수당 외에 월급은 준장이 177달러(4만 5,120원), 대령이 115달러(2만 9,440원)였던 데 반해, 중위가 36달러(9,080원), 하사가 14달러(3,490원), 병장이 1.6달러(400원), 그리고 이병은 1달러(260원)였다.

그나마 베트남의 한국군이 받는 전투 수당은 남베트남군이 미군으로부터 지원받는 전투 수당보다도 적었다. 한국의 장군들은 더 많이 받았지만, 사병들은 더 적게 받았다. 미군과 비교하면 4분의 1 수준도 되지 않았으며, 필리핀군이나 타이군과 비교해서도 낮은 수준이었다. 당시 필리핀이나 타이보다도 낮은 한국의 1인당 국민소득과 물가를 기준으로 더 낮게 책정됐을 수도 있지만, 미군과 동일한 수준의 대우를 하겠다던 미국 정부의 약속은 지켜지지 않았다.

1970년 미국 의회의 사이밍턴위원회에서 브라운각서 체결 시 공개하지 않았던 한국군에 대한 전투 수당 및 전 사상자 보상금 조항이 공개됐을 때 한국군이 미국의 용병이라는 논란이 제기됐지만, 용병이라고 하기에는 너무나 적은 액수였다. 파병 군인들이 이 정도의 전투 수당과 월급을 받고서도 만약 베트남에서 돈을 썼다면 본국에 송금할 수 있는 여유가 생길 수 없었다. 파병 군인과 기술자들의 저축액이 당시 한국의 가계저축액에서 차지하는 비중도 1967년 76.4퍼센트를 정점으로 해서 1969년 51.8퍼센트, 1970년 45.5퍼센트에 이르렀다.

죽거나 부상을 당해도 충분한 보상을 받지 못했다. 사상자는 미국 정부가 지급하는 재해보상금을 받았는데, 전사자의 경우 총 4,968명에게 29억 9,200만 원 정도가 지급됐다. 이는 1인당 평균 60만 2,300원(2,316달러)에 지나지 않았다. 부상으로 장애를 입은 경우에는 8,004명에게 총 35억 1,300여 만 원이 지급됐다. 부상 정도에 따라 다르겠지만, 부상자의 수로 나누어보면, 1인당 평균 44만 원(1,690달러)이 지급됐다. 이는 전사자에 비하면 상대적으로 높은 액수였다고 생각할 수도 있지만, 3년 정도의 소득에 지나지 않는 액수였다.

1966년의 기록을 보면 장군과 영관급의 경우 전사 및 장애 1급은 72만 5,760원을 받은 반면, 위관급은 51만 원에서 65만 원, 중사 이상의 하사관은 36만 원에서 62만 원을 받았다. 하사 이하 사병들에게는 34만 3,200원(1,320달러)이 지급됐으며, 순직 및 장애도 2급에게는 22만 8,800원, 사망 및 장애도 3급에게는 17만 1,600원(6.50달러)이 지급됐다. 사병들이 전사했을 때 받는 금액은 당시 직장인의 1년치 월급을 조금 웃도는 액수였다.

전사자를 보면 위관급 중에는 대위(110명, 장교 사망자 중 약 35퍼센트)가 가장 많았고, 하사관 중에는 하사(1,289명, 하사관 사망자 중 70퍼센트), 사병 중에는 병장(1,433명, 전체 사병 중 48퍼센트)이 많았다. 대위와 하사, 그리고 병장들은 야전 전투 단위의 지휘관과 선임을 맡아서 전선의 제일 앞에서 싸운 군인들이었다. 가장 의욕에 충만해서 전투부대를 이끌어야 하는 위치에 있었다. 만약 프래깅 사건이 발생한다면, 그 대상이 될 수 있는 위치이기도 했다. 또한 전체 전사자 중 위관급 이상이 297명(15.6퍼센트), 하사관급 이하가 4,327명(84.4퍼센트)이었다. 전·사상자 보상금이 정확히 다 지급됐는지도 알 수 없다.

기술자와 근로자들도 생사를 넘나들었다. 한진의 경우 꾸이년에서 하역된 물품들을 안케패스Ankhe Pass를 따라서 쁠래이꾸로 수송하는 작업을 했는데, 이곳은 베트남 중부에서 가장 많은 전투가 있던 지역 중 하나였다. 따라서 희생자가 날 수밖에 없었다. 1966년 베트남에 진

1971년 9월 15일 '한진파월기술자 미지불임금 청산투쟁위원회' 회원 400여 명이 몽둥이를 들고
서울 남대문로 2가 칼빌딩에 몰려들어 미지급 임금을 달라고 외치며 호텔 유리와 로비 기물을
부수고 국제선 매표실에 불을 질렀다. 한국 기업이 베트남전쟁으로부터 벌어들인 돈은 기술자들
에게 제대로 지불되지 못했다.

출해서 1969년 초까지 16명의 희생자가 발생했고, 1969년 8명 중경상, 1970년 4명 사망, 7명 부상, 1971년 5명 사망, 11명 부상 등 사상자가 끊이지 않았다. 이들에게 어느 정도의 보상금이 지급됐는지는 정확히 알 수 없다.

기술자들과 근로자들의 봉급도 제때 지급되지 못했다. 1971년 9월 15일에 발생한 칼빌딩 방화 사건은 그 대표적인 사례였다. 당시 그들에 의하면 1966년 이래 파월 기술자·근로자 4,000명에게 근로기준법에 규정된 법정 제 수당이 지급되지 않았다. 1인당 375만 원, 도합 149억 원에 달하는 임금도 지급되지 않았다. 비정규직으로서 노동쟁의를 비롯한 단체행동을 하지 않는다는 불리한 노동계약을 한 한진의 근로자들은 이러한 상황에 대해서 항의할 수 없었다. 이들은 한국 기업이 미국 기업의 하청을 받을 때는 1인당 계약액이 1,000달러 이상이었는데, 지급된 것은 포괄 수당으로 400여 달러 정도였다는 사실을 알고 있었다.

임금을 제대로 받지 못한 기술자·근로자들은 1969년 9월 '귀국파월기술자친목회'를 조직하여, 미불임금을 받기 위한 투쟁을 시작했다. 처음에는 민사소송을 하다가 1971년 2월 '한진파월기술자 미지불임금 청산투쟁위원회'를 결성했다. 이들은 같은 해 9월 15일 칼빌딩에 들어가 빌딩을 점거하고 회사에 미지불임금의 지급을 요구하다가, 회사 쪽이 이를 수용하지 않자 방화를 저질렀다. 칼빌딩 농성자 중 13명에게 징역 1~5년이 선고됐다. 한진 쪽은 미지불임금으로 어떤 제재를 받았는지 알려지지 않았다.•

"월남에서 돌아온 김상사"는 허상이었나? '굳게 닫힌 그 입술 무거운

• 윤충로, 〈베트남전쟁 시기 '월남 재벌'의 형성과 파월 기술자의 저항〉, 《사회와역사》 제79호, 한국사회사학회, 2008, 93~128쪽.

그 철모 웃으며 돌아왔네.' '폼을 내는 김상사'와 '믿음직한 김상사'는 '내 맘에 들었어요'. 베트남에 다녀오면 돈뿐만 아니라 귀국할 때 미제 전자제품과 양담배 등을 많이 가져온다고 소문이 났던 것 같다. 또 그런 소문과 노래를 통해서 베트남으로 가라는 주문을 했던 것 같다. 그러나 그들이 전선에서 겪어야 했던 죽음을 넘나드는 고통은 누구도 노래로 만들지 못했다. '월남에서 돌아온 김상사'를 불렀던 당대의 아이돌 김추자는 1969년 '님은 먼 곳에'를 드라마 주제곡으로 발표했는데, 실상 그 가사는 먼 전장에서 죽어간 군인들을 그리는 듯했다.

> 사랑한다고 말할 걸 그랬지
> 님이 아니면 못 산다 할 것을 (…)
> 님은 먼 곳에 영원히 먼 곳에

정글에서 수색작업을 하면서 미군 비행기가 고엽제를 뿌리면 하늘에서 물이 떨어져서 시원하다고 느끼면서 기꺼이 고엽제를 맞았던 군인들. 베트콩과 민간인이 구분되지 않는 상황에서 민간인을 죽인 뒤 겪게 된 외상후 스트레스 장애. 베트콩으로 잘못 알고 아군에게 총기 사고를 일으킨 군인들의 정신적 고통. 베트남의 후방에서 근무했던 군인들과는 달리 전선에 있었던 군인들이 가져온 돈은 모든 고통의 대가였다.

정부는 이들에게 충분한 대가를 치렀는가? 한국 정부가 미국 의회의 사이밍턴위원회 청문회 자료로 제출한 자료를 보면 1969년 11월 30일까지 미국으로부터 한국군 근무 수당 1억 2,700만 달러, 전 사상자 보상금으로 1,040만 달러가 지급된 것으로 보고됐다. 당시 한국 정부와 미국 정부가 합의한 수당을 고려한다면, 정부가 수당의 대부분을 제대로 지급했을 가능성이 크다. 그러나 실제로 각각의 병사들에게 어느 정도가 지급됐는가에 대해서 밝힌 자료는 없다.

사이밍턴위원회 당시 한국 정부는 브라운각서 이후 한국에 공여된 미국의 원조 관련 자료들을 보내면서, 미국 정부에 대해 각서 중 민감한 부분(군원이관과 주베트남 한국군 장병에 대한 수당 및 전사시에 대한 보상 문제)에 대해서는 삭제하거나 적절히 표현을 바꾸어 공개할 것을 요구했다. 이 문서는 "브라운각서 공개 문제와 관련한 정부의 조치 사항 및 경위(1970년 2월)"라는 제하에 작성됐으며, 문서의 겉표지에는 '예고문'이라는 이름으로 "폐기하라(1970.3.5)"는 내용이 적혀 있다.•

현재까지 공개된 자료에 의하면 군인들이 받은 전투 수당은 1966년 3월 한국 정부와 미국 정부가 합의한 일당(하사 1.9달러, 병장 1.8달러, 상병 1.5달러, 일병 1.35달러, 이병 1.25달러)과 지급한 일당 사이에 큰 차이는 없다. 그 금액이 그대로 지급됐다고 하더라도 병사들이 받은 수당의 대부분을 '강제'로 송금하도록 했을 가능성이 있다. 송금수수료, 환전수수료만으로도 한국 정부는 큰 수입을 얻을 수 있었기 때문이었다. 물론 베트남에 파병된 다른 나라의 군인들에 비하여 상대적으로 적은 보상을 받았다는 점은 부인할 수 없다.

또한 귀국 후 국가유공자로 적절한 보상을 못 받고 있을 뿐만 아니라 고엽제 피해를 입은 군인들에 대한 치료 역시 제대로 이루어지지 못하고 있다. 미국과 호주, 뉴질랜드의 참전 군인들의 경우 1984년 고엽제 제조회사로부터 1억 8,000만 달러의 기금을 지급받았지만, 한국군의 경우는 그 대상이 되지 못했다. 1993년 한국 정부는 법률 제4547호로

• 외교사료관 사이밍턴위원회 관계철.

고엽제 후유증환자 지원 등에 관한 법률을 제정했지만, 고엽제 후유의증 환자를 제대로 판명하기 어렵기 때문에 제대로 된 보상이 이루어지기 어려운 것이 현실이다. 베트남 참전자들의 사이트에는 "고엽제 환자 전면 재신검해야 합니다. 엉터리 고엽제 때문에 실질적으로 혜택을 받아야 할 전우들이 피해를 입고 있습니다"라는 언급도 있다.

부상자들을 위해 정부에서는 특별한 마을을 만들기도 했다. 1969년 초 포항 인근에 전상자촌을 마련하고 '새마을'로 명명했다. 여기에 20세대(남자 49명, 여자 37명)가 입주했는데, 1급 전상자 9세대, 2급 전상자 9세대, 전사자 유족 1세대로 구성되어 있었다. 이들에게는 전답경작, 과수원, 축산, 양잠, 두부공장 등 자활영농을 할 수 있는 기회가 주어졌는데, 이들의 소득은 국가원호 및 기관생활 보조금을 포함해서 1만 5,000원에서 3만 원 정도였다. 그런데 문제는 입주한 세대가 얼마 안될 뿐만 아니라 입주자들의 반 이상이 노동 자체가 불가능한 상황이었다는 사실이다. 전상자들의 현황을 보면 두 눈 실명, 양발 뒤꿈치 관통, 신경 마비, 양팔 절단, 대퇴부 절단, 전신불수 등이 절반을 차지했다.•

개인들에게는 충분히 보상을 하지 못했어도 국가적 차원에서 볼 때 전쟁 특수가 경제 성장에 큰 공헌을 했다는 것은 충분히 이해할 수 있지만, 이 주장에도 함정이 있다. 베트남 파병 군인들과 기술자들의 월급으로 국내 저축이 큰 폭으로 증가했음에도, 1969년부터 부실기업이 속출하고, 1972년에 가서는 급기야 8·3 조치라는 대통령 긴급명령을 발효한 것은 무엇 때문이었는가? 부실기업 사태와 8·3 조치가 기업가들의 부도덕한 운영(주로 부동산 투기와 위장사채의 운용)과 정부의 과도한 수출 추진

• 대통령기록관 자료, 〈포항 파월전상자촌 '새마을' 방문 결과보고(EA0004266)〉, 1969년 7월 14일.

정책이 빚어낸 결과라고 하더라도, 이러한 위기를 막아내기에 충분한 국내 저축은 존재하지 않았던가? 군인과 기술자들이 죽음을 무릅쓰고 가서, 그것도 한푼 한푼 아껴서 보낸 돈은 다 어디로 갔던 것인가?

남의 나라 전쟁터에서 한국의 젊은이들, 그리고 그 나라 민간인들의 피를 보면서 번 돈이 과연 얼마나 떳떳한 돈이 될까? 미래의 세대들이 전쟁터에서 벌어온 돈으로 한국이 이렇게 발전했다고 한다면 자랑스러워할까? 일본이 한국전쟁 시기 전쟁 특수를 통해 경제 부흥을 이룩했다는 데 대해서는 온갖 비판을 다 하면서, 우리가 한 것에 대해서는 잘했다고 할 수 있는가? 남이 하면 불륜이고, 내가 하면 로맨스인가?

미국, 박정희의 뒤통수를 치다

닉슨 독트린

닉슨 독트린으로 베트남 파병국들은 큰 충격을 받았다. 미국의 요청으로 베트남에 파병했건만 철수와 관련해서는 파병국들한테 사전 협의를 하지 않았다. 또한 베트남에서 미군이 철수한다면 한국, 타이, 필리핀군은 더 이상 베트남에 주둔할 명분이 없었다. 그뿐만 아니라 미군 없이 파병한 소규모 군대의 안위를 장담할 수 없는 상황이었다. 한국군의 경우 5만 명 정도가 파병되어 있었고, 독자적인 작전권을 갖고 있었지만, 미군 없이 단독 작전을 수행할 수 없었다. 미 공군이나 포병대의 엄호를 받아서 작전하는 경우가 많았기 때문이다. 미군이 철수한다면, 군수물자의 지원에 차질이 생기는 것 역시 고려해야 했다.

3국의 또 다른 고민은 자국에 주둔하는 미군 문제였다. 한국과 필리핀은 제2차 세계대전 종전 직후부터 미군이 주둔하고 있었고, 타이는 베트남전쟁을 계기로 미군한테 군사 기지를 양여하고 있었다. 3국에 있는 미군은 자국의 안보를 위해 중요한 구실을 했다. 한국은 전쟁이 완전히 끝나지 않은 정전 상태였고, 1960년대 말까지 북한의 경제 상황이 남한보다 더 나은 터였기 때문에 미군의 주둔이 필요했다. 타이는 베트남전쟁으로 말미암아 전쟁터가 된 라오스·캄보디아와 국경을 맞대고 있었다. 필리핀은 외부로부터 직접적인 위협은 없었지만, 내부의 공산 게릴라들의 활동으로 인해 골머리를 앓고 있었다.

미군 주둔의 또 다른 역할은 경제적인 부분이었다. 주둔 미군을 위한 역내 조달은 역시 한국과 타이, 그리고 필리핀 경제에 중요한 영향을 미쳤다. 해외의 미군은 주둔을 위한 대부분의 물품들은 본국으로부터 공수했지만, 일부 품목은 주둔지로부터 조달했다. 미군 주둔 지역의 정부들은 미군에게 더욱 많은 군수품을 조달함으로써 경제적 효과를 누리기 위해 미군 쪽과 다양한 형태의 교섭을 벌였다. 박정희 정부에서 베트남 파병을 계기로 주둔군 지위협정SOFA을 위한 교섭에 적극적으로 착수한 것은 미군 범죄에 대한 사회적 여론 탓도 있었지만, 한국산 물품의 조달을 통한 경제적 이득을 얻고자 하는 이유도 있었다.

또한 미군들이 자국에서 사용하는 휴가비 역시 경제에 큰 보탬이 됐다. 한국 사람들의 주요 관광지인 타이의 파타야와 필리핀의 클라크는 모두 미군 기지가 있었거나 미군들의 휴양지로 개발된 곳이었다. 한국의 경우에도 1960년대 초 군사정부에서 미군 기지 주변의 기지촌을 '특별구역'을 지정해 매매춘을 용인하도록 했다. 5·16 쿠데타 직후 '윤락 행위 등 방지법'을 제정한 지 1년도 안 된 시점이었다. 1969년에는 미군 제8전술전투비행단이 주둔해 있는 군산에 아메리칸 타운을 만들었는데, 새마을 사업이라는 명목으로 정부의 지원하에 만들어진, 미군을 위한 매매춘 지역이었다.•

한국 정부는 베트남 파병의 대가로 주둔군 지위협정의 체결을 요구했다. 전투부대가 파병된 1965년부터 본격적으로 한국 정부와 미국 정부 사이에 주둔군 지위협정 협의를 시작했다. 가장 중요한 내용은 미군

• MBC 다큐멘터리 〈이제는 말할 수 있다〉 61회(2003년 2월 9일 방영), '섹스 동맹: 기지촌'.

1970년대 동두천의 미군 기지 주변 기지촌의 모습. 한국 정부는 여성들을 안보전사이자 산업역군이라고 떠받들었지만, 정작 그들의 인권은 아무도 보호해주지 않았다.

이 사용하는 지역의 대여와 회수 문제였지만, 경제적 이슈 역시 매우 중요한 협의 사항이었다.

미군 기지로부터 유출되는 미제 물품 역시 중요한 논의 대상이었다. 한국 정부는 베트남 파병을 계기로 해서 귀국 장병이 가져오는 미군 전자제품은 용인했지만, 미군 기지로부터 유출되는 제품들은 적극적으로 단속했다. 당시 한국 정부는 외제 전자제품의 수입을 금지했으며, 수입이 되는 경우에도 엄청난 관세를 부여했기 때문에 미군 부대로부터 유출되는 전자제품은 세금 수입에 전혀 도움이 되지 않았다. 따라서 이들 유출품은 밀수와 동일하게 취급됐다.

양담배 역시 중요한 논의 사항이었다. 한국 정부는 양담배의 지속적인 유출에 대해 주한미군 쪽에 항의했고, 주한미군은 미군의 담배에 일본산 포장재를 사용하는 것에 반대하는 한국 정부에 항의했다. 박정희 대통령은 직접 양담배의 유통을 막기 위한 지시를 내리기도 했다. 또한 한국 정부는 미군의 요청을 받아들여 기지촌 여성들에 대한 보건 검사를 강화했다. 새로운 성병 치료 방식이 도입됐고, 기지촌 여성들은 한국 정부가 마련한 위생검사를 의무적으로 받아야만 했다. 미국 정부는 성병이 미군의 군사력을 약화시킨다는 입장이었고, 한국 정부는 미군이 국내에서 더 많은 돈을 쓰도록 해야 했다.

미군 주둔의 이유가 이상과 같이 중요한 상황에서 닉슨 독트린을 통한 미군 감축 또는 철수의 가능성은 한국 정부한테 큰 충격이었다. 닉슨이 베트남을 향해서 독트린을 발표한 것이었지만, '베트남'이 아니라 '아시아'라는 용어를 사용했다는 점에서 한국 역시 예외가 되지 않을 수도 있었다. 이는 또한 안보 위기를 초래할 가능성이 있었다. 베트남에 한국군이 있는 동안 주한미군의 규모에 변화가 없을 것이라는 존슨의 약속이 있었지만, 닉슨 독트린 이후 상황변화가 올 수도 있었다. 닉슨은 이미 독트린을 발표하기 전인 1969년 6월, 제2차 세계대전 일본과의 격전지였던 미드웨이제도에서 티에우 대통령과의 회담을 통해 2만 5,000명의 미군을 8월 31일까지 철수하겠다는 결정을 발표했다.•

다른 한편으로 한국 정부는 경제적 혜택을 더 누리기 위해서는 한국군의 베트남 주둔이 계속되기를 희망했다. 베트남전쟁으로 인해 1968년 남북 사이의 안보 위기가 발생했지만, 한국군의 전투 수당과 파병을 통한 미국의 특별 원조, 베트남에 대한 한국의 수출과 한국 기업의 진출 등은 1960년대 중반 이후 한국 경제 성장에 가장 중요한 고리였다. 1960년대 말 부실기업이 속출하는 가운데에도 전쟁 특수를 통해 한국

• 〈동아일보〉 1969년 6월 9일자 1면, '닉슨 티우 공동성명 요지.'

경제는 버틸 수 있었다. 1969년 4월 미국을 방문하여 닉슨을 만난 정일권 국무총리는 '향후 2~3년 동안 베트남에 계속 참전하는 것을 고려'하고 있으며, '북베트남 지역에 대한 군대 배치도 고려하고 있다'고 한국 정부의 입장을 전달했다.*

한국 정부가 닉슨 독트린으로 고민하고 있을 때 박정희 대통령과 닉슨 대통령이 샌프란시스코에서 만났다. 1969년 8월 21일이었다. 닉슨은 한국은 예외 지역이라고 말했다. 그리고 만약 주한미군의 감축 또는 철수 계획이 있을 경우 사전에 한국 정부에 그 일정을 알려주고 베트남에서의 평화 협상에 대해서도 한국 정부와 긴밀히 협의하겠다고 말했다. 박정희는 존슨 행정부의 약속이 계속 이행될 것이라고 믿었고, 미국 정부나 베트남 정부가 철수를 요구할 때까지는 한국군을 베트남에 주둔시키겠다고 말했다. 존슨이 중지한 북베트남에 대한 폭격을 재개할 계획이라는 닉슨의 주장에 반대하지 않는다는 입장도 전달했다.

한·미 관계의 측면에서, 그리고 경제적 측면에서 베트남 파병을 통한 여러 가지 혜택을 누리던 한국 정부로서는 베트남에서의 철수를 위한 계획을 당장 내놓을 이유가 없었다. 당시 한국의 신문들은 한·미 정상회담을 보도하면서 닉슨 독트린에도 불구하고 미국의 대한 정책에는 변화가 없을 것이라고 보도했다. 한국의 정치인들도, 신문들도, 정상회담에서의 닉슨의 말을 있는 그대로 믿었다. 그가 어떤 사람인지 잘 모르고 있었다.**

한·미 정상회담을 통해 한국 정부는 닉슨의 공약을 전적으로 신뢰했

• 대화비망록(1969년 4월 1일), *FRUS 1969~1976*, Vol. 14. Part 1, Korea(http://history.state.gov/historicaldocuments/frus1969-76v19p1/ch1 참고).

•• 대화비망록(1969년 8월 21일), *FRUS 1969~1976*, Vol. 14. Part 1, Korea(상동).

지만, 닉슨이 얻은 것은 달랐다. 닉슨은 미군의 철수 일정과 관계없이 당분간 베트남에 대한 한국 정부의 정책이 바뀌지 않을 것이라는 사실을 확인했다. 베트남화 정책이 실시되고, 미군의 감축과 철수가 이어져도 한국군이 베트남에 연인원 5만 명 규모를 유지한다면, 힘의 균형이 유지되는 상황에서 미군이 안전하게 철수할 수 있는 조건을 만들 수 있다는 구상도 가능해졌다. 특히 당시 한국군이 북베트남과 접하고 있는 비무장지대 일부와 베트콩들의 주요 활동 무대였던 산악지대, 그리고 해변 지역에 주둔하고 있었기 때문에 베트남에서의 큰 상황 변화 없이 미군이 철수할 수 있는 상황이 조성될 수 있다고 보았다.

닉슨은 박정희를 만난 지 불과 3개월이 지난 시점에서 주한미군의 규모를 줄이는 방안을 연구하라고 지시했다.˙ 닉슨의 관료들은 7사단을 철수시키고 주한미군의 규모를 절반으로 감축하는 방안을 마련했다. '보복 공격 작전에 필요한 공군과 해군은 유지해야 하지만, 지상군은 감축 또는 철수한다'는 그의 방침은 8년 후 카터의 대통령 선거 공약 내용과 유사한 것이었다. 한국 정부와의 사전 협의는 전혀 없었다. 닉슨은 박정희의 뒤통수를 제대로 친 것이다.

1970년 3월 20일 키신저는 주한미군 2만 명을 1971년 말까지 철수시키는 문제에 대해 박정희 대통령에게 직접 전달할 것을 국무부에 지시했다.˙˙ 주한미군 감축 정책이 한국 정부에 전달되자마자 박정희는

˙ 닉슨이 키신저에게 보내는 비망록(1969년 11월 24일), *FRUS 1969~1976*, Vol. 14. Part 1. Korea (http://history.state.gov/historicaldocuments/frus1969-76v19p1/ch2 참고).

˙˙ National Security Decision Memorandum 48, *FRUS 1969~1976*, Vol. 14, Part 1. Korea (http://history.state.gov/historicaldocuments/frus1969-76v19p1/d56 참고).

같은 해 4월 20일 주미 한국대사를 통해 타자가 아닌 직접 손으로 쓴 편지를 보냈다. 주한미군의 감축을 예상하지 못한 것은 아니었지만, 한국 정부의 입장에서는 사전 논의 없이 일방적으로 통보됐다는 사실 자체만으로도 배신감을 느끼기에 충분한 상황이었다. 게다가 만약 주한미군의 1개 사단 2만 명이 한국으로부터 철수한다면, 베트남에 전투부대를 파병할 때 한국 정부가 내세웠던 가장 중요한 명분이 흔들리는 것이다.

박정희 정부는 한국이 전투부대를 파병하지 않을 경우 주한미군의 일부가 베트남으로 이동할 수도 있으며, 이를 막기 위해서는 한국군이 베트남으로 가야만 한다고 주장했다. 이는 1967년 대통령 선거 유세기간 동안 특히 강조됐다. 주한미군의 일부가 베트남으로 갈 경우 한반도에서는 안보 공백이 생길 수 있다는 것이었다. 이미 1967년부터 1969년까지의 안보 위기를 통해서 베트남 파병의 근본적인 목적이 달성되지 않았음을 스스로 증명할 수밖에 없던 한국 정부는 닉슨 행정부의 주한미군 감축 정책이 발표될 경우 다시 한번 스스로의 명분이 잘못됐다는 것을 자인하는 모양새가 될 수밖에 없었다.

그나마 한국 사회의 관심이 안보보다는 경제 문제에 집중되어 있었다는 점이 위안이었다고 할까? 베트남 파병으로 한·미 관계가 가장 좋은 상태라고 했던 주장도 사실이 아님이 드러났다. 불과 8개월 전 정상회담을 통해 한국만은 닉슨 독트린에서 예외라고 장담했지만, 그 주장이 허세였음이 드러났으니, 한국 정부는 낙동강 오리알 신세가 됐다.

조금은 미안한 마음이 들었던 것일까? 닉슨은 박정희의 편지를 받은 지 사흘 만에 답장을 보냈다. 그러나 그는 8개월 전에 했던 말에 대해서는 전혀 언급하지 않았다. 박정희 정부가 지난 몇 년 동안 빛나는 성장을 거듭해서 북한을 앞지를 수 있게 됐다는 점, 베트남 파병을 통해 한국군의 규모가 과거 10년간 가장 큰 규모로 성장했다는 점, 그리고 박정희의 편지에서 언급된 1949년의 완전 철수와는 달리 주한미군의 3분의 1도 안 되는 병력만이 감축되는 것이며 나머지 병력은 그대로 주둔할 것이라는 사실만이 강조됐다. 닉슨은 추가 철군을 위한 정책이 논의되고 있다는 사실은 전혀 언급하지 않은 채 자신의 대한 원조 정책이 미국 의회에 의해서 지체되고 있다고 책임을 떠넘기기에 급급했다.

편지의 말미에서 그는 다음과 같이 적었다. "미스터 프레지던트, 나는 나의 제안이 양국의 이해에 근거한 것이며, 이 제안을 수용하는 것이 당신 나라와 전 세계에 한국이 이룩한 뛰어난 진전의 자연스럽고 자랑스러운 결과라는 사실을 보여줄 수 있다는 점에 동의할 것이라고 기대한다." 이제 더 이상 주한미군과 관련해서 한국 정부한테 한국군은 '알라딘의 램프'가 아니라는 점을 선언한 것이다.

한 달이 지난 5월 29일 포터 주한 미국대사는 박정희의 상태를 관찰, 보고하기 위해 청와대를 방문했다. 분위기는 싸늘했다. 박정희는 1969년 8월 정상회담에서 닉슨이 했던 말이 사실이 아니었느냐고 따졌다. 포터 대사는 닉슨이 편지에서 말한 바와 같이 행정부의 정책에 딴죽을 거는 의회에 모든 책임을 넘기고자 했다. 만남이 끝난 뒤 포터는 다음과 같이 모임의 느낌을 국무부에 보고했다.[*]

박의 태도가 우리에게 끼칠 장기적 의미에 대한 나의 시각은 추후에 언급하도록 하겠다. 대화가 끝난 뒤에 한 가지 흥미로운 일이 일어났다. 우리가

• 주한 미국대사관 전문(1970년 5월 29일), *FRUS 1969~1976*, Vol. 14, Part 1, Korea (http://history.state.gov/historicaldocuments/frus1969-76v19p1/ch1 참고).

작별인사를 하고 사무실을 떠나는 도중 나는 한 번 더 돌아서서 그를 보았다. 박은 유엔 군사령관이 전한 승인된 감군 계획의 개요를 보며 무슨 이유에선지 웃고 있었다. 나에게는 이상해보였다. 회의 도중에 전혀 그런 미소를 보여준 적이 없기 때문이다.

그때 박정희 대통령의 미소는 무엇을 의미하는 것이었을까? 허탈함이었을까? 같은 해 12월 '지난 25년간 미국에 협조했던 한국이 공터에 버려진 느낌이다'라고 키신저에게 말했던 김종필의 느낌과 같은 것이었을까? 아니면 예상하고 있었다는 미소였을까?

이제 한국 정부의 발등에 불이 떨어졌다. 주한미군에 변화가 있을 경우 한국군을 베트남으로부터 철수시키겠다는 협박은 더 이상 통하지 않았다. 미군은 베트남에서 철수를 시작했다. 주한미군의 일부도 철수했다. 1971년 판문점 군사정전위원회의 유엔군 대표를 한국군으로 바꾸려는 시도가 있었던 점을 고려한다면, 주한미군이 더 철수할 가능성도 있었다.

이제 베트남 파병의 명분은 모두 사라졌다. 1971년부터 안보 위기 대신 남북 적십자회담이 시작됐다는 것이 변화된 상황일 뿐이었다. 이러한 상황에서 베트남에 있는 한국군을 어떻게 해야 할 것인가? 미군이 떠나더라도 경제적 이익을 위해서 당분간 그대로 놓아두어야 하는가? 아니면 가능한 한 빨리 철수함으로써 한국군의 피해를 최소화해야 하는가?

6부

미군 철수 이후의 세계

미군이 없어도 남는다?

1972년 한국의 베트남전쟁

닉슨 행정부가 들어서기 이전 베트남의 한국군은 미군을 한반도에 잡아둘 수 있는 카드였다. 하지만 닉슨 행정부가 들어서면서 베트남에 있는 한국군이 더는 지렛대 노릇을 하지 못했다. 더 많은 한국군을 요구했던 존슨 행정부와는 달리 닉슨 행정부는 동맹국의 정책과 관계없이 베트남에서의 철수 정책을 확고히 했기 때문이다. 이제 한국 정부는 베트남으로부터 한국군의 철수를 위한 정책을 세워야 했다.

한국 정부한테 베트남에 있는 한국군 철수 문제는 뜨거운 감자였다. 닉슨 대통령의 주한미군 감축에 관한 편지가 전달된 1970년의 봄은 1971년 대통령 선거와 총선거를 1년 앞둔 시점이었기 때문이었다. 박정희 정부가 내세우고 있었던 가장 큰 업적이 베트남 파병을 통한 전쟁 특수와 주한미군을 한반도에 잡아두었다는 것이었는데, 두 업적이 모두 사라질 위기에 처한 것이다.

1971년 선거는 박정희에게 큰 도전이었다. 학생과 야당의 반대에도 불구하고 1969년 삼선 개헌을 강행한 이후 치러지는 선거였다. 이 선거에서 이긴다고 하더라도 박정희에게는 적법한 절차를 통해 대통령이 될 수 있는 마지막 기회였다. 만약 선거 이전에 주한미군의 대규모 감축 또는 철수가 발표되거나 베트남에 주둔한 한국군에 문제가 생길

1971년 4월 27일 치러진 제7대 대통령 선거에서 박정희는 삼선 연임에 성공하며 유신 독재의 교두보를 확보했다. 사진은 당시 후보자들의 선거 유세 포스터로 기호 2번 김대중 후보의 포스터는 뜯겨 있다.

경우 박정희에게 1971년은 '마지막' 기회가 아니라 '기회' 자체가 아닐 수도 있었다.

1969년 6월 티에우 대통령이 한국을 거쳐 미드웨이제도에서 닉슨을 만났을 때 베트남으로부터의 미군 철수가 국내에 알려졌다. 그러나 한국 정부의 첫 반응은 남베트남 정부가 철수를 요청할 때까지 한국군을 철수하지 않겠다는 것이었다. 오히려 베트남 전후 복구에 적극적으로 참여할 것이라는 입장을 밝혔다.*

한국 정부의 입장은 전선으로부터도 재확인됐다. 주베트남 한국군 사령관은 미군의 철수와 관계없이 한국군이 주둔하는 그날까지 '휴전

• 〈경향신문〉 1969년 9월 2일자 1면, '주월 국군 철수않아.'

이란 있을 수 없다'고 강조했다. 아울러 "지금까지 한국군이 전투에 있어 사실상 과감하지 못했던 점이 있었다"고 지적하면서 앞으로 적의 집결지나 은거지를 과감하게 선제공격하여 전술 책임 지역을 100퍼센트 평정하는 데 전력하겠다"고 밝혔다.[*] 미군이나 남베트남군이 한국군에게 요청했던 기동전을 거부했음에도 불구하고 기자에게는 기동전을 펼칠 가능성을 내비친 것이다.

이세호 사령관은 다음 달에 있었던 신문 인터뷰에서 자신이 주베트남 사령관에 임명된 뒤인 6월과 7월 사살률이 한국군 1명에 공산군 28명 꼴로 증가했다고 말했다. 또한 중부 해안 지역 연해에 있는 6,800제곱킬로미터의 한국군 책임 지역 내에서의 평정 작전이 성공했기 때문에 한국군은 일주일 전부터 책임 지역을 976제곱킬로미터 더 넓히기 시작했다고 밝혔다.[**]

한국 정부가 한국군 철수와 관련해서 구체적인 계획을 결정하지 못하고 있는 상황에서 필리핀 정부는 갑자기 1969년 12월 31일까지 1,500명의 공병단 철수를 완료할 것이라고 발표했다.[***] 미군이 감축되면 필리핀군의 안위를 책임질 수 없었다. 타이 정부도 1970년 8월 28일 철수를 발표했다. 그뿐만 아니라 필리핀 정부와 타이 정부는 닉슨 독트린 이후 베이징과 모스크바에 손을 내밀었다. 더 이상 미국만 믿고 있을 수는 없다고 생각한 것일까?

- [*] 〈동아일보〉 1969년 7월 3일자 1면, '선제공격으로 평정주력 미철군 한국군과 무관.'
- [**] 〈매일경제〉 1969년 8월 18일자 1면, '이주월군사령관담 적 사살률 배 늘어 한국군 관할지역 확대.'
- [***] 〈경향신문〉 1969년 11월 17일자 3면, '월남에 주둔하고 있는 1,500명의 필리핀 공병단.'

닉슨 행정부는 베트남에서 미군이 철수하더라도, 그리고 한반도에 있는 주한미군이 감축되거나 철수하더라도 한국군은 베트남으로부터 철수하지 않기를 원했다. 주한미군 1개 사단의 철수와 주베트남 미군의 철수 계획이 발표된 이후에도 미국의 국무부는 한국 정부가 경제적으로 '수익성이 높은' 베트남에서 더 장기적으로 주둔할 계획을 세우고 있기 때문에 미군 철수 이후 남베트남 정부를 보호할 '보험'으로서 한국군을 계속해서 주둔시켜야 할 가능성이 제기됐다. •

1971년 4월 13일 백악관 국가안보회의 요원이 키신저에게 보낸 메모에 따르면 한국 정부가 1972년 한국군을 철수시키는 계획에 대해 언급했지만, 그건 단지 여론타진용·trial balloon에 불과하고, 단지 미국의 반응을 지켜보려고 하고 있다고 판단했다.

한국 정부는 우왕좌왕했다. 주베트남 한국군을 장기 주둔시키고자 했던 미국의 입장이 조금씩 흘러나오면서 한국 정부는 더 큰 고민에 빠질 수밖에 없었다. 정래혁 국방부 장관은 '주베트남 한국군이 미군에 앞서 철수한다'고 기자회견을 했다가 이것이 보도되자 '국익을 해치는 것'이라고 언성을 높이며 각 일간신문을 기자들이 보는 앞에서 방바닥에 내팽개치는가 하면, 기사를 고쳐 쓰라고 기자들에게 요청했다. 기자들은 정 장관의 행위는 전체 언론계에 대한 모욕이라며 공개 사과할 것을 요구했다. ••

1970년 4월 주한미군 1개 사단의 철수가 한국 정부에 통보됐음에도 불구하고, 정래혁 장관은 주한미군 철수설은 '미국 내 일부 반전분자들의 견해'일 뿐이라고 일축했다. 박정희도 6월 8일 주한미군 감축은 미

• 국무부 국가정보 추정(1970년 12월 2일).

•• 〈동아일보〉 1971년 7월 1일자, '휴지통'.

국 정부의 공식 결정이 아니라고 밝혔다. 주한미군 1개 사단 철수 정책이 미국 정부의 검토 대상이지만, 이것은 "한·미 상호방위조약 정신 및 상호공약에 비추어 있을 수 없는 일"이라고 말했다.[*]

한국 정부의 희망과 달리 미국 정부로서는 한국 정부를 고려할 만한 여유가 없었다. 베트남전쟁으로 인해 한국을 비롯한 동맹국한테 너무나 많은 돈을 썼고, 또 쓰고 있다는 의회와 언론의 비판을 잠재워야 했다. 1970년 7월 9일 미 국무부 대변인이 기자회견을 열고, 한국 정부와 충분한 협의를 거치겠지만, 포터 주한 미국대사가 정일권 국무총리에게 주한미군 감축 계획을 공식적으로 통고했다는 사실을 밝혔다.

박정희 정부의 뒤통수를 다시 한번 후려쳤다. 이튿날 최규하 외무부장관은 국회에서 '사전 협의'일 뿐이며, 이 협의에 따라 주한미군이 감축되지 않을 수도 있다고 말했다. 하지만 이는 이미 다 결정난 사항이었다. 한·미 정례안보회의에서 주한미군의 문제는 의제로 채택되지 못했다.[**]

의외로 주베트남 한국군 철수에 대한 이야기를 공개적으로 처음 꺼낸 사람은 유진산 신민당 당수였다. 베트남에 다녀온 그는 구체적인 내용은 밝히지 않은 채 "국민과 파월 장병의 희생과 노고를 되도록 훌륭하게 결실짓기 위해서는 한국군의 철수계획을 심각히 고려해야 한다"고 밝혔다.[***] 유진산이 베트남에서 들은 이야기는 무엇이었을까?

• 〈경향신문〉 1970년 5월 16일자 1면, '대對감 군원 계획 없어 주한 미군 감축설 사실과 달라.'
•• 〈경향신문〉 1970년 6월 8일자, '박 대통령, 대야對野 답변서 천명 주한미군 현수준 유지 긴요'; 〈경향신문〉 1970년 7월 10일자 1면, '감군 협의 응하지 말도록'; 〈경향신문〉 1970년 7월 27일자 1면, '대미 교섭 방향다져.'
••• 〈경향신문〉 1970년 8월 7일자 1면, '유당수, 주월군 철수 검토되어야.'

신민당은 1970년 9월 15일에도 다시 주베트남 한국군 철수를 촉구했다. "국군 파월에 있어 주한미군 감축은 양국 정부의 협의 없이 이행할 수 없다고 한 국제간의 협약을 미국이 일방적으로 파기하고 감군을 실현하고 있다는 점과 미국 조야의 왜곡된 한국관을 미리 예측 못한 것은 정부의 무책임 때문"이라고 한국 정부를 비난했다.

필리핀군은 1970년 철수했지만, 한국 정부는 이듬해 1월 11일의 대통령의 신년 기자회견에 가서야 단계적 감축을 검토하고 있다고 발표했다. 그러나 철수 일정은 결정되지 않았다. 한국군의 철수 이유는 미군 철수 때문이 아니라 베트남화가 예상외로 잘 진행되고 있기 때문이라는 언급도 잊지 않았다. 주베트남 미군이 급감하고 있었던 1972년 1월 말까지도 한국 정부는 입장을 정하지 못했다. 1972년 말에 철군을 해야 하는지, 아니면 1973년 6월에 해야 하는지, 그것도 아니면 '각하의 결심'으로 미군철수 이후에도 계속 주둔해야 하는지 논의하고 있었다.•

한국 정부가 결정을 미루는 동안 미군의 철수가 예정대로 실시될 경우 실질적으로 전투를 할 수 있는 남베트남 정부의 우방군은 한국군뿐이었다. 1971년 한국군은 베트남에 있는 전체 외국군 중 21.7퍼센트의 비중을 차지했다(미군 15만 6,800명, 한국군 4만 5,694명). 1969년 9.1퍼센트(미군 47만 5,200명, 한국군 4만 9,755명)를 차지했던 것과는 대조적이었다. 1972년에는 한국군의 비중이 60.5퍼센트에 이르러 미군(2만 4,200명)보다도 더 많은 3만 7,438명이 주둔하고 있었다. 1972년에 한해서 본다면 이 전쟁은 베트남에서의 미국의 전쟁이 아니라 한국의 전쟁이었다.

한국군의 전투 조건은 급격하게 바뀌었다. 우선 미군 철수 소식이 알

• 대통령기록관 자료, 〈합참의장의 베트남 출장계획 보고(EA0004538)〉, 1972년 1월 28일.

려지면서 사기가 떨어졌다. 청룡부대를 지원하던 미 해병대가 한국군의 작전이 실시되고 있었던 5월 7일 완전히 철수했다.

브러더 머린Brother Marine(해병 형제)이라고 규정을 들추지 않던 해병에 비해 줄어들고 있는 전비에 따라 지원이 까다로운 게 육군의 지원 태도라고 여단 고위 참모는 귀띔을 했다. 더구나 5월부터 사실상 미군이 작전에서 손을 떼기 때문에 앞으로 이번과 같은 대작전의 지원이 가능할지가 의문이라는 것이다.•

베트콩은 한국군과의 전투에서 전단을 뿌리기 시작했다. "철수를 앞두고 날뛰지 말라. 그대들의 고향으로 무사히 돌아가길 빈다. 우리를 공격하지 않으면 그대들도 공격받지 않을 것이다." 미국 상원에서는 "한국군은 이번 공세 이후 거의 아무런 도움이 되지 않았고 그들은 전투를 회피하고 있으며, 또 한국군 부대를 19번 공로상의 안개 통로 재개작전에 투입하도록 하는 동의를 얻는 데는 특별한 노력이 들었다"는 이야기도 나왔다.•• 닉슨 행정부 내에서 한국군이 효율적이지 않으니 한국군 지원비를 남베트남 군대 훈련비로 돌려야 한다는 목소리도 들렸다. "베트남에 있는 모든 군대 중 한국군이 최고이며, 그들의 어머니에게 미국이 얼마나 고마워하는지를 말해달라"고 했던 존슨 대통령의 칭찬은 온데간데없이 사라졌다.•••

• 〈경향신문〉 1971년 5월 5일자 2면, '철군 앞둔 선제 작전.'
•• 〈동아일보〉 1972년 6월 29일자 1면, '주월군의 작전 지역 확대에 앞서 한국, 수백만 달러 추원 제공 요구.'
••• 존슨 대통령과 정일권 총리의 대화록(1967년 3월 14일).

베트남에서 한국에 대한 여론도 급격히 악화됐다. 1970년 말 이효상 국회의장이 베트남을 방문해서 기자회견을 한 적이 있었다. 이때 첫 질문이 "주베트남 한국군이 파월된 이래 베트남인을 6,000명 살해했는데, 어떻게 생각하느냐"는 것이었고 두 번째 질문이 "한국 민간인들이 허가도 없이 증기탕 나이트클럽 등을 불법으로 경영하고 있는데 어떻게 할 것이냐"는 것이었다.[*]

미군의 지원 없이 베트남에서 전투를 벌이는 한국군의 피해는 점점 늘어났다.

주베트남 한국군은 분명히 안케 전투에서 파월 이래 일찍이 경험해보지 못한 고전을 겪었다. (…) 안케 협로는 전부터 적정이 심한 곳으로 한진 수송단이 가끔 피습을 당해 우리 민간인들이 많이 희생됐으며 전투가 벌어지기 전에도 베트남 민간인들로부터 베트콩들이 통행세를 받고 왕래를 허용했던 곳이다. 이곳에 맹호의 제1중계 기지가 절해의 고도처럼 들어 있었다.

주베트남 국군이 안케 전투에서 고전을 겪었던 이유는 세 가지로 집약할 수 있다. 첫째로 적정에 대한 정보가 어두웠다. 둘째로 국군의 장비 및 (미군의) 공격용 헬기와 전폭기 등의 공중 지원이 부족하다. 장갑차나 탱크조차 갖고 있지 않다. 고작 있는 것이 장갑병력수송차 몇 대 정도. 미군의 대규모 철수로 헬기 지원이 많이 줄어들었다.[**]

• 〈동아일보〉 1971년 11월 11일자 3면, '월남화·반전 속의 따이한: 현지서 본 주월 군의 오늘과 내일.'

•• 〈동아일보〉 1972년 4월 21일자 3면, '박흥원 특파원의 승전종군기: 안케 협곡 피 의 격전.'

미군의 철수로 지원을 받을 수 없다는 사실이 한국군의 전투 조건을 악화시키고 있었다. 설상가상으로 1969년 이후 군 지휘부의 교체도 문제였다.

　이○○ 장군의 지시각서를 기안했는데, 전술개념이 상당히 달라요. 지휘하는 성격이 다릅니다. (…) 지시각서를 기안해서 내는데, 이분이 기안한 것을 180도 바꾸는 것입니다. 기존의 방침을 살리면서 점차적으로 변경하도록 해서 지시각서의 묘미를 살렸습니다. 이 장군이 봤을 때에 자기가 이야기한 내용의 중점이 포함되게 하여 해석상으로 큰일이 없게 했습니다. 간단한 예를 하나 든다면 채 사령관은 "최소한의 희생으로 최대한의 전과를 얻는다. (…) 우리나라의 실리를 위해서 온 거다. 그러니까 우리 병사가 죽어서는 안 된다." 간단히 말해서 죽을 필요가 없다는 것이었습니다.

　1·21 사태 때 성과를 올린 이 장군은 "왜 적이 있는데 안 때리느냐? 적이 나타나면 싸우는 것이 군인이다. 군인이 정치적인 판단을 해서는 안 된다"는 것입니다. 극단적인 예로 이 장군은 평소에 "외국에서 베트남전을 청부 맡았다는 생각에서 하니까 그렇게 된다. (…) 지휘관들이 (봐서) 붙어봤자 실속 없다고 해서 놓아두고, 그것이 상습화되어 가지고 베트남전에서 전투 경험을 얻어 가지고 돌아간다는 것이 말이 되느냐, 전투를 위해서 사소한 희생이 있다 하더라도 참전하라"는 것이지요. "지휘관이 지휘를 하는 데 있어서 판단 착오로 인해서 실패했을 때는 처벌한다. (그러나) 당연한 조치를 했는데도 막대한 희생이 났을 때는 불문에 부친다"는 것입니다.

– 주베트남 한국군 사령부 작전과장 김○○의 증언 •

• 국방부 군사편찬연구소, 《증언을 통해 본 베트남전쟁과 한국군》 1, 국방부군사편찬연구소, 2001, 136~137쪽.

이○○ 장군의 지시로 인한 것이었을까? 1970년 이후 한국군의 범죄 발생 건수는 1966년(293건)에 비해 절반(156건)으로 줄었고, 다시 1971년에는 100건 이하로 감소했다. 1970년까지 한해도 빠지지 않고 보고됐던 상관 살해와 강간은 1971년과 1972년 한 건도 보고되지 않았다(국방부 통계). 규율이 강화된 것인가, 아니면 지휘관의 지시 아래 눈감아준 것인가?

1971년 청룡부대의 철수로 한국군의 인원수는 줄었지만, 전사자 수는 오히려 늘었다(1971년 504명, 1972년 513명). 육군만 놓고 보면 1971년(360명)에 비해 1972년(445명)에 전사자 수가 20퍼센트 증가했다. 미군 철수와 함께 한국군도 같이 철수를 시작했다면 전사자 수를 줄일 수 있지 않았을까?

군 지휘관의 의식도 큰 문제였다. 문제가 된 이○○ 장군은 후에 다음과 같이 말했다. "파월한국군은 8년간 5,000여 명의 전사자를 냈다. 이는 국내의 안전사고에 의해서 사망한 숫자와 유사하다. 만약 작전지휘권을 미군 측에 주었다면 전사자는 10배인 5만 명으로 증가했을 것이다."●

한국 정부가 갈팡질팡하는 동안 전선에서는 더 많은 희생자가 났다. 만약 한국 정부가 좀더 일찍 철수계획을 입안하고 철수를 실행했다면, 조금이라도 희생자를 줄일 수 있지 않았을까? 안케패스 전투는 그 대표적인 예였다.

● 국방부 군사편찬연구소, 앞의 책, 53쪽.

돈이 장병들의 목숨보다 중요했나

정부의 미련과 안케패스 전투

한국 정부의 철군 정책이 나오지 않고 있는 가운데, 한국과 베트남에서는 이전에 볼 수 없는 상황이 전개되고 있었다. 우선 한국에서 베트남은 더 이상 가고 싶은 곳이 아니었다.

> 1970년 11월 특전사 지역대 부팀장으로 근무 중 예고없이 군헬기가 오전 10시경에 내려. 특전사령관인 강○○ 장군이 불시 방문. 지역대장 김○○ 소령 이하 12명의 전 장교는 비상이 걸렸다. 일렬횡대 부동자세로 세워놓고 사정없이 기합을 받았다. 쪼인트를 까고 난 후, 이봐 참모 여기 있는 전 장교 인적사항 적어서 이번 기에 모두 파월 보내! 이러한 연유로 해서 곧바로 파월되어 맹호사령부 공수지구대에서 6개월의 파월복무를 하게 됐다. 이 당시에는 공수부대로 베트남전에 가면은 절반이 사망 아니면 불구가 되어서 귀국한다고 해서 지원해서 베트남전에 가는 장병은 찾아볼 수가 없으니 이런 식으로 해서라도 차출할 수밖에 없었던 모양이다.•

상황이 이렇게 되니 파병과 관련된 잡음이 나올 수밖에 없었다.

• 참전 수기 중 '남탕에서의 야간전투.'

주베트남 한국군이 베트남전에서 세계 일급 군대로 명성을 떨치며 분전하고 있었지만 (…) 파월지휘관의 선발에서의 잡음은 계속 이어졌다. 잡음은 대개 금전과 연관된 것이므로 군으로서는 명예에 큰 흠집으로 남을 수밖에 없었다. 특히 일부 지휘관들은 베트남군으로부터 무기를 구입, 무공훈장을 받기 위한 전과 조작으로 때때로 물의를 빚기도 했다.[*]

사령관의 교체도 끊임없이 문제가 됐다. 일단 새로 부임한 이세호 장군이 채명신 장군보다 3기수 선배였다. 게다가 그의 리더십에 대해서도 문제를 제기하는 지휘관들이 나오기 시작했다.

일본군 리더십의 퇴조가 베트남전 참전으로 이루어졌다고 평가되는 시점에서 다시 일본군 리더십의 출현은 때때로 예하 사단장과 트러블을 일으켰다. 당시 모든 예하 지휘관은 미군 군사학교를 이수했기 때문에 새로운 한국형 리더십으로의 발전 과정에 있었음도 중요한 변수로 작용했다. 이 무렵 주베트남 맹호사단 기갑연대의 안케패스 전투는 치열한 정규전의 양상으로 전개됐고 시종일관 지휘력 부재로 졸전이 이어지면서 피해 또한 가장 많이 입어 주베트남 한국군은 커다란 상처를 받았다.[**]

물론 전임 채명신 장군의 작전이 모든 지휘관들에게 환영받고 있는 것은 아니었다. 백마부대의 29연대 8중대 3소대장 오○○에 따르면 베트남에서의 작전 중 많은 손실을 가져온 원인의 하나는 "100명의 베

• 참전 수기 중 '리더십과 안케패스 전투의 치욕(박경석).'
•• 국방부 군사편찬연구소, 《증언을 통해 본 베트남전쟁과 한국군》 1, 국방부군사편찬연구소, 2001, 136쪽.

트콩을 놓치는 한이 있더라도 1명의 양민이 다쳐서는 안 된다"는 채 사령관의 방침 때문이었다. "마을에 침투한 적을 격멸하려면 우선 주민들을 소개시킨 뒤 중화기로 제압한 후에 과감히 돌파하여야" 하는데, "포병의 지원 없이 마을에 진입하다가 적의 저격으로 많은 부상자를" 낼 수밖에 없었다.•

그럼에도 불구하고, 작전을 짜는 데 있어서 파병의 의의를 원칙으로 하면서, 부하 사병들과의 소통에 주력했던 이전 사령관과 다른 새로운 사령관의 운영 방식은 주베트남 한국군들에게는 적응하기 쉽지 않은 상황을 만들었던 것 같다. 미군을 비롯한 동맹국 군대는 철수를 시작했고, 한국 정부의 철수 정책은 전혀 언급도 되지 않고, 새로운 스타일의 사령관은 적응이 잘 안되고, 파병 초기와는 달리 베트남에서 한국군에 대한 여론은 안 좋아지고.

악조건에서 벌어진 안케패스 전투는 과거와는 달리 최악의 상황을 가져왔다.

안케패스 전투는 치욕의 판정패였지만 당시 주베트남 한국군 사령부는 승전으로 미화하여 홍보했다. 안케패스란 베트남 빈딘성의 성도 꾸이년에서 크메르(캄보디아) 국경지대까지 관통하는 19번 국도 중간지점에 있는 고갯마루를 일컫는다. 베트남군 2군단이 주둔하고 있는 쁠래이꾸(플레이쿠)로 관통하는 유일한 보급로로서 군사적 중요성이 클 뿐 아니라 19번 국도는 군사작전에 중요한 생명선이기도 했다. 안케패스는 원래 미 1기갑사단의 예하 부대가 장악하고 있었으나 1970년 7월에 철수함에 따라 맹호 기갑연대 1대대

• 국방부 군사편찬연구소,《증언을 통해 본 베트남전쟁과 한국군》2, 국방부군사편찬연구소, 2002, 41쪽.

1중대가 인수하여 지키고 있었다. 이 일대는 안케 고개 정상인 638고지를 비롯하여 553고지, 544고지, 240고지 등으로 높고 낮은 고지군을 형성하고 있었다. 미군도 철수하기 시작하고 한국군도 철수를 위한 준비가 한창이던 1972년 3월 29일 정오를 기하여 월맹군의 일제 공세가 각처에서 시작됐다. 4월 11일 새벽 4시경 안케패스의 1중대 기지에 한 발의 조명지뢰 폭파음이 울려퍼지면서 공격의 징후가 포착됐다. 이 과정에서 놀라운 사실이 확인됐다. 월맹군이 이미 638고지를 점령하고 있었다는 사실이다. 정오부터 치열한 공방전이 시작됐다. 전투가 5일째가 됐는데도 아군 지휘관들은 적의 규모는 물론 상대가 월맹군인지 베트콩인지도 알지 못하고 있었다. 4월 15일 638고지 및 그 일대에 대한 공중폭격이 시작됐다. 미 제7공군 소속의 F-4 전폭기 연 41대로 네이팜탄과 고성능 폭탄 14만 3,000파운드를 쏟아부었다. 4월 24일 다시 공격을 감행했다. 638고지로 치달았지만 적의 저항은 없었으며 텅 빈 고지를 무혈점령함으로써 치욕의 안케패스 작전은 끝났다. 적은 아군 몰래 철수를 완료한 것이다. 주베트남 한국군 사령부는 안케패스 전투를 미화하여 고국에는 승전으로 알렸고 유공 장병이라 하여 엉뚱하게 태극무공훈장을 비롯하여 많은 훈장이 나누어졌다. 또한 638고지 정상에는 전승비가 건립됐다. 이 전투의 희생자는 공식적으로 전사 75명, 전상 222명으로 발표됐지만, 그 숫자를 믿는 사람이 많지 않다. 주베트남 한국군 사령관을 비롯한 지휘선상의 모든 지휘관의 리더십에 결정적인 허점이 있었다. 한국군 베트남전 참전 전 기간을 통하여 가장 치욕의 패전으로 기록한다.•

안케패스 전투의 사상자는 기록에 따라 다르다.

• 참전 수기 중 '리더십과 안케패스 전투의 치욕(박경석).'

통계에 보면 한국군 전사자가 78명 정도 된다고 기록이 되어 있는데 우리 APC(병력수송장갑차) 1개 소대가 당시 28명이었습니다. APC 4대가 안케 전투에 투입이 되어서 1972년 4월 11일날 8명이 전사하고 중상만 3명이었는데 (…) 제가 나름대로 생각은 150명을 생각하고 있습니다. 전우들 전사한 날짜가 4월 17일로 동작동 국립묘지 비석에 새겨져 있는데 날짜가 6일씩이나 틀린다는 것은 하루에 너무 많은 인원이 전사하면 문책이 따르기에 전사 날짜를 분산시켰다고 주월사 근무했던 전우가 몇 년 전에 말하더라구요.[•]

한국군은 또한 막바지가 되어서야 철수를 했기 때문에 철수 과정에서도 적지 않은 피해를 입었다. 먼저 철수한 청룡부대도 철수 직전 베트콩들의 기습을 받아 피해를 보았으며, 백마부대 역시 예외가 아니었다. 백마부대 대원이었던 김옥렬에 의하면 휴전이 발효되기 전날인 1월 28일 밤 모든 포탄과 소총탄을 다 소비라도 하듯 엄청난 사격이 이루어졌다. 베트콩들도 휴전을 앞두고 총공세를 펼쳤다. 휴전이 되기 전에 한 곳이라도 더 확보하기 위한 남베트남 정부와 베트콩 사이의 격전에 한국군이 끼어있었던 것이다. 휴전이 발효된 직후에 저격으로 사망한 대대장도 있었다. 중립국 감시위원단이 설치됐지만, 모든 전선을 다 감시할 수는 없었다.

한국 정부는 왜 이렇게 무리한 전투를 감행하도록 베트남의 한국군을 방치했을까? 워싱턴은 미군이 빠지더라도 한국군이 더 오랫동안 주둔해줄 것을 원하고 있었다. 물론 이러한 미국 정부의 생각은 1973년 파리평화협정에서 북베트남군의 철수에 대해서는 언급하지 않은 채

• 참전 수기 중 '안케 작전의 우리측 사상자는'의 댓글.

'모든 외국군의 철수'를 규정함으로써 물거품으로 끝났지만, 한국 정부는 일말의 희망을 갖고 있는 것처럼 보였다. 미국 정부도 애초의 약속과는 달리 파리평화회담의 내용에 대해 한국 정부와 긴밀하게 논의하지 않았다. 따라서 미국의 베트남 정책에 대해 오판이 가능한 상황이기도 했다. 더 이상 한국군이 미군의 감축 또는 철수를 막는 '알라딘의 램프'는 아니었지만, 전쟁 특수나 미국의 원조를 통해 한국군의 현대화를 가져올 수 있는 또 다른 의미의 '알라딘의 램프'가 될 수도 있다고 보았던 것인가?

베트남 전선에서 한국군이 고전하는 동안 전쟁 특수와 관련된 소식은 끊임없이 한국 신문을 장식하고 있었다. 청룡부대 철수 계획 이후 육군 사단의 철수 계획은 1972년 6월에서 12월로, 그리고 다시 그다음 해로 계속 연기됐다. 그리고 애그뉴 부통령이 잉여 장비 1억 달러를 제공하는 대가로 한국군이 2년간 더 주둔할 가능성이 제기됐다.●

1972년 1월 18일 유재흥 국방부 장관은 한국군의 베트남 주둔 연장을 신중하게 검토하고 있다고 밝혔다. 김용식 외무부 장관은 같은 해 2월 5일 하비브 주한 미국대사에게 군사적 지원이 더 이상 실행되지 않는다면 한국군을 철수시키겠다는 의사를 전달했다. 같은 해 3월 키신저는 미군이 없더라도 베트남화가 성공적으로 진행된다면 한국군을 베트남에 더 오래 잡아둘 수 있다고 닉슨에게 보고했고, 두 달 후인 5월 2일 남베트남 정부는 한국군 1개 사단의 증파를 한국 정부에 요청했다. 1972년 8월에는 김동조 주미대사가 한국군 전체를 철수한다고 선언했다가 다시 취소하는 소동도 일어났다. 유신 선포 한 달 전인

● 〈동아일보〉 1971년 7월 2일자 1면, '미, 주월 국군 철수 연기 희망.'

1972년 9월에 가서야 1973년 여름까지 한국군 전체가 철수한다는 결정이 내려졌다.

당시 상황에서 한국 정부의 전쟁 특수에 대한 기대는 현실적인 것이었을까? 1971년 여름 미국 정부가 베트남에 있는 한국군과 타이군에 지급해오던 해외근무 수당 및 보너스 수당의 지급을 중지한다는 발표가 있었다. 미국 상원은 애그뉴 부통령의 방한 4일을 앞둔 상황에서 주베트남 외국군에게 미군보다 더 많은 수당을 지급하는 것을 금지하는 법안을 통과시켰다.˙ 사실 미군보다 더 많은 수당을 지급하는 경우는 한 번도 없었지만.

베트남전쟁 기간 동안 미국 정부가 동맹국 군대에 사용한 돈을 조사하기 위해 조직된 사이밍턴위원회에서는 한국군이 용병이라는 주장이 공공연하게 나오고 있었으며, 이 내용이 1970년 9월 한국 신문에 공개되기도 했다.

한국 정부는 다양한 경로를 통해 미국 정부가 더 많은 원조를 제공할 여지가 있는지, 그리고 한국군이 남아 있을 경우 미군의 철수를 조금 더 늦추어줄 수 있는지 타진했다. 미국 정부의 답변은 "노no"였다. 미국 정부 내에서 한국군을 잡아두기 위해 닉슨 대통령이 중국을 방문하는 길에 한국을 방문할 필요성이 제기되기도 했지만, 닉슨 대통령의 답변은 "노"였다.

게다가 미국의 베트남 정책이 변화하면서 민간기업들의 전쟁 특수 역시 현저하게 줄어들고 있었다. 1968년 이후 감소하고 있었던 전쟁 특수는 청와대의 또 다른 고민이었다.˙˙ 미군 물자 중 한국에서 구매하

˙〈경향신문〉 1970년 8월 22일자 1면, '미상원, 가결 주월 국군 수당 중지.'
˙˙최용호,《통계로 본 베트남전쟁과 한국군》, 국방부군사편찬연구소, 2007, 156쪽.

는 액수는 1968년 1,500만 달러에서 1970년 500만 달러로 급감했다.[*] 갈수록 상황은 더 악화됐다.[*]

1967년이 우리 업자들의 해외 진출의 전성기였다면 1968년은 공사도급의 전성기로 평가될 정도로 1967년과 1968년은 짧은 건설업 해외 진출사에 화려한 페이지를 기록케 한 해였다. (그러나) 해외공사 계약이 1969년 들어 크게 둔화했다. 10월말 현재 951만 달러의 실적을 올리고 있는데, 베트남의 공사도급은 1967년 1,720만 달러를 피크로, 1968년 1,039만 달러, 69년 10월말 현재 754만 달러에 지나지 않는다. 물론 여기에 정부의 지원이 있는데, 공사계약이 되면 수출금융과 똑같은 달러당 220원의 융자가 있었고, 영업세의 면제, 공사도급을 위한 행정적 지원 등이 이루어졌다. (그러나) 부실업자의 해외 진출 억제, 과당경쟁 방지 등도 적절히 이루어져 국위손상·신용추락의 폐단을 사전에 규제하는 것이 필요하다.[**]

상황이 안 좋아지면서 베트남에 남겠다는 민간인 사업자들도 급격히 줄어들었다. 1971년 8월 초 주베트남 한국대사관의 조사에 의하면 남베트남에는 총 6,300명의 민간인이 있는데, 이들 중에는 용역군납건설업체 등 정부의 정식인가를 받은 진출 업체가 68개, 현지에서 회사를 조직한 비진출 업체가 187개였다. 베트남 영주권을 받은 사람은 171명, 그러나 대다수는 주베트남 한국군의 철수와 때를 같이해 베트남을 떠날 사람들로 전망했다. 대사관은 "직원으로 일종의 지도위원회를 구성, 무직이거나 주거가 일정치 않은 이른바 어글리 코리언의 혐의

- 군사편찬연구소 통계 참고.
-- 〈매일경제〉 1969년 11월 6일자 3면, '건설업 해외 진출, 가결산.'

자들에게 직업 알선하는 일을 수행"할 뿐이었다.•

결단을 내리지 말아야 할 때 내려도 문제지만, 내려야 할 때 내리지 않아도 문제다.

베트남의 정부 지도층이나 청년 학생 지지층에게는 국군이 베트남을 위해 이룩해놓은 업적보다도 한국이 국군 파월에 따라 얻는 국가 실리 면이 더 강인하게 인식되어 있는 것은 엄연한 사실이다. 적어도 주베트남 국군은 베트남인에게는 고마운 따이한(한국군)은 아니었고, 또한 앞으로도 그렇지는 않을 것이다.

국군의 계속 주둔을 요청하고 있는 티우 정부나 국군의 필요성을 깨닫고 있는 반공주의자들에게도 국군은 필요한 악의 존재로밖에 보이지 않고 있으며, 일반 베트남인들에게는 불필요한 악으로 보이고 있다고 한다면 그릇된 판단일까? (…) 한국군의 경우 베트남 정부 지도층한테도 고마운 따이한이 되지 못하고 있는 책임의 일부는 한국 정부에도 있다는 것을 부인할 수 없다.

국군 파월이 우방 베트남을 돕기 위한 것이라는 것보다도 국군 파월에서 얻어지는 국가 실리 면을 과잉선전한 것은 어느 모로 보나 마이너스를 가져오면 가져왔지 플러스는 되지 못했다. 여기서 국군 철수의 당위성이 대두하고 금년 말부터 철수를 시작하기로 한 정부 조치는 가찬할 만한 용단이라고 이곳에서는 평가되고 있다. 그러면서도 이세호 주베트남 사령관은 국군이 최후의 한 사람이 철수할 때까지 쉬지 않고 싸움으로써 베트남을 돕고 파월 목적을 수행하겠다는 굳은 의지를 새삼 다짐했다.••

• 〈동아일보〉 1971년 8월 4일자 3면, '주베트남 유양수 대사 귀국 인터뷰.'
•• 〈동아일보〉 1971년 9월 27일자 4면, '주월 한국군 6년 전역.'

도대체 얼마나 더 벌려고 했던 건가? 미국의 정책이 바뀌고 있는데도 더 벌 수 있다고 판단했던 건가? 조금이라도 더 버는 것이 안케패스에서 죽어간 장병들보다도 더 중요한 일이었을까?

암흑을 향해 가는 아시아의 민주주의

닉슨 독트린이 부른 위기

1971년 11월 18일 타이에서 쿠데타가 발생했다. 유엔군의 일원으로 군사정전위원회에 참여했고, 1967년에는 한국을 방문하여 박정희 대통령과 우의를 다졌던 군부 출신의 타놈 끼띠카쫀Thanom Kittikhajorn 총리가 무혈 친위 쿠데타를 일으켰다. 1970년 크리스마스에 타이와 소련 사이의 무역협정 조인을 주도했던 민간인 출신 타낫 코만 외무장관과 그 주변 인물들을 축출하고, 역시 군부 출신인 자신의 아들과 사돈을 권력의 핵으로 끌어올렸다.

쿠데타의 명분은 두 가지였다. 하나는 닉슨 독트린 이후 미국의 베트남에 대한 개입이 약화되면서 외무장관이었던 타낫이 소련과 중국에 다가가려 했다는 점이었다. 쿠데타 세력은 '좌빨' 타낫과 민간정치인들을 몰아내면서 주방콕 미국대사와의 회담을 통해 반공친미 정책을 계속할 것이라고 다짐했다. 다른 하나는 사회불안이었다. 군부는 성명을 통해 '의회의 불안, 타이 북부의 불안, 학생들의 소요 등 국내 불안사태와 위협적인 국제정세'가 쿠데타의 주요 이유였다고 밝혔다.[•] 마치 한국에서 발생했던 5·16 쿠데타와 10월 유신의 내용을 짬뽕해놓은 것

• 〈중앙일보〉 1971년 11월 18일자 1면, '태泰, 헌정 중단 쿠데타.'

같았다.

10개월이 지난 1972년 9월 22일 필리핀에서 계엄령이 선포됐다. 1965년 민주적 선거로 대통령에 취임했고, 1969년 재선에 성공했던 페르디난드 마르코스Ferdinand Edralin Marcos는 '전통적인 민주적 절차를 허락하기에 우리 시대는 너무나 심각하고 위험하다'고 주장하면서 모든 헌법 절차의 중지를 선언했다. 계엄령을 선포한 마르코스는 공산주의 게릴라들의 위협을 막고, 필리핀 사회를 '바공 리푸난(신사회New Society)'으로 만들기 위해 의회를 해산하고 언론 활동을 정지시켰다. 그리고 1973년 새로운 헌법을 통과시켰다. 새마을 운동을 실시하고 민주주의를 완전히 무시하는 내용을 담은 새 헌법을 선포한 유신의 판박이였다.

필리핀에서 헌법이 정지되고 의회가 해산된 지 채 한 달도 되지 않아 한국에서 유신이 선포됐다. 유신은 국민들의 모든 자유와 권리를 제한하고, 대통령의 권한을 무한대로 확장했다. 정당에 소속되지 않은 선거인단(통일주체국민회의)이 체육관에서 선거를 통해 대통령을 선출했고, 연임 제한은 철폐됐다. 기존 의회는 해산됐고, 새로 구성되는 국회의원의 3분의 1을 대통령이 2년 임기로 임명하여 '유신정우회(유정회)'에 소속되도록 했다. 일반적으로 총선에서 여당과 야당이 의석을 반분한다고 본다면, 전체 국회의원의 3분의 2가 자동적으로 대통령과 정부에 충성하는 사람들로 구성될 수 있었다.

유신을 선포한 이유는 무엇이었을까? 우선 국제정세의 변화가 중요한 이유였다. 미국 쪽의 요구로 인해 닉슨 독트린과 관련된 언급이 삭제됐지만, 데탕트라는 것이 '본질은 열강의 또 하나의 새로운 문제해결 방식에 지나지 않는다'고 하면서, 열강이 긴장 완화라는 이름 아래에서 제3국이나 작은 국가들을 희생의 제물로 삼고 있다고 주장했다. 그리고 이는 한국의 안전보장에 위협이 될 것이기 때문에 남북대화를 계속하고 혼란을 최소화하기 위해 '비정상적인' 개혁을 추진할 수밖에 없다고 발표했다.

이후 한국과 필리핀은 기나긴 암흑의 터널을 지나야 했다. 필리핀은 대표적인 민주화 인사였던 베니그노 아키노 상원의원의 암살을 거쳐 1986년에 가서야 민주화가 됐다. 한국은 필리핀의 민주화에 힘입어 나도 할 수 있다는 자신감 속에서 1987년 민주화가 됐다. 그러나 독재의 유산은 생각보다 심각했다. 필리핀은 거대 지주의 파벌싸움으로부터 벗어나지 못하고 있다. 한국은 민주화가 되자 야당이 분열됐고, 이후 남남갈등의 수렁에서 벗어나지 못하고 있다.

타이는 가장 먼저 민주화가 됐다. 1973년 10월 14일 민주화를 요구하는 시민과 학생에게 무차별 총격을 가한 군부는 시민 77명을 죽이고 857명에게 중상을 입힌 채 망명길을 떠나야 했다. 그러나 민주화는 오래가지 못했다. 1976년 시민과 학생을 죽인 끼띠카쫀의 귀국에 반대하는 시위가 일어나자 군부는 다시 쿠데타를 일으켰다.* 이후 1992년까지 타이에서 민주주의가 사라졌다.

한국과 타이, 그리고 필리핀은 왜 이렇게 동일한 시기에 독재 체제의 성립과 강화를 경험해야 했는가? 세 나라가 1971년부터 1972년까지 쿠데타와 계엄령을 선포하면서 내세웠던 명분과 주장에는 한 가지 공통점이 있다. 그것은 닉슨 독트린 이후에 형성된 데탕트가 이들에게 위기가 됐다는 것이다. 타이의 정치인들은 베트남에서 손을 빼는 미국만

• 〈중앙일보〉 1976년 10월 7일자 1면, '태국에 무혈쿠데타.'

을 믿고 있을 수 없기 때문에 중국과 소련에 손짓을 했다. 북베트남도 접촉했다. 캄보디아와 라오스를 사이에 놓고 베트남과 가까이에 위치한 타이에 미국의 베트남에 대한 개입 축소는 곧 위기로 다가왔다.

한국과 필리핀도 닉슨 독트린의 직격탄을 맞았다. 한국과 필리핀에 주둔한 미군의 감축이 이루어졌다. 그리고 1970년 미국 의회의 사이밍턴 위원회에서 필리핀의 안보 위협이 평가절하됐으며, 한국에 대한 원조가 과도하다는 비판이 제기됐다. 그만큼 미국 경제가 어렵기는 했지만, 필리핀과 한국이 받은 충격은 적지 않았다. 1968년과 1969년 안보 위기를 경험한 한국과 1970년 공산당과 이슬람 분리 운동이 활성화됐던 필리핀은 동병상련이었다.

필리핀은 1972년 소련, 루마니아, 유고슬라비아와 관계를 정상화했고, 1975년 중국, 쿠바와 외교 관계를 수립했다. 분단 상태로 북한과 대결하고 있었던 한국은 타이, 필리핀과 달리 북한의 동맹국이자 후원국인 중국이나 소련과 관계를 정상화할 수 없었다. 물론 손 놓고 있었던 것은 아니었다. 1973년 6·23 선언을 통해 북한과 수교한 국가와도 교류할 수 있음을 밝혔다. 그리고 1973년 모스크바에서 열린 유니버시아드 대회에 대표단을 파견했다. 경제사절단도 파견하려 했지만, 소련 정부가 거부했다. 해외 공관을 통해 소련의 외교관들을 접촉했다. 1970년대 후반에는 카터 행정부(1977~1981)를 통해서 중국과의 수교를 타진했다. 덩샤오핑의 개혁개방에 고무됐던 것이다. 그러나 북한과의 관계를 고려한 중국은 문을 열지 않았다.

미국과의 동맹을 굳건히 하기 위해 베트남에 파병했던 한국과 타이, 필리핀은 이렇게 닉슨 독트린으로 인해 위기에 빠졌다. 위기를 극복할 수 있는 방안은 여러 가지가 있었다. 그중 하나는 민주주의를 확대해서 국민적 지지를 얻고, 이를 통해 데탕트의 상황 아래서 중립화로 나아가는 것이었다. 한국과 같이 분단된 상황에서는 어려운 선택이었지만, 1971년부터 남북대화가 진행되고 있었고, 1972년에는 통일의 원칙을 확인한 7·4 공동성명이 발표됐다는 점에서 고려해볼 만한 대안이었다. 남북 간 합의를 통한 한반도에서의 긴장 완화는 당시 닉슨 행정부에서도 바라는 바였다. 긴장 완화가 되어야만 주한미군을 철수할 수 있고, 미군 철수는 곧 미국 정부의 재정을 아끼는 결과를 가져올 수 있었기 때문이다. 타이와 필리핀 역시 위치적으로 중립화 선언이 가능한 지역이었다. 유럽에서의 1970년대 상호 존중과 공존을 선언한 헬싱키 프로세스Helsinki Process가 이와 유사한 방식이며, 이러한 방식은 결국은 1990년을 전후한 시기 유럽에서 공산정권의 몰락을 불러왔다.

3국의 정부가 선택한 방식은 이와는 정반대의 방식이었다. 독재 체제의 수립과 사회 통제의 강화였다. 외부적 위기가 곧 정권의 위기로 다가올 수 있다고 판단한 것이다. 타이에서는 쿠데타 1년 전인 1970년 끼띠카쫀 총리가 타이 국내의 긴장사태와 정치적 불안이 고조되고 있기 때문에 방콕의 수도경비사령부가 전면비상에 돌입했다고 발표했다. 타이 군부는 '공산주의자들이 국가안보에 역행하는 행동 임무를 띠고 지난 6일 방콕 시내에 잠입했다'고 하면서 요시찰 명단에 올라 있는 반정부 좌익 인사들을 전면 검속했다.[•] 박정희 정부도 1971년 12월 비상사태를 선포했다. 그리고 박정희 대통령은 1972년 7·4 공동성명 직후 전군에 서한을 보냈다. 남북대화가 진행되고 있다고 해서 주적이 바뀌는 것은 아니니 동요하지 말라는 것이었다. 한국과 타이, 그리고 필

• 〈중앙일보〉 1970년 7월 9일자 3면, '태국군, 비상령.'

리핀의 이러한 선택은 왜 일어났고 어떻게 가능했을까?

정권 강화를 설명하기 위해서는 무엇보다도 베트남전쟁 특수에 대한 설명이 필요하다. 1965년 이후 한국은 더 말할 것도 없고(5부 참조), 타이와 필리핀도 베트남 파병을 통한 전쟁 특수의 덕을 톡톡히 보고 있었다. 타이와 필리핀은 한국과는 비교가 안 될 정도로 작은 규모의 군대를 파병했지만, 전쟁 특수에서는 예외가 아니었다. 타이는 1969년과 1970년 가장 많은 1만 1,500여 명을 파병했지만, 그 외에는 2,000~6,000명 수준을 유지했고, 필리핀은 1966년과 1967년 2,000여 명을 파병했지만, 그 외에는 100여 명도 안 되는 규모였다.

1965년 파병 이후 연평균 9퍼센트 이상의 높은 경제 성장률을 기록했던 한국과 마찬가지로 필리핀과 타이는 1965년부터 1970년 사이 각각 5.1퍼센트와 9.4퍼센트의 높은 경제 성장률을 기록할 수 있었다. 한국은 파병군인과 근로자의 송금이나 무역 확대가 중요한 구실을 했지만, 타이와 필리핀은 이와 달리 주로 역내 미군 기지 조달이 가장 중요한 수입원이었다. 필리핀과 타이는 베트남으로부터 가장 가까운 지역이었던 만큼 전진 기지 역할을 했던 것이다.

1965년 이후 한국과 필리핀, 그리고 타이의 경제 성장은 이들 국가에서 정권이 안정적으로 집권하는 데 중요한 역할을 했다. 마르코스는 송유관과 발전소 시설의 확충을 통한 경제 성장, 그리고 정부 개혁을 실시하여 자신의 기반을 든든하게 다졌다. 제1차 경제개발 계획의 성공으로 박정희 정부도 대중적 지지를 받을 수 있었다. 한국과 필리핀은 1967년과 1969년 기존 대통령이 다시 집권하는 데 성공했다. 경제 성장에 대한 긍정적 평가가 주요한 구실을 했다. 타이에서도 군부와 민간인이 불안정하게 동거하고 있었던 정부가 그나마 전쟁 특수로 인해 안정적으로 정국을 이끌 수 있었다.

닉슨 독트린은 이러한 정권의 안정에 파문을 일으켰다. 전쟁 특수가 흔들리기 시작한 것이다. 1969년부터 용역 계약이 줄어들었다. 사이밍턴 위원회는 이 세 나라가 전쟁 기간 동안 미국으로부터 받아간 돈을 조사했다. 베트남에 대한 개입을 줄이면서 타이와 필리핀의 미군 기지는 축소됐고, 주한미군과 필리핀 주둔 미군의 규모도 줄어들었다. 역내 조달이 줄어들면서 국내 경제에 미치는 충격이 클 수밖에 없었다. 이러한 상황에서 만약 민주화를 강화하는 방향으로 나갔다면 민주적인 선거를 통해 다시 집권하는 것은 불가능할 수밖에 없었다.

게다가 세 나라의 정부는 모두 정당성에서 치명적 약점을 안고 있었다. 타이의 경우 겉으로 볼 때는 1958년 쿠데타 이후 민간 전문가와 왕의 지지 아래 군부가 정권을 안정적으로 운영하는 것처럼 보였지만, 실제로는 1964년부터 집권한 끼띠카쫀의 전횡과 부패에 대한 사회적 불만이 높았다. 마르코스는 항일독립 운동을 했다는 역사적 정당성에도 불구하고 1969년 선거의 부정 시비가 발목을 잡았다. 박정희는 제1차 경제개발 계획의 예상치 못한 성공에도 불구하고 1967년과 1971년의 부정 선거 시비, 그리고 연임만 가능했던 헌법을 개정한 1969년 삼선 개헌으로 인해 사회적 비판을 받고 있었다. 1971년 대통령 선거의 결과도 박정희 정부를 불안하게 했다. 따라서 민주화나 중립화는 3국의 정부가 재집권하는 것을 불가능하도록 하는 길이었다.

문제는 미국이었다. 미국의 모토는 민주주의였다. 미국은 민주주의적이지 않은 국가와 동맹 관계를 맺는 것을 꺼렸다. 물론 모든 대외 관계에서 민주주의의 원칙이 지켜진 것은 아니었다. 냉전 상황에서 공산주의의 확산을 막기 위해서는 강력한 반공주의 지도자가 필요했기 때

미국은 냉전시대를 통해 때로는 동맹국의 민주주의보다 독재의 안정적 반공체제를 더 중요하게 여겼다. 사진은 1980년 광주 민주화운동 당시 금남로에서 투석전을 벌이며 공수부대와 맞서고 있는 광주 시민들의 모습으로 미국은 광주의 시민들보다 신군부를 지지했다.

문이었다. 그래서 때로는 민주주의보다도 반공과 내부적 안정을 더 중요시했다. 칠레에서 민주적 선거를 통해 집권한 살바도르 아옌데Salvador Allende를 몰아내고 아우구스토 피노체트Augusto Pinochet의 쿠데타를 지지했던 것, 한국에서 광주의 시민들보다 신군부를 지지했던 것, 이란과 니카라과와 같은 극단적인 독재정권을 지지했던 것, 나중에는 미국의 적이 됐던 이라크의 후세인이나 아프가니스탄의 탈레반을 지지했던 것 등은 모두 미국의 냉전 전략과 관련된 것이었다.

그럼에도 불구하고 동맹국들에 최소한의 민주주의적 기제는 필요했다. 그것마저 없다면 미국이 이들 나라를 지원할 명분이 없었다. 한국에서 1952년 부산 정치파동, 1958년 2·4 파동, 1963년 민정이양 파동 등에 개입해서 민주주의와 시민정부의 중요성을 강조한 것도 이 때문이었다. 만약 미국 의회에서 한국 정부의 비민주성을 이유로 해서 원조 자금을 승인하지 않을 경우 미국의 냉전정책에 큰 차질이 생기기 때문이었다. 유신 체제 내내 미국 의회, 그리고 카터 행정부와 갈등을 빚은 것도 같은 이유였다. 심지어 카터 행정부 시기에는 인권 문제를 이유로 한국에 대한 무기 판매까지도 제한함으로써 군산복합체를 긴장시키기도 했다.

그러나 1952년 이승만 제거 계획을 세웠던 것과 달리 1970년대 초 미국은 동맹국인 한국, 필리핀, 타이의 독재권력 강화에 개입할 수 없었다. 최소한이라도 민주주의적 장치가 작동되기를 원했지만, 그것을 강제할 수 있는 힘과 신뢰가 없었다. 주둔 미군의 철수 및 감축, 그리고 베트남으로부터의 철수를 일방적으로 결정한 닉슨 행정부는 더 이상 이들 국가에 개입할 수 없었다. 1972년 유신 체제 선포를 바라보면서 주한 미국대사 하비브는 세 가지 옵션, 즉 즉각적인 개입, 압력, 그리고 관망 중에서 미국이 할 수 있는 것은 관망밖에 없다고 판단했다. 그리고 '미국이 더 이상 한국 내정의 방향을 결정할 수도 없고, 해서도 안 된다는 사실을 받아들여야 한다'고 결론을 내렸다.•

닉슨 독트린은 베트남전쟁으로부터 파탄이 난 미국 경제를 살리기 위한 불가피한 선택이었다. 그러나 다른 한편으로 베트남에 파병한 동맹국에는 의도하지 않은 정치적 결과를 가져왔다. 그리고 미국의 영향력은 약화됐다. 1980년대 레이거노믹스Reaganomics를 통해 신자유주의

• 하비브가 국무부에 보내는 서신(1972년 10월 23일), '한국 헌법 개정에 대한 미국의 반응'(김용직, 《사료로 본 한국의 정치와 외교 1945~1979》, 성신여자대학교출판부, 2005, 445~446쪽 재인용).

를 통한 강력한 미국의 재건을 추진하기 전까지. 베트남전쟁의 트라우마로 고통받았던 1970년대의 람보가 강력한 미국을 상징하는 1980년대 반공의 전사로 거듭날 때까지. 사회문화적 충격을 받았던 미국·유럽과는 달리 아시아의 동맹국들에는 거대한 정치적 충격을 주었던 것이다.

'제2의 한국전쟁' 풍문의 진위

남베트남 패망과 한반도

1973년 이후 미군과 한국군의 철수로 남베트남 정부는 더 이상 버틸수 있는 힘을 잃었다. 물론 남베트남은 100만 대군을 보유한, 아시아에서 중국 다음의 군사대국이었다. 문제는 사기였다. 1968년 구정공세 이후 남베트남군이 베트콩과 북베트남을 대상으로 승리한 전투가 거의 없었다. 미군과 한국군이 주둔하고 있을 때에도 그랬는데, 이들이 철수한 이후에는 더 말할 것도 없었다.

닉슨 대통령은 미군의 철수에도 남베트남 정부에 대한 지원을 아끼지 않겠다고 했다. 1973년 4월 닉슨은 티에우 대통령을 워싱턴으로 초청하기도 했다. 미군이 철수했지만, 남베트남을 지키겠다는 미국의 의지를 중국과 북베트남, 그리고 베트콩에 보여주고자 한 것이다. 그러나 닉슨의 약속은 헛공약에 불과했다. 닉슨 본인에게 의지가 있었는지 불분명하지만, 의회도 닉슨의 남베트남 정부 지원 요청을 번번이 거부했다. 남베트남 정부는 더 이상 버틸 수 없었다. 남베트남이 패망하기 21일 전인 1975년 4월 9일, 10억 달러 원조안이 미국 의회에 상정됐지만 부결됐다.

1975년 3월 북베트남은 중부 부온마투옷Buôn Ma Thuôt에서 공세를 시작했다. 북베트남군이 다낭과 사이공 사이에 있는 이 지역을 장악하면서 남베트남이 양분됐다. 인천상륙작전을 연상시키는 전술이었다. 3월 31일 남베트남 제2의 도시이자 한국군이 활동했던 다낭이 함락됐다. 다낭 항구에서 수많은 남베트남군과 남베트남 정부를 지지했던 사람들의 탈출이 이어졌다. 1950년 겨울 흥남부두에서의 탈출과 비슷했다.

북베트남 공산당은 남베트남 정부의 붕괴와 베트남 통일이 1977년이나 1978년에 가서야 가능할 것으로 판단했지만, 남베트남 정부의 100만 대군은 속절없이 무너졌다. 어쩌면 부온마투옷으로의 공세는 못 먹는 감 찔러나 보자는 심정이었을 가능성도 있었지만, 사실은 남베트남이 무너지는 신호탄이었다.

이제 남베트남의 4분의 3이 북베트남과 베트콩에 의해 점령된 상황에서 주한 미국대사는 1975년 4월 19일 한국 교민의 철수 대책을 강구하라고 한국 정부에 권고했다. 남베트남이 북베트남에 항복하기 11일전이었다. 그리고 이틀 뒤 티에우 대통령이 사임했다. 남베트남의 패망은 확실해졌다. 4월 23일 제럴드 포드Gerald R. Ford 대통령은 "끝난 전쟁에 다시는 개입하지 않을 것"이라는 연설을 했다. 4월 28일 즈엉반민Duong Van Minh이 남베트남 대통령으로 취임했다. 그리고 이틀 뒤 북베트남의 탱크가 남베트남의 대통령궁에 진입해 항복문서에 사인을 받았다.

2014년 방영된 JTBC의 〈사이공1975〉(전 4편)는 남베트남의 패망 마지막 한 달 동안 남베트남에 있었던 한국 교민과 대사관 직원들의 탈출과정, 그리고 남베트남 패망 이후에도 탈출하지 못하고 5년 이상 베트남에 억류되어 있었던 한국대사관 공관원들의 이야기를 담았다. 당시 남베트남에는 2만 명의 교민이 있었다. 한국에서 범죄를 저지르고 남베트남에 거주하거나 불법체류하고 있었던 사람들, 그리고 한국군을

남베트남 패망 직후인 1975년 5월, 남베트남 피난민들이 부산항에 상륙하고 있다. 남베트남의 패망과 김일성의 중국 방문으로 인한 심정적 안보 위기로 한국 사회는 더욱 얼어붙었다.

대상으로 나이트클럽이나 바를 운영하던 이들도 있었지만, 더 많은 사람들은 사업가와 한국 회사, 그리고 외국계 회사 직원들이었다.

이들은 베트남에 재산이 있는 상태에서 쉽게 떠날 수 없었다. 자신들의 삶의 터전을 버리고 떠난다는 것이 쉬운 일이 아니었다. 어쩌면 1945년 해방 후에도 곧바로 떠나지 못했던 재일본 조선인들이나 재조선 일본인들과 유사한 처지였을지도 모른다. 북베트남의 공세가 심해지면서 미군이 다시 돌아온다는 소문도 있었기 때문에 새로운 일자리가 생긴다는 기대도 있었다. 주베트남 미국대사가 사이공을 떠나기 하루 전까지도 남베트남의 패망을 믿지 않고 있었다는 점을 고려한다면, 많은 한국 사람들이 사이공에 남아 있었던 것도 무리는 아니었다.

다행히 남베트남에 대한 원조를 위해 1975년 4월 9일 부산을 떠나 4월 19일 사이공의 뉴포트항에 도착한 두 척의 한국 해군 함정이 있었다. 이 함정들은 약 700여 명의 교민들을 탈출시킬 수 있었다. 그러나 떠나지 못한 사람들도 적지 않았다. 특히 헬기를 이용해서 미국대사관 직원들과 함께 철수시키겠다는 미국대사관의 약속을 굳게 믿고 있었던 한국대사관 공관원들은 사이공을 떠나지 않았다. 그러나 작전시간의 실수로 인해 한국대사관의 공관원 중 일부가 사이공을 탈출하지 못하는 불상사가 발생했다.

특히 중앙정보부 파견 공사이면서 티에우 대통령과 가까운 관계였던 이대용 공사의 억류는 한국 정부로서는 뼈아픈 실책이었다. 이대용 공사는 1969년 1월 발생한 '이수근 간첩 사건'* 당시 이수근을 사이공의 탄손누트공항에서 체포해서 국내로 압송했던 장본인이자 한국 정부의 베트남 정책에 핵심 인물이었다. 2014년에 출간된 공로명 전 외무장관의 자서전 《나의 외교 노트》에 따르면 한국 정부는 이대용 공사의 석방을 위해 베트남 공산당뿐만 아니라 북한과도 협상을 했으며, 남한에 붙잡혀 있는 7명의 북한 공작원과 이대용 공사의 교환을 논의하기도 했다고 한다. 한국군 철수가 늦어져서 발생했던 손실과 함께 대사관 공관원들의 억류는 베트남전쟁 과정에서 발생했던 한국 정부의 가장 큰 실책 중 하나였다.

미국 역시 당황했다. 주베트남 미국대사는 남베트남의 상황을 제대로 파악하지 못했고, 포드 행정부(1973~1974)는 철수 방안을 놓고 좌고우면했다. 남베트남 패망 이후 키신저의 회고에 의하면 "마지막 탈출은 정확하게 진행되지 않았다. 작전이 시작될 때 영국 그리니치 세계표준시와 사이공 현지 시간 중 어느 것으로 할지 정하지 않았다. 정직하게 말하면 그것 때문에 작전이 몇 시간 동안 지연됐다." 작전 시간은 베

* 1969년 북한에서 귀순한 이수근이 다시 한국을 탈출한 사건. 이수근은 이중간첩으로 체포되어 사형선고를 받고 처형됐지만, 최근 조작 사건 의혹이 제기되고 있다.

트남 시간 오전 10시 45분이었는데, 그보다 4시간 15분이나 늦은 베트남 시간 오후 3시가 되어서야 탈출 작전이 시작됐다. 본국에서 내린 탈출 시간은 베트남 시간이었고, 제7함대는 그보다 5시간이 늦은 그리니치 표준시에 맞추어 작전을 시작했다. 그리고 다음날 아침 사이공이 함락됐다. 미국대사관이 약속했던 사람들을 모두 탈출시키기에는 시간이 부족했다.•

남베트남의 패망은 한국 사회에 큰 충격으로 다가왔다. 한국 정부는 미국 다음으로 큰 규모의 군대를 파견했다. 공산주의의 침략으로부터 자유세계를 지켜야 한다는 정의의 전쟁이라는 명분으로 파병했다. 자신의 안보를 스스로 지키지 못하면서도 보냈던 전투부대였다. 북한의 공격적 전술과 한국군의 공백으로 인한 안보 위기를 겪어야만 했다. 5,000명이 넘는 젊은이들이 머나먼 정글에서 목숨을 잃었고, 더 많은 수의 군인들이 부상과 고엽제에 시달려야 했다. 이런 비용을 치르고도 전쟁에서 이기지 못했다. 그 근본적인 책임은 남베트남 정부와 미국에 있었지만, 그에 합류했던 한국 정부에 전혀 책임이 없었다고 할 수는 없다. 한·미 동맹을 고려한 불가피한 선택이었다고 할 수도 있지만, 이길 수 없는 전쟁에 전투부대의 파병을 결정했던 것은 결정적 오류였다. 또한 최소한 미군 철수가 결정됐을 때, 그리고 승산이 없는 전쟁이라는 점이 판명됐을 때 가능한 한 빨리 한국군을 포함한 모든 한국 사람들의 철수를 결정했어야 했다.

남베트남이 패망하면서 또 다른 안보 위기가 시작됐다. 북베트남의 공세가 본격화되고, 남베트남의 패망이 분명해진 상황에서 북한의 김

• JTBC 다큐멘터리 〈사이공 1975〉 3부(2014년 7월 12일 방영).

일성이 베이징을 방문했다. 김일성은 마오쩌둥과 덩샤오핑을 만났다. 이들 사이에 견해 차이가 발생했다. 정상회담을 했는데, 분위기가 안 좋았다는 소문도 돌았고, 중국 정부와 북한 정부의 합의사항 발표 내용이 서로 다르다는 이야기도 있었다.

당시 베이징의 외교가에는 김일성이 제2의 한국전쟁을 제안했고, 중국 정부가 이를 반대했다는 소문이 돌았다. 김일성의 입장에서는 남베트남의 패망이 하나의 기회가 될 수 있었다. 남베트남이 패망하는 것을 지켜보면서도 미국이 개입하지 않았기 때문이었다. 한반도에서 동일한 상황이 발생할 경우에도 미국이 개입하지 않을 가능성이 높았다. 그러나 중국 정부는 북베트남과의 관계가 좋지 않았고, 미국과의 관계 개선이 필요했기 때문에 북한의 입장에 동의할 수 없었던 것처럼 보였다.

물론 당시 소문과는 달리 북한이 남침을 제안하지 않았을 가능성이 더 크다. 1973년 미군이 철수한 베트남과는 달리 남한에는 주한미군이 주둔하고 있었기 때문이었다. 1949년과 1950년의 오판으로 북한 전역이 파괴됐던 경험에 미루어본다면, 북한이 어떠한 상황에서도 전면전을 선택할 가능성은 크지 않았다. 오히려 1976년 판문점 도끼만행 사건과 같이 국지전적 차원에서의 도발을 통해 한국과 미국 정부의 동향을 살피겠다는 것을 제안했을 가능성도 있다. 문화혁명 기간 동안 좋지 않았던 북·중 관계를 개선하기 위한 방문이었을 가능성도 컸다. 또한 북한은 1970년대 초 프랑스와 일본으로부터 플랜트를 적극 도입하면서 새로운 경제 성장 방식을 채택했지만, 오일쇼크와 북한의 비철금속 가격 하락으로 모라토리엄을 선언할 만큼 경제 상황이 좋지 않았기 때문에 김일성의 방문은 중국에 경제적 도움을 요청하기 위한 것이었을 가능성도 있다.*

중국 쪽은 김일성의 방문에 대해 대대적인 환영 행사를 개최했다. 마치 북한이 베트남전쟁에서 승리한 것처럼. 사실 중국에게는 북베트남의 일방적 승리가 그리 반갑지 않았다. 소련과 북베트남의 가까운 관계 때문이었다. 주변 국가 중 베트남과의 관계 개선이 어렵다면, 북한이라도 확실히 잡자는 심산이었을 것이다. 중국은 베트남과의 관계가 좋지 않았기 때문에 남베트남의 패망 이후에도 라오스와 캄보디아가 베트남의 영향권 아래로 들어감으로써 자동적으로 소련의 영향력이 커지는 것을 원하지 않았다. 소련과의 북쪽 국경에서 갈등을 빚고 있었던 중국이 남쪽에서 또 다른 갈등을 빚을 가능성이 컸기 때문이었다.

베트남뿐만 아니라 몽골에서도 중국의 인기는 시원찮았다. 소련은 1963년에 이어 1970년부터 1971년까지 33개 사단을 몽골에 배치했다. 몽골에 있었던 소련군에는 1,000여 대의 전투기도 포함됐다. 소련이 앙골라(1975), 에티오피아(1978), 예멘(1978), 베트남(1978)과 우호조약을 맺고 있는 사이 중국의 입지는 점차 축소됐다.[**] 1975년 김일성의 중국 방문은 중국이 이렇게 대외 관계에서 위기를 느끼고 있는 가운데 이루어진 것이었다.

한국 정부는 김일성의 방문을 제2의 한국전쟁 발발의 신호탄으로 해석했다. 최소한 1968년과 같은 국지적 분쟁이 발생할 것으로 보았다. 1976년의 판문점 도끼만행 사건을 감안한다면, 적절한 판단이었을

• 박성현, 〈통계로 보는 북한의 경제와 산업의 현황〉, 《서울대학교 경영론집》 제17권 1호, 서울대학교경영연구소, 2007, 81쪽.

•• Krista E. Wiegand, *Enduring Territorial Disputes: Strategies of Bargaining, Coercive Diplomacy, and Settlement*, University of Georgia Press, 2011, pp. 261~263.

가능성도 있지만, 사실은 과도한 해석이었다. 1973년 미국의 제임스 슐레진저James Schlesinger 국방장관은 더 이상의 주한미군 감축은 없을 것이라고 선언했고, 북한은 이틀 뒤 남북대화 중단을 선언했기 때문이었다.[•]

남베트남의 패망과 김일성의 중국 방문으로 인한 '심정적' 안보 위기로 한국 사회는 더욱 얼어붙었다. 게다가 1975년은 정치적으로도 한국 정부에 심각한 위기의 시기였다. 유신 선포 후 1년이 지나면서 비판과 저항이 사회적으로 확산되기 시작한 것이다. 1973년 12월 윤보선 전 대통령과 함석헌, 그리고 장준하를 비롯한 재야인사 30명이 개헌청원 백만인 서명 운동을 시작했다. 1974년 1월 8일에는 야당인 신민당도 개헌청원 서명 운동에 나섰다.

일주일 후인 1월 15일 장준하가 긴급조치 1호 위반 혐의로 구속됐고, 긴급조치 4호에 의해 설치된 비상보통군법회의 제1심판부에서 징역 15년을 선고했다. 재판부는 '격변하는 국제정세에서 국민의 총화가 요구되는데 피고인들이 헌법 개정을 빙자하여 국론을 분열시켰기 때문에 추호도 용서할 수 없으며 국민의 이름으로 마땅히 응징되어야 한다'고 판결했다. 장준하에게 재갈을 물리면 조용해질 것으로 판단했던 것이다.

장준하는 껄끄러운 존재였다. 그는 독재에 대한 비판뿐만 아니라 국회의원 시절인 1968년과 1969년 베트남 파병을 정면으로 비판했던 인물이었다. 미국의 베트남 정책이 변화하는 시점에서 한국군을 어떻게 할 것인가? 베트남에서 다치고 죽은 사람들에 대한 보상은 제대로 이

• 홍석률, 《분단의 히스테리: 공개문서로 보는 미중 관계와 한반도》, 창비, 2012, 348~ 350쪽.

루어지고 있는가? 예비군은 왜 만들었는가? 이 모든 것이 한국군이 베트남에 있을 때 장준하가 국회에서 정부에 던진 질문이었다.

그런 장준하를 감옥에 가두었음에도 유신헌법에 대한 비판은 가라앉지 않았다. 4월 3일에는 서울대, 연세대, 성균관대, 이화여대에서 민청학련 명의로 유신 반대, 헌법 개정, 부패한 특권 족벌의 치부를 위한 경제 정책 철폐 등을 요구하는 시위가 일어났다.

유신 정부는 유신헌법에 대한 재신임투표로 정면 돌파하고자 했다. '헌법뿐만 아니라 대통령에 대한 신임투표로 간주하겠다'고 했다. 일종의 협박이었다. 1975년 1월 22일에 실시된 재신임투표에서 유권자의 80퍼센트가 투표에 참여하여, 찬성 73퍼센트, 반대 25퍼센트로 재신임을 받았다. 그러나 유신헌법에 대한 찬반 토론이 금지됐던 것은 물론이고 관제 수단이 총동원된 상황에서 25퍼센트의 반대는 예상보다 높은 수치였다. 25퍼센트라는 수치는 실질적으로 불신임을 의미한다는 주장이 나오기도 했다.

그만큼 남베트남 패망을 전후한 시기는 유신 정부에는 큰 위기였다. 거기에 한국 정부가 국운을 걸고 결정했던 한국군 전투부대의 파병이 결과적으로 실패했다. 위기는 단지 위기로만 작동하지 않았다. 오히려 기회가 될 수도 있었다. 바로 그 시점에서 박정희 정부는 특별담화를 발표하고 긴급조치 9호를 발동했다. 사회가 꽁꽁 얼어붙었다. 그리고 역사적인 박정희와 김영삼 사이에서 영수회담이 열린다. 김영삼 총재는 안보를 이유로 선명 투쟁을 접었다. 야당의 당권은 중도통합파를 이끄는 이철승에게 넘어갔다. 야당은 더 이상 야당이 아니었다. 이후 4년간 한국 사회는 다시 얼어붙는다. 위기는 기회였다. 그러나 4년 후 이 기회는 다시 위기가 된다.

7부

기억되는 것과 기억되지 않는 것

1970년대를 말하다

전쟁 특수, 땅 투기, 통기타

1970년대는 어둠의 시대였다. 그러나 어둠만 있었던 것은 아니다. 그래서 2014년과 2015년 한국 영화의 화두는 1970년대였다. 2014년 최고의 흥행작 중 하나인 〈국제시장〉에서부터 2015년 벽두 개봉된 〈쎄시봉〉과 〈강남 1970〉은 모두 1970년대를 그 배경으로 하고 있다. 왜 1970년대인가?

영화 〈국제시장〉은 1950년 한국전쟁 당시 흥남부두 철수에서부터 현재까지의 한국 현대사를 모두 포함하고 있지만, 그중에서도 핵심적인 장면은 주인공이 1960년대 광부로 서독에, 그리고 1970년대 근로자로 베트남에 파견된 부분이었다. 물론 가장 눈길을 끌었던 부분은 단연 가수 남진이 나오는 장면이었다. 인터넷에는 '남진이 베트남에 참전한 것이 맞느냐'는 질문이 쏟아졌다. 남진은 실제로 1968년 해병대 청룡부대(해병 2여단 2대대 5중대 2소대)에 입대하여 베트남전쟁에 참전한 것으로 알려졌다. 그가 실제로 수색과 주민 소개 작전에 참여했는지, '님과 함께'가 그의 베트남 참전 당시 만들어진 것인지에 대해 아직도 정확한 사실을 알 수 없지만.

〈국제시장〉에서 베트남전쟁을 다룬 장면도 논란이 됐다. 이 장면은 1973년과 1974년을 배경으로 하고 있는데, 이 시기는 이미 한국군과 미군 전투부대가 모두 철수한 이후였다. 베트남에 진출한 한국 기업과 외국 기업에 고용된 한국의 기술자, 근로자들, 그리고 대사관 관계자들이 남아 있었지만, 영화에서와 같이 한국군이 수색 활동과 주민 소개 활동을 하지는 않았다. 주민들의 한국군과 베트콩에 대한 반응에 대해서도 의문이 제기됐다.

영화 〈쎄시봉〉은 1970년대 초 한국 가요계의 판도를 뒤바꾼 포크 음악의 세계를 배경으로 했다. 1960년대까지 가요계를 이끈 트로트나 주한미8군의 쇼를 통해 활약한 패티김, 서수남, 윤복희, 신중현과는 완전히 다른 흐름이었다. '동백아가씨'의 이미지나 한복남, 현인, 명국환, 남일해, 배호 등 트로트 가수들의 인기가 줄어든 것은 아니었지만, LP를 통해서 음악을 접하던 대중들에게 쎄시봉에서 기타를 들고 라이브 무대를 보여줬던 포크송 가수들은 대중음악의 판도를 바꾸어놓기에 충분했다. 1950년대의 '은하수', '영보다방', '돌체'는 1960년대 말 이후 '쎄시봉'으로 대체됐다.

〈강남 1970〉은 1970년대 강남 개발을 배경으로 했다. 지금 서울을 둘로 갈라놓은 강남은 1970년대 이전에는 밭이거나 쓸모없는 땅이었다. 서울의 인구가 급증하면서 재개발을 통한 서울의 재편이 한계에 이르자, 정부가 선택한 방식은 한강 이남으로 서울을 확대하는 것이었다. 밭을 소유한 사람들은 땅값이 오르면서 갑자기 부자가 됐고, 베트남에서 실력을 쌓은 건축회사들은 강남에 아파트를 짓기 시작했다. 급등한 땅값을 둘러싼 갈등이 불거지기 시작했고, 현대아파트 부정 분양 사건도 이때 발생했다. 영화 〈초록물고기〉의 배경이 되는 1990년대 초 일산과 분당의 전사를 보는 것 같다.

영화는 영화다. 영화를 다큐멘터리라고 할 수 없는 만큼 시나리오의 내용이 사실을 그대로 반영할 필요는 없다. 그러나 아쉬운 점은 이 영화들이 '왜 1970년대인가'라는 질문에 대해 답하지 못하고 있다는 점이다. 단순히 향수만 불러일으키고 있다는 점이다. 국내에서 주목받았던 〈서편제〉가 〈마지막 황제〉나 〈패왕별희〉만큼 세계시장에서 주목받지 못했던 이유도 여기에 있다. 시장에는 미국제 제품이, 다방에는 DJ와 포크송이, 소주가 아닌 맥주가, 그리고 부동산 투기가 동시에 나타나기 시작했던 1970년대는 우리에게 무엇이었는가? 1970년대에 왜 그런 거대한 생활의 변화가 나타나기 시작했는가?

어쩌면 이 질문은 2012년의 대통령 선거부터 시작됐는지도 모른다. 그리고 〈국제시장〉에 나오는 국기하강식 장면과 관련된 논란은 '왜 1970년대인가'라는 질문에 답변을 주고 있다. 매일 저녁 해 질 무렵 길거리에 멈춰 서서 국기를 향해 경례를 하는 모습은 드라마 〈빛과 그림자〉에서도 재현됐던, 1970년대를 살았던 사람들에게는 익숙한 모습이다. 청와대 경호실장 차지철이 직접 지휘했던 국기하강식이 떠오르는 5060 세대도 적지 않을 것이다.

1970년대는 한국 사람들에게 중요하면서도 특이한 시대였다. 한국의 근현대 역사에서 1970년대만큼 큰 변화를 느끼게 했던 시대는 없었을 것이다. 어쩌면 이 땅에 살고 있는 사람들에게 120년 전 갑오개혁 직후 상투를 잘라야 했던 1895년과, 〈장군의 아들〉(1990)이나 〈모던보이〉(2008)에서 보이는 문화통치 이후의 일제강점기의 사회·문화적 변화가 1970년대의 급격한 변화와 유사했을지도 모른다. 그러나 1970년대의 변화는 오늘 한국 사회의 모습을 만든 그 기원이 됐기에 지금 한국에 살고 있는 모든 사람들에게 더 특별한지도 모르겠다.

1970년대의 한국 사회는 자유와 권리가 가장 제한됐던 시대였다. 유신 체제의 규율은 한국인들에게 그것을 강제했다. 막걸리 마시고 대통령 욕하면 구속되는 '막걸리 보안법'의 시대였다. 그러나 다른 한편으로 1970년대 한국 사회는 갑작스러운 물질적 풍요를 경험했다. 베트남으로부터 외화만 들어왔던 것이 아니라 미제 전자제품과 양담배가 유입됐다. 미제 물품도 처음에는 미8군 영내매점px에서 나와 도깨비시장에서 비밀스럽게 유통됐지만, 베트남전쟁으로 인해 미제 물품은 시장 곳곳에 등장했다. 정부의 특별단속도 통하지 않았다. 국제시장도 그 과정에서 크게 성장했다. 그리고 중산층이 형성되기 시작했다.

중산층이 생기면서 그중 상위 계층에서는 소위 '식모'를 쓰기 시작했다. 1950년대만 하더라도 식모는 상류층에서만 쓸 수 있었다. 1975년 37만 명이라는 최대 관객을 끌어모았고, 당시까지 역대 박스오피스에서 3위를 차지했던 〈영자의 전성시대〉의 영자는 식모였다. 베트남을 다녀온 때밀이 창수와 영자, 영자를 식모로 고용한 '주인집'이나 모두 1970년대를 통해서 새롭게 등장한 계층이었다. 그래도 때밀이 창수가 주차관리원 자리도 얻지 못했던 람보보다는 나은 삶을 살았나 보다.

탈정치화된 영화에는 나오지 않았지만, 1979년 부마항쟁으로 국제시장 상인들도 최루탄 냄새에 고생을 했다. 다른 한편으로 베트남전쟁을 통한 미국 대중문화의 직수입은 통기타의 시대, 신중현과 같은 록의 시대, 그리고 〈별들의 고향〉(1974)과 같이 40만 관객을 돌파하는 대중영화의 시대를 열었다. 한국인들이 영화를 볼 수 있는 여유를 갖게 된 것이다.

서구 문화는 베트남을 거쳐서 직수입됐다. 이미 미8군을 통해 들어오고 있었지만, 베트남전쟁은 허울뿐인 장막마저도 걷어버렸다. 유신권력은 퇴폐풍조를 단속한다는 명분 아래 장발과 미니스커트를 단속

1978년 4월 한창 건설 중인 강남구 압구정동의 현대아파트 앞에서 한 농부가 소를 몰며 밭을 갈고 있다. 당시 현대아파트 건설과 분양은 강남의 역사에 한 획을 긋는 사건이었다.

했다. 고고장은 문을 닫아야 했지만, 영화 〈고고 70〉(2008)에 나오는 것처럼 새로운 문화의 열기를 막을 수는 없었다. 소위 '호스티스'를 주인공으로 하는 영화는 대중을 끌어당겼다. 〈별들의 고향〉, 〈영자의 전성시대〉, 〈꽃순이를 아시나요〉(1978), 〈별들의 고향 2〉(1978) 등이 정권의 퇴폐풍조 단속을 비웃듯이 연이어 스크린에 걸렸다. 퇴폐풍조를 조장해서 정권에 대한 비판을 막으려 한다는 '유언비어'도 돌았다. 3S(sex, sports, screen)란 말도 1970년대 중반 이후 나타나기 시작했다.

베트남으로부터 벌어들인 돈으로 경부고속도로를 만들었고, 고속도로의 인터체인지(나들목)를 중심으로 부동산 투기 바람이 시작됐다. 그 중심에는 전쟁 특수로 돈을 번 재벌들이 있었다. 1970년 부실기업을 정리할 때 청와대 비서실이 조사한 바에 따르면 당시 재벌들은 모두 엄청난 부동산을 갖고 있었다. 그중에는 전쟁 특수의 호황 속에서 구입한 부동산이 많았고, 심지어는 외채를 갖고 구입한 부동산도 있었다. 재벌 사주의 도덕적 해이는 8·3조치(사채 동결 긴급재정명령)를 불렀다.

재개발 과정에서 광주대단지(지금의 성남) 사건을 경험한 서울시는 강남 개발을 시작했다. 일제강점기 일본제국주의가 만주국의 장춘에 만들어졌던 계획도시가 강남에 탄생했다. 재벌이나 하던 땅 투기가 중산층 사이에서도 시작됐다. 열심히 일해서 평생 벌어야 할 돈을 아파트 한 채로 몇 년 사이에 벌 수 있는 시대가 왔다.

이웃 일본과는 달리 반전 운동이나 베트남전쟁에 대한 집단적 저항이 없었던 한국에서 서구 문화의 직수입은 정부의 통제, 그리고 물질적 풍요와 맞물리면서 '저항'의 정신을 지워버린 채 들어왔다. 세계사적으로 1960년대 대중문화의 재편이 반전 운동에 큰 영향을 받았지만, 한국에서는 그렇지 않았다. 분단이라는 특수한 상황이었고 또한 정부가 원하는 바였다.

조금이라도 저항 문화의 기미가 보이면, 그리고 대학생들 사이에서 인기가 있으면 그것은 곧 금지됐다. 김지하의 '오적'이 그랬고, 김민기의 '아침이슬'이 그랬다. 뚜렷한 이유도 없는 금지곡도 있었다. 김추자의 '거짓말', 이금희의 '키다리 미스터 김', 배호의 '0시의 이별', 송창식의 '왜 불러', 양희은의 '이루어질 수 없는 사랑', 신중현의 '미인', 이장희의 '그건 너', 한대수의 '행복의 나라'. 당시 사람들은 금지시킨 진짜 이유를 다 알았지만, 정부는 그 노래들이 왜색이 짙고 불건전하다는 이유로 금지시켰다. 금지곡의 빈자리를 '나의 조국', '새마을 운동의 노래', '예비군가'로 메꾸려 했다. 그리고 1977년에는 '대학가요제'를 시작했다.

탈정치, 탈저항이 강요됐지만, 물론 한국 사람들이 묵묵히 순종하지만은 않았다. 자유와 민주주의를 위한 저항의 흐름은 일제강점기에도, 1950년대 극단적 반공이데올로기의 시대에도 있었듯이 베트남전쟁이 한국 사회에 준 영향은 적지 않았다. 그리고 민주화만을 외쳤던 1960년 대까지의 사회 운동과는 다른 새로운 흐름의 저항 운동이 시작됐다. 리영희의 《베트남전쟁》(1985)은 베트남전쟁이 끝난 뒤 10년이 지나서 나왔지만, 베트남전쟁의 진실에 다가가고자 한 1970년대 지식인들의 고뇌와 노력을 보여주었다.

베트남전쟁은 그러므로 단순한 '공산주의 대 반공산주의'의 대결이 아니다. 민족주의, 제국주의, 독립 투쟁, 식민주의, 혁명, 반혁명, 통일, 분열, 독립, 의존, 인권, 종교, 자유, 억압, 반색인, 황색인, 아시아, 서양, 현대, 낙후, 공업, 농업, 초현대식 폭격기, 원시적 소총, 전자계산기, 주판, 선입관, 고정관념, 사랑, 증오, (…) 그리고 그 밖에도 상상할 수 있는 20세기의 모든 갈등의 요소가 뒤범벅이 되어서 전개된 전쟁이었다.

반전 운동으로 시작된 미국의 수정주의는 한국의 지성계에도 큰 파문을 던졌다. 베트남전쟁에 비판적이던 미국의 지성들이 접할 수 있었던 자료는 1970년대로부터 30년 전인 1940년대의 자료였다. 바로 주한미군정 자료들이었다. 게다가 한국은 베트남과 상황이 비슷했다. 식민지를 경험했다. 분단과 전쟁을 경험했다. 미국과 중국이 개입했고, 소련의 원조가 있었다. 이들은 거대한 질문을 던졌다. '미국은 초대받았는가?' 베트남 대신 평화봉사단을 택해 한국에 왔던 연구자들이 수정주의의 한 축을 담당했고, 브루스 커밍스의 《한국전쟁의 기원》은 그 대표작이었다.

한국의 지성계도 새로운 질문을 던지기 시작했다. 한국은 왜 분단됐는가? 한국전쟁은 단순히 공산주의와 반공산주의의 대결이었는가? 한국 사람들이 그토록 원했던 식민지로부터의 해방과 근대화가 무엇을 가져다주었는가? 해방과 근대화는 과연 무엇을 위한, 그리고 누구를 위한 것이었는가? 한국 사회가 알고 있는 세계는 있는 그대로의 세계인가, 아니면 한 차례 가공된 세계인가?

리영희의 《전환시대의 논리》(1974)와 《8억 인과의 대화》(1977), 그리고 《우상과 이성》(1977), 강만길의 《분단시대의 역사 인식》(1978), 박현채의 《민족경제론》(1978), 송건호의 《해방전후사의 인식》(1979) 등은 냉전의 논리에 갇혔던 한국 사회에 새로운 눈과 길을 열어주기 시작했다. 이 책들은 한국 사회에서 그때까지 논의의 대상이 되지 못했던 주제들을 분석 대상으로 삼았다. 분단에 대한 미국의 책임, 친일파 청산의 실패, 4·3 사건, 여순 사건, 한국전쟁 시기 북한을 지원했던 중국에 대한 분석 등은 논쟁 자체가 터부시됐던 주제들이었다.

반전 운동에서 탄생한 히피의 영향을 받은 한대수는 쎄시봉에서 데뷔했고, 쎄시봉의 시대를 열었다. 한대수는 1969년 드라마센터에서 귀국 공연을 열었고, '물 좀 주소', '고무신' 등을 발표했다. 그의 노래는 곧 금지곡 리스트에 올라갔고, 그는 다시 미국으로 돌아갔다. 그로부터 30여 년이 지난 2002년 한대수는 9집을 발표했고, 그 안에는 '호치민'이라는 노래가 있었다.

호치민에 대해서 말하자면 참 재미있는 사람이에요/ 그 사람은 학자의 집 안이고 불란서 점령 당시에/ 왜 서양 세력이 자기 나라를 이렇게 장기간 동안 점령하느냐/ 거기에 대해서 고민하기 시작했죠/ 그리고 또 워낙 문학가

집안이니까 여러 책을 보면서 연구를 하게 되죠/ 호치민 호치민 호치민/ 그래서 적을, 적을 이기려면 적을 알아라라는/ 요런 명언이 있으니까 불어를 열심히 공부를 하기 시작했어요 (아 그래요)/ 그런데 불란서를 가야 되겠는데 유람선의 요리사 조수로 취직하게 됩니다/ 불란서에서 불란서 공산주의자들과 접촉이 이루어지고/ 또 거기에서 맑시즘을 배웠고/ 드디어 어떠한 계기에서 모스크바를 방문합니다 (아 그래요)/ 모스크바에서 공산주의 대학교에 입학해서/ 과연, 제국주의, 자본주의 요런 데 대해서 공부를 하게 됩니다/ 여기에다가 러시아의 힘을 얻고 중국에 또 이사를 갑니다/ 여러가지 민중의 고통, 민중의 핍박, 또 프롤레타리아/ 거기에 대해서 배우고 다시 베트남으로 돌아옵니다/ 호치민 호치민/ 미국이 이젠 등장하는데 그 부패된 고딘디엠 정부를 지원하면서/ 공산주의자라는 이유로 아주 지속된 전쟁의 끝없는 폭격/ 약 3,200일의 끝없는 폭격을 밤낮으로 당하면서/ 미국의 강력한 군사력을 이겨낸 유일한 사람입니다 (아 그래요)

한대수는 말한다. "히피가 자유롭고 세계 평화를 사랑하고 비즈니스 마인드보다 예술창작 마인드를 더 높게 쳐주고 그런 건데, 순전히 성적으로 문란하고 마약 하고 뭐 이런 것만 히피라고 생각하니까 그 소리가 듣기 싫은 거예요."• 백남준 예술의 탄생 배경이 된 반전 운동의 정신은 한대수를 통해, 지식인들을 통해 한국 사회 속에 스며들었다. 그 당시 대중적으로 확산되지는 못했지만.

• 〈조선일보〉 2011년 7월 15일자, '세시봉, 우리들의 이야기: 1968년 여름, 한대수의 등장.'

베트남 파병 장병이 평양에 나타나다

포로와 실종자

한국군이 베트남으로부터 철수한 직후인 1973년 주베트남 한국군 사령관이 기자회견을 열었다. 미군과 한국군이 철수해도 남베트남은 공산군의 도발 행위를 능히 물리칠 수 있다고 베트남 상황을 브리핑하면서, "우리는 각하와 국민 여러분의 지원과 격려로 용감히 싸웠고, 그 결과 한국군 포로는 단 1명도 없었습니다"라고 선언했다. 특히 포로에 대해서는 8년 동안 파월된 한국군의 연인원은 32만여 명이었으나 단 1명의 포로도 없었으며, '민간인 2명만이 지난 1968년 사이공 외곽 지역에서 납치되어 월맹에서 병사했다는 보고를 미국 측으로부터 받았다'고 말했다.

주베트남 한국군 사령관이 1명의 포로도 없었다고 말한 그날 사이공의 한국대사관은 북베트남 쪽에서 한국군 포로 1명을 송환하겠다는 통보를 받았다. 국방부는 포로가 아닌 실종자로 처리하기 위해 민간인 복장을 착용하도록 조처를 취했다. 안케 전투에서 베트콩의 포로가 됐다가 3월 25일 석방된 맹호사단 2287 부대 소속 유종철 일병이 27일 밤 9시 30분 대한항공 편으로 김포공항에 도착했다. 그는 1972년 4월에 포로가 된 뒤 11개월 만에 풀려났다. 그는 공항에 나설 때 '대한민국 만세'를 외쳤다. 연락이 안 됐다는 이해할 수 없는 이유로 가족들은 공항

"실종 派越용사 셋 살아있다"

美 재향군인회서 身元확인 本社와 통화

2명 北韓

신원미상 3명도生存…내달 조사

가족들 "제사까지 지내왔는데…"

수용소脫出 동료 平壤

베트남전 실종자 박성렬 병장 등과 안학수 하사의 존재를 처음으로 보도한 〈경향신문〉 1992년 5월 12일자. 이들에 대한 실제 조처가 이루어진 것은 그로부터 약 20년이 지나고서의 일이었다.

에 나오지 못했고, 그는 곧장 군병원으로 향했다.[*] 유종철 일병의 경우 묘지까지 마련됐지만 그는 '부활'했으며, 주베트남 한국군 사령관의 발표를 일순간에 거짓말로 만들었다.

국방부는 다시 재조사를 벌였고, 그 결과 베트남에서 7명이 실종됐다고 발표했다. 8년 동안 김인식 대위(태권단 소속, 1971년 7월 14일), 유종철 일병, 정준택 하사(1967년 5월 7일), 안삼이 상병(청룡3대대, 1969년 7월 27일), 이용선 병장(청룡본부중대, 1969년 12월 2일), 조준범 중위(100군수사, 1972년 3월 29일), 박승렬 병장(맹호1연대, 1965년 11월 3일), 안학수 하사(건설지원단, 1967년 3월 22일) 등 7명이 실종됐다는 것이다. 국방부는 '이들 7명은 모두 비전투 중 근무지를 이탈, 행방불명이 된 자들'이며, 베트콩에 의해 석방

[*] 〈동아일보〉 1973년 3월 28일자 1면, '안케의 사자死者 살아오다.'

된 유종철 일병만이 전투 중에 부상당해 포로가 된 것으로 안다고 덧붙였다.

국방부는 실종자의 신원도 제대로 파악하지 못하고 있었다. '박승렬' 병장의 경우 외무부 문서에는 '박성렬'로 되어 있고, 이후 증언에는 '박승률'로 되어 있다. 영문 이름을 한글 이름으로 번역하는 과정에서 'u' 자를 놓고 '승과 '성', '렬'과 '률'로 멋대로 바꾸었다. 본래 이름인 '박성렬'을 제대로 확인하지 못했기 때문에 나타나는 오류일 수도 있지만, 소속 군인의 인적 사항도 제대로 파악하지 못한 결과였다. 나중에 북한에 생존해 있는 것으로 알려진 김인수 상병의 경우에는 아예 7명의 행방불명자에 포함되지도 않았다.

한국군이 철수하기 전에 억류됐다가 탈출한 한국군도 있었다. 박정환 소위였다. 박정환 소위는 파월 기술자 채규장과 함께 구정공세 시기 (1968년 1월 31일) 베트남의 메콩 델타 지역 미토 전투에서 베트콩에게 납치된 뒤 북송되던 중 캄보디아로 탈출했다가, 간첩죄로 캄보디아에서 복역했다. 이들이 납치되어 북송되는 과정은 위의 실종자 중 안학수 하사의 납치 및 북송 과정과 유사했다.

실종자 7명이 실제로 근무지를 이탈한 것인지 아닌지에 대한 정확한 해명은 없었으며, 포로가 됐는지 여부 역시 언급되지 않았다. 1972년 파리평화회담 당시 미국 정부는 북베트남과 포로 교환에 대한 협의를 할 때 한국 정부에 한국군 포로 문제에 대해 알려달라고 했으나, 한국 정부는 포로가 없기 때문에 한국군 문제를 논의할 필요가 없다고 답변한 사실이 있었기 때문에 실종자로 처리할 수밖에 없었다.

외무부는 억류 포로 중 한국군이나 한국 민간인이 포함되어 있을 가능성을 조사해야 할 필요성을 주베트남 한국대사관에 제기했지만, 대사관의 답변은 간단했다. 그 내용은 1973년 3월 27일 국무회의에 보고됐다. "주베트남 한국군 실종자는 전투 중에 발생한 행방불명자가 아니고 모두 자의에 의한 탈영자로 일부는 북한에서 방송한 사실이 있고, 나머지는 범법도주자이므로 한국군 사령부는 이들을 포로로 간주하지 않고 있으며, 송환 요청을 제기할 대상이 되지 못한다."

미국의 자료는 달랐다. 당시 미국 중앙정보국 문서에는 1966년에 포로가 된 한국군에 대한 기록이 있었다. 10여 명이었는데 상세하게 기록되어 있었고, 여기에는 '한국군 병장 키 155, 한국군 군의관 키 170'이라는 신체 묘사까지도 포함되어 있었다. 당시 미국의 기록을 종합해보면 적어도 18명의 포로가 남베트남 전 지역에서 발생했다.* 또 다른 중앙정보국 문서에는 한국군 포로 23명이 기재되어 있었으며, 다낭(5명), 푸깟(3명), 닌호아(3명), 호이안(이하 1명), 쭐라이, 빈케, 송까우, 뚜이호아 등의 전투에서 포로가 된 것으로 기록됐다.

1969년 8월 22일자로 외무부 아주국장이 작성한 문서에도 3명의 포로가 있음이 확인되고 있다. 여기에는 병장 박성렬(임무수행 중 행방불명), 하사 안학수(1966년 9월 9일 근무 이탈 중 1967년 3월 23일 평양 방송 출연), 대위 박우섭(병력수송 중 헬리콥터와 같이 행방불명) 등 3명의 이름이 기재되어 있으며, "상기 실종자는 포로로 확인되지는 않았으나 포로로 간주함"이라는 내용이 '비고'로 기록되어 있었다.

1970년 1월 22일에는 한국 외무부가 남베트남 정부 외무성으로부터 북베트남에 있는 포로 송환 문제에 대한 협조 공문을 수령하기도 했다. 그러나 이 문제에 대해 정부는 아무런 조처도 취하지 않았다. 같은 해

• MBC 다큐멘터리 〈이제는 말할 수 있다〉 19회(2000년 7월 30일 방영), '베트남전의 포로, 실종자들.'

4월 국제적십자사에서 북베트남의 포로수용소를 방문했을 때에도 한국 정부는 포로 또는 실종자에 대한 협조를 요청하지 않았으며, 포로에 관한 결의안이 유엔에서 논의될 때에도 한국 정부는 침묵으로 일관했다. 포로는 '불명예스러운' 일이라고 생각했던 것일까? 아니면 1971년 대통령 선거를 앞두고 정치적인 고려가 있었던 것일까?

1975년 남베트남이 북베트남군에 의해 함락된 이후 한국군의 실종자와 포로 문제는 더 이상 관심의 대상이 되지 않았다. 오히려 문제가 된 것은 1975년 사이공이 북베트남군에 의해 함락될 당시 탈출하지 못한 한국대사관 직원과 민간인들이었다.

문제는 포로였다가 생환한 박정환 소위에 의해서 1992년 다시 표면에 드러났다. 미국으로 이민을 갔던 박정환은 실종자 중 박성렬 병장과 김인수 상병이 북한에 생존해 있다고 증언했다. 미국의 재향군인회는 1987년까지 6명의 한국군이 북한에 생존해 있었다고 밝혔다.*

또한 실종자 중 안학수 하사와 박성렬 병장은 북한이 베트콩을 통해 뿌린 전단에 사진이 실려 있었다고 밝혔다. 이 전단은 전선의 한국군들을 회유하여 탈영, 입북하도록 하기 위한 것이었다. 1969년의 외무부 문서에 나오는 안학수 하사의 북한 방송 출연 역시 이러한 과정의 일환이었다.

베트남에서 실종된 한국군이 어떻게 북한에 생존해 있는 것인가? 전말을 추론하는 것은 어렵지 않다. 이들 한국군은 작전 중 길을 잃었거나 임무 수행 또는 휴식 중 베트콩에게 붙잡히거나 납치됐을 것이다. 이들은 곧 북베트남으로 이송됐다. 베트콩과 이들을 돕기 위해 내려온

• 〈경향신문〉 1992년 2월 29일자 19면, '실종 파월용사 셋 살아 있다.'

북베트남군의 경우 남베트남 안에서 자신들의 군사 기지를 갖고 있지 못한 게릴라 부대였기 때문에 따로 포로수용소를 운영할 수 없었기 때문이다.

북베트남에는 한국군뿐만 아니라 남베트남군과 미군, 그리고 해외 참전국(타이, 필리핀, 호주 등)의 포로들이 있었다. 남베트남군의 경우 같은 베트남 사람이기 때문에 북베트남군이나 베트콩으로 활동할 것을 강요했을 것이다. 이는 한국전쟁 시기 북한에 있었던 한국군 포로에게도 동일하게 나타났던 현상이었다. 한국군을 제외한 미군과 기타 참전국 포로들은 포로수용소에 수용됐고, 이들은 국제적십자사의 포로에 관한 규정의 적용을 받았다. 실제로 그렇게 대우를 했는지는 의문이지만. 미군 포로들은 1973년 파리평화협정 직후 541명이 석방됐다. 문제는 한국군이었다. 왜냐하면 북한이 북베트남과 가까운 관계를 갖고 있었고, 베트콩과 북베트남을 돕기 위해 군사전문가들을 파견해놓고 있었던 상황이었기 때문이다.

안학수 하사의 경우 베트콩에 의해서 납치된 뒤 북베트남으로 끌려가 수용됐다가 다시 북한으로 이송된 것이 확실한 사례다. 안 하사는 의무부대 근무자였다. 그는 1966년 9월 9일 사이공으로 출장을 갔다가 실종됐다. 그러나 그가 실종된 사실은 상급 부대에 보고되지 않았으며, 같은 해 10월 1일에는 하사 호봉 승급 명령이 있었고, 정상 근무자로 처리되기도 했다. 그러다가 실종 6개월여 뒤인 1967년 3월 27일 북한의 대남방송에 출연했다. 안 하사가 실종 뒤 반년이 넘어서 북한 방송에 출연했다는 것은, 박정환 소위의 경우처럼 납치 또는 체포된 뒤 캄보디아에 있는 호찌민 루트를 통해 북베트남으로 끌려가 일정 기간 포로수용소에 있다가, 다시 북한의 심리전 요원에 의해 북쪽으로 압송

됐을 것이기 때문에 상당한 시간이 걸렸을 가능성이 크다.

안 하사의 행적은 1969년 북한 공작원으로 남파된 뒤 자수한 정상환의 증언에서도 확인됐다. 그는 남파되기 전에 평안남도 대동면에 위치한 '의거자 정치학교'에서 교육을 받았는데, 이때 베트남에서 포로로 잡혀온 안 하사와 1년여 동안 같은 내무반 생활을 했었다. 박성렬 병장은 다른 내무반에서 생활했으며, 이름을 알 수 없는 한국군 장교 1명이 평양 초대소에서 교육을 받고 있다는 이야기도 들었다고 한다.* 정상환은 안 하사가 사이공에서 납치된 뒤 북베트남으로 강제로 호송되는 과정, 그리고 강제로 대남방송 녹음을 하는 과정에서 상처를 입었다는 사실도 진술했다.

1976년 거문도로 침투했다가 귀순한 북한의 또 다른 남파공작원 김○○은 안 하사가 대남방송에 협조를 하지 않다가 많은 고초를 받았다는 진술을 했다. 김씨가 남파 담당 지도원에게 들은 바에 따르면 안 하사는 이후 중국을 통해 탈출을 하려다가 붙들려 평양 근교에서 사형당했다고 한다. 김○○의 증언은 후에 납북자심의위원회에서 안 하사를 납북자로 인정하는 데 결정적 증거가 됐다.

베트남전쟁에서의 한국군 포로에 대한 다양한 증언이 나오면서 국방부에서는 2008년부터 본격적으로 포로 문제를 조사하기 시작했다. 베트남에서 한국군이 철수한 지 35년이 지나서야 이루어진 것이고, 국방부의 발표에 의하면 박성렬 병장이 실종된 지 43년이 지난 시점이었다. 이들 실종자 중에는 전사 처리는 됐지만, 가족들에게 공식적으로 전사 통보가 가지 않은 경우도 있었다.

* 〈경향신문〉 1992년 5월 12일자 22면, '실종 파월 장병 북한에 또 있다.'

308

안학수 하사가 바로 그 경우였다. 국방부는 2008년 조사를 통해 내린 첫 번째 결론에서 '여러 각도에서 조사를 했는데, 탈영이나 월북의 명백한 증거가 없었다. 여러 정황에 의하면 납북 개연성 혹은 가능성이 높다'고 했다. 그로부터 1년여가 지난 2009년 4월 28일에 가서야 통일부 납북자심의위원회에 의해서 안 하사는 납북자로 결정이 났다. 그리고 같은 해 12월 1일, 1974년 3월 15일 전사했다는 통지서가 가족들에게 전달됐다. 베트남에서 한국군이 철수한 지 1년이 되는 날이었다. 안하사가 실종된 날로부터 43년이 지나서야 가족들은 전사 통지서를 받을 수 있었다. 그러나 안 하사는 직계 가족이 모두 사망했기 때문에 국가유공자로 등록되지 않았다. 그리고 전사자 보상금은 1만 원도 되지 않았다.

안학수 하사의 경우 실종된 날짜가 1966년 9월 9일이었는데 1973년 국방부가 발표한 실종일은 1967년 3월 22일이었다. 한국 정부는 실종 뒤 북한으로 이송되어 대남방송을 하거나 주베트남 한국군의 탈영을 권고하는 전단지에 사진이 나왔던 한국군에 대해서는 자진 월북이라는 딱지를 붙였다. 이 경우 그 가족들은 지난 40년 동안 모진 고통을 받아야만 했다. 월북자의 가족이라는 딱지가 붙었고, 정상적으로 생활하기 어려웠다. 강제로 인민군에 끌려갔다가 포로가 됐지만, 북한에 가지 않고 남한에 남았던 반공포로들이 칭찬을 받기는커녕 일생을 정보기관에 의해 사찰 대상이 됐던 것과 크게 다르지 않았다.

납북자의 동생으로 낙인찍혀 40년 동안 정상적으로 살 수 없었던 안하사의 동생 안용수 씨는 그의 자전적 글(실화소설)을 통해 다음과 같이 말했다.

베트남전 전쟁 특수로 약 10억 달러라는 엄청난 외화를 벌어들일 수 있었다. 이 외화 종잣돈은 베트남에서 한국 젊은이들이 흘린 피값이었다. 이 외화로 경부고속도로를 건설했다. 이 외화는 우리 경제를 성장하게 한 주춧돌이었다. 하지만 '개인적인 이익(돈)' 때문에 베트남에 파병된 군인의 생명과 인권을 유린한 전쟁범죄자들이 있었다. 이 전범자들은 베트남전과 관련된 진실을 은폐했고 조작까지 했다. 한국에서 '끝나지 않은 베트남전쟁'을 일으킨 주범이었다.•

• 이 글을 쓸 수 있도록 자료를 제공해준 안용수 씨에게 감사의 말씀을 드립니다. 안용수, 《은폐와 진실 1: 베트남전쟁 참전 제50주년 기념도서 자전적 에세이(실화소설)》, 책평화, 2014.

지킬 가치가 있는 정부인가

남베트남 패망의 교훈

베트남전쟁은 어떤 교훈을 주었는가? 미국 사회에는 확실한 교훈을 주었다. '베트남'이라는 단어는 곧 실패와 좌절을 의미했다. 잘못된 장소에서 잘못된 시기에 잘못된 전략으로 싸운 전쟁이었다는 것이 일반적인 평가였다. 베트남에서 미국의 실패는 세계적 차원에서 미국의 헤게모니에 큰 타격을 주었다. 세계 경찰국가이자 민주주의의 수호자로서 미국의 이미지에 먹칠을 했다.

미국의 동맹국들이 동요하기 시작했다. 1978년 이란을 시작으로 1979년 니카라과가 미국의 품에서 벗어났다. 미국의 지원을 받았던 독재자들이 필리핀과 한국에서 물러나야만 했다. 다행히 1980년대 후반 공산정권의 연이은 몰락으로 필리핀과 한국은 제1세계에서 이탈하지는 않았다.

미국 정부는 베트남전쟁에서의 실패 이후 당분간 다른 지역에 대한 개입도 꺼리게 됐다. 한국전쟁을 경험한 뒤 미국은 약 10년 동안 다른 지역에 대규모로 개입하지 않았던 것과 유사한 경험이었다. 베트남전쟁 이후 1983년 그레나다 상륙 이전까지 해외 파병과 개입을 꺼렸다. 석유의 보고 이란이 넘어가도, 중남미의 주요 국가인 니카라과가 넘어가도, 심지어 서남아시아와 중앙아시아의 사이에 있는 전략적 요충지 아프가니스탄이 소련의 침공을 받아도 미국은 지켜볼 수밖에 없었다. 탈레반을 비롯한 반군에 대한 지원은 계속했지만. 카터의 인권 외교 역시 베트남전쟁의 교훈이 중요한 배경이 됐다.

물론 모든 사람에게 동일한 교훈을 주는 것은 아니었다. 사람들이 경험한 베트남전쟁은 모두 달랐고, 따라서 각각이 갖고 있는 교훈이나 기억도 다를 수밖에 없다. 여기에 더해 만약 정치적인 목적이 개입된다면, 의도적으로 다른 교훈과 기억이 나타날 수밖에 없다. 베트남에서의 실패를 인정하고 싶지 않았던 닉슨과 베트남 참전에 반대했던 클린턴의 기억은 다를 수밖에 없었고, 클린턴이 적성국 북베트남을 계승한 베트남과 외교 관계를 여는 것은 그리 어려운 일이 아니었다.

베트남전쟁에 직접 참전했던 사람들에게는 더더욱 그랬으리라. 베트남 관련 영화 중 초기작인 〈귀향〉(1978)에 나오는 상이용사들 사이의 대화는 매우 상징적이다.

군인 1: 참전하고 돌아온 사람이 다시 가겠다고 하는 경우는 처음 봐. 내 머리론 이해가 안 돼.

군인 2: 잠깐만. 난 이해는 돼. 왜냐면 우리 중 누군가는 그곳에서 했던 일을 정당화할 필요가 있으니까. 목숨 바쳐 싸우다 돌아왔는데 그게 다 헛된 일이었다고 하면 무슨 보람으로 앞으로의 인생을 살아갈 수 있겠느냐는 말이야.

군인 3: 그래서 다시 돌아가는 거군.

군인 2: 그래서 스스로에게 끊임없이 거짓말을 하는 거야. 내가 한 일은 옳은 일이고 이건 영광의 상처야. 내가 하반신 마비가 되고 사람을 죽인 걸 정당화해야 해. 그래서 옳은 일을 했다고 말하는 거야. 솔직히 자신이 한 일이 잘못됐다고 말할 수 있는 사람이 얼마나 될까? 평생을 불구로 살아야 하는데 계속 그런 생각을 하면서 살 수 있겠어?

대부분의 베트남전 참전자들이 갖고 있는 기억과 교훈은 결코 밝지 않았다. 아니 밝을 수가 없었다. 국가에 의해 동원되어 목숨을 걸고 싸웠던 사람들, 그들을 간호하면서 그 고통을 함께 느꼈던 이들이 귀국했을 때 그들을 기다리고 있었던 것은 환호가 아니라 냉대의 눈초리였다. 모든 참전자들이 밀라이에서의 학살에 가담이라도 했다는 것인가? 아니면 존슨, 닉슨 행정부와 공범이라는 것인가?

미국의 대통령들은 베트남전쟁 개입에 대해 서로 다른 관점을 갖고 있었지만, 한 가지 점은 공통적으로 지적했다. 미국 정부의 결정은 문제가 있었지만, 정부의 잘못된 결정에 의해 그곳에 갔던 모든 분들은 다 애국자였다는 것이다. 그들의 애국적인 노력은 역사에 길이 남을 것이며, 이들에 대한 명예회복과 보상을 위해 국가는 최선을 다할 것이다.

미국과 달리 한국은 단순했다. 남베트남의 패망으로부터 한국 사회가 받은 충격은 미국 못지않았다. 같은 분단국가였다. 그리고 자신의 안보도 스스로 지키지 못하면서 심지어 1972년에는 미국보다도 큰 규모의 전투부대를 파병했다. 한국전쟁을 경험한 상황에서 베트남전쟁은 하나의 성전이었다. 그런데 그 성전에서 한국이 지지했던 측이 패망했다. 그뿐만 아니라 무소불위의 존재라고 믿었던 미국마저도 남베트남 정부를 끝까지 지켜주지 못하는 것을 목격했다. 한·미 동맹에 안보를 의지하고 있었던 한국에는 큰 충격이 아닐 수 없었다. 남베트남 정부가 자유민주주의를 지키려 했고, 베트콩이 악의 축이었다는 지금까지의 정부의 주장은 모두 거짓말이었나?

남베트남이 패망하기 하루 전인 1975년 4월 29일 박정희 대통령은 특별담화를 발표했다. "이번 인도차이나반도 사태는 우리에게 더없이 귀중한 교훈을 가져다주고 있습니다"로 시작하는 특별담화의 내용은 크게 세 가지로 나뉘어 있다. 공산주의와 협상을 하기 위해서는 스스로의 힘을 길러 힘의 균형이 유지되어야 한다. 우방 강대국을 믿을 수 없기 때문에 자주국방을 추구해야 한다. 그리고 공산주의로부터 이기기 위해서는 '부질없이 앉아서 갑론을박 토론만 하고 시간을 허송'해서는 안 되고, '정부와 군과 또 국민이 혼연일체가 되어서 힘을 하나로 뭉쳐 총력으로 대결'해야 한다. 그리고 "명량해전 때 이순신 장군님이 다 부서진 배 열두 척으로, 왜적의 함정 수백 척과 싸우실 때 장병들을 독려하시며 하셨던 말씀"인 '필사즉생, 필생즉사'라는 말로 특별담화를 마무리했다.

한국 정부는 분명 베트남전쟁으로부터 너무나 많은 교훈을 얻었을 것이다. 동병상련이다. 당시까지만 하더라도 남북이 군사력과 경제력에서 큰 차이를 보이지 않았던 때였다. 1970년대 초 1인당 국민소득에서 남한이 북한을 넘어섰지만, 남과 북의 국력에 대한 비교는 평가자에 따라 다르게 나타날 만큼 큰 차이가 없었다. 그러니 더더욱 베트남 상황이 남 일 같지 않았다.

선명 야당으로서 민주주의의 쟁취를 위한 투쟁을 내세우고 있었던 김영삼 신민당 총재가 왜 투쟁의 깃발을 접었겠는가? 남베트남 패망을 일주일여 앞두고 김 총재는 스스로 박 대통령에게 영수회담을 제의했다. 그로부터 한 달이 지난 5월 21일 두 사람의 만남이 이루어졌다.

개헌청원 서명 운동을 벌였던 야당의 총재가 대통령과 긴급조치 9호로 헌법에 대한 비판을 모두 불법화시킨 유신 대통령과 만난다는 것 자

1975년 4월 30일 북베트남군 탱크가 사이공의 남베트남 대통령궁을 점령한 직후 남베트남군 병사들이 사방으로 달아나면서 버리고 간 군화들이 사이공 인근 1번 국도에 널려 있다.

체가 말도 안 되는 것이었다. 베트남의 충격 없이는 이해될 수 없는 상황이었다. 영수회담 직후 김 총재는 '국정 전반의 모든 문제에 대해 진지하고 격의없이 충분히 의견을 교환했다. 그러나 박 대통령과의 약속을 지키기 위해 면담 내용을 다 털어놓고 이야기하지 못하는 것을 미안하게 생각한다'는 간단한 성명을 발표했다. 베트남 상황의 충격으로 선명 야당 총재는 꼬리를 내렸다. 이후에도 회담의 내용이 알려지지 않았지만, 아마도 남베트남 패망 직전 김일성의 중국 방문에 대한 설명이 김영삼 총재에게 직접적인 충격을 주었을 것으로 추측된다. 박 대통령이 더 이상 대통령직을 연장하지 않겠다고 말했다는 소문도 있지만, 사실인지 확인되지 않고 있다.

유신 정부에 남베트남 패망은 위기였지만, 다른 한편으로 기회였다.

유신에 반대하는 움직임을 잠재울 수 있었다. 박 대통령이 내놓았던 담화는 바로 그 점을 잘 보여준다. 담화를 통해 베트남으로부터 얻을 수 있는 교훈은 그때까지 유신 정부가 추구해왔던 바를 중단 없이 계속 추구하라는 것이었다. 자주국방과 총화단결이 바로 그것이었다. 그래서 야당도 스스로 반유신 투쟁을 접었다.

그러나 한국 정부가 발표했어야 하는 반드시 필요한 내용은 대국민 사과였다. 베트남에 대규모 전투부대를 파병한 것은 미국의 요청에 의한 것이었고, 한·미 동맹을 고려할 때 불가피한 것이었지만, 잘못된 판단이었다는 것을 국민들에게 전달했어야 한다. 이길 수 없는 전쟁에 개입을 결정했고, 그로 인해 수많은 젊은이들이 생명을 잃었다. 미국이 철수를 결정할 때에도 미련을 버리지 못하고 철수 계획을 미루다가 더 많은 피해를 봤다. 베트남 파병으로 군인들도 힘들었지만, 그로 인한 한반도 안보 위기로 소중한 국민들에게 피해를 끼쳤다. 전쟁과 안보 위기로 피해를 입은 모든 분들은 애국자였고, 이들에 대한 보상에 최선을 다하겠다.

정의롭지 못한 베트남전쟁에 개입함으로써 유엔과 제3세계에서 한국에 대한 신뢰가 땅에 떨어졌다. 북한과의 외교전쟁에서 앞서나가기 위해 비동맹회의에 대표단을 파견했지만, 한국 대표는 회의장의 문지방도 넘지 못했다. 주한미군 감축을 막기 위해 파병을 한다고 했지만, 결국은 주한미군은 감축됐다. 대통령의 담화에는 그 어느 것도 포함되지 않았다.

박정희 정부는 베트남 파병을 통해서 경제적인 이득뿐만 아니라 '플러스알파'를 노렸다. 아시아에서 미국의 가장 중요한 군사 동맹국의 위치에 서려고 했다. 일본이 경제적 측면에서 제1의 동맹국이라면, 한국은 군사적 의미에서 그 자리를 노리려고 했다. 베트남에서는 철수하지만, 꿩 대신 닭이라고 타이나 캄보디아라도 들어가려고 했다.[*] 베트남 파병을 통해서 얻은 경제적 이익에 대한 미련 때문인 것처럼도 보였다. 만에 하나 타이와 캄보디아에 한국군이 파병됐다면 1973년 타이의 민주화, 1975년 캄보디아의 킬링필드에서 한국군이 고립됐을 가능성이 크다. 일본의 집단적 자위권 확대에 대한 미국의 지지가 1951년부터 시작된, 어제 오늘의 일이 아니었다는 사실을 고려한다면, 한국군이 타이나 캄보디아에 주둔했다고 하더라도 한국이 아시아에서 가장 중요한 미국의 군사 동맹국이 되기는 쉽지 않았을 것이다.

유신 정부의 독주는 이제 완전히 보장된 것처럼 보였다. 이후 긴급조치 9호는 10·26 사태까지 장장 4년이 넘는 기간 동안 계속됐다. 정부와 대통령을 비판하는 일체의 행동은 모두 금지됐다. 그러나 그 권력은 오래가지 못했다. 대통령이 죽었다는 사실을 언급하는 것조차 두렵게 만들었던 그 체제가 남베트남 패망으로부터 4년이 지난 뒤 스스로 무너졌다. 내부의 권력 투쟁 과정에서.

남베트남 정부의 몰락이 재현되는 것인가? 자라 보고 놀란 가슴 솥뚜껑 보고 놀란다고 했다. 놀란 미국은 민주주의를 요구하는 광주 시민을 외면한 채 신군부의 손을 들어주었다. 베트남뿐만 아니라 이란과 니카라과에서 일어난 일이 한반도에서 재현되어서는 절대 안 됐다. 다른 건 몰라도 한반도의 안정을 통해 최소한 일본은 지켜야 한다. 1950년이나 1980년이나 미국의 한반도에 대한 기본적인 생각에는 변함이 없었다. 1894년 류큐를 일본에 넘겨준 뒤 조선은 안 된다고 개입한 청나

• 〈동아일보〉 1970년 4월 27일자 3면, '구체화된 미 종용설의 파문, 캄보디아 지원.'

라나 1975년 북베트남의 승리를 지켜본 뒤 한국이 불안해서는 안 된다
고 신군부의 손을 들어준 미국의 속마음은 비슷하지 않았을까?

무너질 것 같지 않았던 유신 체제는 왜 속절없이 무너졌을까? 한국
정부는 남베트남 패망으로부터 얻어야 할 교훈을 제대로 얻지 못했다.
대통령의 담화에 나타난 내용 중 틀린 것은 하나도 없었다. 문제는 더
중요한 교훈이 언급되지 않았다는 사실이었다. 과연 남베트남 정부는
지킬 만한 가치를 가진 정부였는가? 지킬 만한 가치가 없는 정부였다
면, 왜 그렇게 됐는가? 미국은 응오딘지엠을 베트남의 워싱턴이라 했
고, 응우옌반티에우를 프런티어 정신을 가진 지도자라고 했다. 그렇다
면 베트남 사람들은 남베트남 정부를 지켰어야 했다. 그러나 결과는 길
에 널브러져 있는 군인들이 버리고 간 군복이었다. 지엠은 사살됐고,
티에우는 미국으로 망명했다.

미국은 베트남으로부터 왜 떠났는가? 미국 내부의 여론과 악화된 재
정 상태가 가장 결정적인 요인이었다. 이와 동시에 기억해야 할 것은
남베트남 정부가 더 이상 지켜야 할 가치가 없는 정부였기 때문에 미국
이 지원할 수 없었다는 사실이다. 특히 미국의 대중매체와 의회는 이
점을 집중적으로 지적했다. 내부 부패로 인해 중국 대륙을 잃은 장제스
와 부패와 독재로 혁명에 의해 권력에서 물러나야 했던 이승만에 대해
지지를 철회한 경험을 갖고 있었던 미국으로서는 또다시 잘못된 포석
을 했던 것이다. 부패한 남베트남 정부가 영원히 '미생'일 수밖에 없다
는 사실을 이해하는 데 20년의 세월과 아까운 젊은이들의 목숨이 필요
했던 것인가?

든든한 정부와 탄탄하고 안정된 사회를 만들기 위해서는 무엇보다도
국민들로부터 신뢰받고 존경받는 정부와 지도자가 있어야 한다. 최대

한 공정한 선거제도를 통해 지도자를 뽑는 것은 바로 그 때문이다. 민주주의 제도는 정부와 정치인들에게 합리적으로 권력을 부여하기 위하여 만들어진 제도이고, 그렇기에 이들의 권력에 대해 사회가 문제를 제기하지 않는다. 정부와 정치인들을 신뢰하기 위해서는 투명성과 공정성이 보장되어야 한다.

남베트남 정부는 과연 이러한 조건들을 갖추고 있었는가? 모든 선거는 부정 선거 시비에 휘말렸다. 심지어 어떤 선거는 투표자의 수보다 더 많은 득표수가 나오기도 했다. 선거보다도 쿠데타를 통해 집권하는 지도자들이 더 많았다. 중요한 정책은 기득권자들의 이익을 위해 입안, 실시됐다. 베트남에서 지주와 가톨릭은 그 상징적인 존재들이었다. 소작인과 불교도들은 차별을 받았다. 이 과정에서 기득권층은 더 많은 부를 축적했다. 도대체 이들이 왜 더 많은 부를 축적하는지, 왜 서민들은 갈수록 더 가난해지는지 아무도 설명해주지 않았다.

냉전은 이러한 교훈들을 모두 가려버렸다. 공산주의가 악이라는 절대 명제 속에서 다른 것들은 눈에 들어오지 않았다. 비록 북베트남에 대한 폭격을 강력하게 주장함으로써 일생에 큰 오명을 입은 월터 로스토(미국의 경제학자)였지만, 그가 했던 명언이 있다. "공산주의는 하나의 전염병이다. 전염병은 몸이 약한 사람한테 급속하게 번진다." 베트남에 왜 공산주의가 퍼졌을까? 국민들이 쓸데없이 갑론을박이나 하고 있었기 때문이었을까? 도대체 누가 국민들로 하여금 토론을 하도록 만들었는가?

인간은 바보다. 금방 망각하기 때문이다. 베트남의 늪에서 허우적대던 미국은 이제 더 이상 늪에 빠지지 않겠다고 했다. 그러나 지금 미국은 이라크와 아프가니스탄의 늪에서 벗어나지 못하고 있다. 베트남전쟁은 민주주의와 투명성, 그리고 공정성이라는 교훈을 한국 사회에 주었다. 민주화는 이룩했지만, 지금 한국은 그 셋 중 어느 하나도 제대로 충족시키지 못하고 있다. 1975년 박정희 대통령이 긴급담화에서 지적한 것처럼 '부질없이 앉아서 갑론을박만 하고 시간을 허송'하고 있다. '정부와 군과 또 국민이 혼연일체가 되어서 힘을 하나로 뭉쳐 총력으로 대결'하기 위해서 베트남전쟁의 교훈을 잊어서는 안 된다. 국민이 지키고 싶은 정부가 되어야 한다. 그것이 곧 안보다.

그리하여, 다시 이라크로
반쪽의 기억

역사는 지나온 일을 말한다. 그러나 모든 지나온 일이 다 역사가 되는 것은 아니다. 너무나도 많은 과거의 일들 중에서 역사적으로 의미가 있는 일들이 역사가 된다. 그렇다면 역사적으로 의미가 있는 일은 무엇을 의미하는가? 그건 시대와 상황에 따라 항상 변한다. 그 시대적 상황이 요구하는 바에 따라 의미가 있는 것이 달라진다. 그것이 곧 가치관이며 역사관이다. 조선시대에 강조했던 기자조선을 지금 언급하는 사람은 거의 없다. 조선시대 유학자들은 단군조선에 대해 거의 언급하지 않았다. 그때와 지금의 시대정신이 다른 것이다.

그렇다면 역사와 기억의 차이는 무엇인가? 역사는 객관성이 뒷받침되어야 한다. 의미 있는 것을 선택하는 과정에서 역사학자의 주관성이 개입하지만, 선택한 이후에는 사실의 왜곡이 있어서는 안 된다. 이것이 객관성이다. 기억은 다르다. 그것은 처음부터 끝까지 모두 주관적이다. 사실이 왜곡되어 있어도 객관성 여부와 관계없이 한 개인이나 아니면 사회가 집단적으로는 특정한 기억을 갖게 된다.

역사도 무섭지만, 그래서 기억은 더 무섭다. 역사가 사회를 움직인다고 하지만, 사실 사회를 움직이는 것은 역사가 아니라 기억이다. 사람들은 기억이 곧 역사라고 믿는다. 그러나 기억은 역사일 수도 있고, 역사가 아닐 수도 있다. 사람들은 역사를 선택적으로 기억한다. 때로 어떤 기억은 역사 속에서 없던 일이기도 하다. 꿈과 현실을 혼동하는 경우도 적지 않고, 소설이나 드라마를 통해 일어나지도 않았던 일들이 역사로 기억되는 경우도 많다. 사회를 움직이는 것은 사람들이 역사라고 믿고 있는 기억이다.

더 심각한 것은 특정한 방향으로 역사를 서술함으로써 사람들에게 특정한 기억을 만들어주려는 노력이 진행되고 있다는 사실이다. 이것은 불행하게도 모든 정부가, 그리고 모든 역사학자들이 하고자 하는 바이다. 자신들의 주장을 관철하고 합리화하려면 모든 사람들이 그렇게 믿도록 해야 하기 때문이다. 물론 이를 위해서 정부와 역사학자들은 그 특정한 기억을 합리화할 수 있는 이론과 증거를 탄탄하게 제시해야 한다. 사실이 아닌 왜곡된 자료밖에 없더라도. 이 과정에서 특정한 부분은 역사와 기억이 되고, 다른 부분은 사라진다.

베트남전쟁은 그 자체로 역사다. 누구도 부인할 수 없는 지금의 시대정신은 인권과 평화, 그리고 자유다. 한국전쟁과 마찬가지로 베트남전쟁도 이러한 시대정신 아래서 해석하고 분석해야 한다. 두 전쟁은 모두 이 세 가지 시대정신이 충돌한 사건이었다. 그런데 한 가지 중요한 차이가 있다. 한국전쟁은 이 문제에 대한 해결책을 마련하지 못했다. 냉전의 출발점에서 발생한 한국전쟁은 오히려 인권과 평화, 그리고 자유의 문제가 더 심각해지는 계기가 됐다. 냉전이 해체되는 계기를 만든 베트남전쟁은 이 문제들을 해결할 수 있는 새로운 가치관과 문화를 만들어냈다.

베트남전쟁은 지난 40년 동안 역사학, 국제정치학, 인류학, 사회학, 그리고 과학 연구자들에게 가장 중요한 연구 주제가 됐다. 20세기 역사에서 두 차례에 걸친 세계대전에 버금갈 정도로 중요한 전쟁이었고, 1945년부터 시작된 냉전의 역사에서는 가장 중요한 사건이었다. 또한 그렇기 때문에 전 세계적으로 베트남전쟁을 소재로 하는 영화가 넘쳐 난다.

한국에서만 보더라도 민주화 이전까지 〈월남에서 돌아온 김상사〉 (1971)를 제외하고는 제작이 금기시됐던 베트남전쟁에 대한 영화가 민주화 이후 〈푸른 옷소매〉(1991)와 〈하얀전쟁〉(1992)을 기점으로 조금씩 제작되기 시작했다. 1993년과 그 이듬해에 걸쳐 박영한의 소설이 〈머나먼 쏭바강〉(SBS)이라는 드라마로 제작되기도 했다. 최근에는 〈알포인트〉(2004)와 〈님은 먼 곳에〉(2008)가 제작됐고, 이제 1960년대와 1970년대를 무대로 하는 영화나 드라마에는 대부분 베트남전쟁이 언급되거나 관련 장면이 언급되고는 한다.

한국의 영화와 드라마에 나타나는 베트남전쟁의 모습은 전쟁의 본질을 제대로 그리고 있는가? 아쉽게도 베트남전쟁의 본질과 한국 군인들이 실제로 겪었던 상황이 사실적으로 묘사되고 있지 못하다. 어쩌면 황석영의 소설 《무기의 그늘》이 베트남전쟁의 상황을 더 실제적으로 그리고 있는지도 모른다. 1965년부터 1972년까지 3만~5만 명의 파월 한국군이 있었고, 5,000명이 넘는 사망자가 발생했건만 영화와 드라마 속의 베트남전쟁은 본질적 성격과는 동떨어져 있다. 〈7월 4일생〉이나 〈플래툰〉, 그리고 〈풀 메탈 자켓〉에서 볼 수 있는 생생한 영화의 본질은 찾아볼 수 없다.

베트남전쟁에 대한 한국 영화와 드라마가 바로 한국 사회가 갖고 있는 베트남전쟁에 대한 기억의 내용과 그 특징을 잘 보여준다. 한국 사회에서 베트남전쟁은 그 반쪽만이 기억되고 있다. 기억하고 싶은 것만 기억되고 있는 것이다. 전체가 아닌 사건의 일부분에 대한 기억은 그 사건 자체를 왜곡하는 것이기도 하다. 특히 역사 교과서를 보면 이 점이 잘 드러난다.

일본의 역사 교과서들은 대부분 '조선전쟁 특수'를 다루고 있다. 한국전쟁 기간 동안 일본이 얻었던 경제적 이익을 다루는 것이다. 어떻게 보면 남의 나라 전쟁을 통해서 얻은 경제적 이익을 숨기지 않고 밝히고 있다는 점에서 매우 객관적으로 보일지 모르지만, 실제로는 한국전쟁의 성격이 무엇인지, 그리고 이 전쟁이 한반도를 어떻게 유린했는지, 그 결과로 나타난 일본의 정치적 변화에 대해서는 서술하지 않고 있다. 일본은 경제적인 부는 얻었지만, 그로 인한 정치의 보수화로 말미암아 제3의 길로 나아갈 수 있는 기회를 놓쳤다. 본질을 비켜가고 있는 것이다.

한국의 역사 교과서들의 베트남전쟁에 대한 서술 역시 일본의 역사 교과서와 다르지 않다. 전쟁의 성격이나 본질은 전혀 서술되어 있지 않다. 그나마 몇몇 교과서에서 민간인 학살과 고엽제 피해를 다루었고, 그 대가로 일부 보수단체가 교과서 필진이 근무하는 학교를 항의방문해 수업을 방해하는 사태가 발생했다. 한국 사회에서 기억되는 베트남전쟁은 한국전쟁과 마찬가지로 남과 북 사이의 이념전쟁이었고, 공산주의의 확산을 막기 위한 전쟁이었으며, 참전으로 많은 경제적 이득을 얻은 전쟁이었다. 한국전쟁이 일본에 대해 그렇듯이 한국의 역사 교과서에 서술된 베트남전쟁은 한국 사회에 내린 '신의 선물'이었다. 한국의 역사 교과서에도 베트남 전선에서 죽음을 넘나든 한국군에 대한 기억은 찾을 수 없다.

베트남전쟁에 대한 반쪽만의 기억은 지나간 역사에 대한 기억이니 어떻게 기억되든 뭐가 문제겠는가? 2003년 이라크전 파병이 논의될

2003년 4월 15일 전남 장성 상무대에서 열렸던 이라크 파병 공병 '서희부대' 창설식. 베트남전으로부터 얻어야 할 교훈을 제대로 얻지 못한 집단적 기억은 이라크 파병이라는 정책 결정의 배경이 됐다.

때였다. 9월 20일을 전후해 〈한겨레〉에서 파병과 관련된 여론조사를 시행했다. 이라크에 전투부대 파병을 반대하는 여론이 57.5퍼센트에 달했다. KBS(9월 21일, 파병 반대 60.5퍼센트)와 〈조선일보〉(9월 22일, 파병 반대 54.7퍼센트), 〈중앙일보〉(9월 16일, 파병 반대 56.1퍼센트) 조사에서도 비슷한 결과가 나왔다.

한국 정부는 이러한 반대 여론을 무릅쓰고 그해 10월 18일 이라크 파병을 결정했다. "여론 수렴을 바탕으로 우리의 국익, 한·미 관계, 유엔 안보리 결의 등 제반 사정을 종합적으로 검토"한 결정이었다고 발표했다. 그리고 같은 날 KBS의 여론조사에서 파병 찬성 56.3퍼센트, 반대 42.3퍼센트의 결과가 나왔다. 9월 20일부터 10월 18일까지 약 한 달 사이에 여론조사 결과가 180도 뒤바뀐 것이다. 도대체 그 한 달 동안 무슨 일이 있었는가?

정부의 발표처럼 10월 16일에 있었던 유엔 안전보장이사회의 결의안 제1511호는 미국의 이라크 개입을 정당화시켜주었다. 영화 〈그린 존〉(2010)에 나오는 것처럼 대량살상무기를 찾지 못했음에도 유엔은 부시 행정부가 제시한 '민주주의 확산'이라는 명분을 승인했다. 유엔은 한국에서 모든 정책의 정당성을 판가름하는 기준을 제공해왔다. 이미 9월의 여론조사에서도 유엔의 결의가 나올 경우 파병에 찬성한다는 견해가 50퍼센트를 넘었다.

문제는 유엔만이 아니었다. 미국이 동맹국의 이라크 파병을 요청하는 시점에서 이미 파병과 국익에 대한 논의가 사회적으로 확산됐다. 〈한겨레〉의 9월 여론조사에서도 파병 반대 여론이 50퍼센트를 훌쩍 넘었음에도 파병이 국익에 도움이 될 것이라는 의견이 57.7퍼센트로 파병 반대보다 0.2퍼센트 포인트 높았고, 국익에 도움이 되지 않는다는 견해(36.1퍼센트)보다 훨씬 더 높게 나왔다. 도대체 어떤 국익에 도움이 된다는 것인가?

2003년 9월부터 10월 사이에 주요 신문에는 국익과 관련된 사설과 칼럼이 많이 실렸다. 크게 세 가지가 주요 내용이었다. 첫째로 일본의 자위대 파병을 주목해야 한다는 것, 둘째로 한·미 동맹을 고려해야 한다는 것, 그리고 마지막으로 석유자원의 안정적 확보와 전후 재건특수 참여 등이 그것이다.

마치 40년 전 베트남 파병 논의가 있었을 때를 재현하는 것 같았다. 한국의 국방부 장관은 미국 부통령을 만나 일본이 한국전쟁에서 얻은 이익만큼 한국이 베트남에서 뽑아내야 한다고 주장했다. 한·미 동맹은 베트남 파병의 첫째 고려 사항이었고 전쟁 특수가 베트남 파병 초기의 목적이 아니었지만, 시간이 지날수록 가장 중요한 목적이 됐다. 오죽하면 주한 미국대사가 베트남의 한국군은 한국 정부에 '알라딘의 램프'라고 말했을까?

특히 전쟁 특수 문제는 여론조사 이전부터 세간의 관심을 끌었다. 2003년 8월 27일자 〈세계일보〉에는 '베트남전 파병 39주년, 의미와 과제'라는 특집 기사가 실렸다. 〈서울신문〉 사설(2003년 4월 14일자)에서는 '제2의 중동특수'라고 지칭하기도 했다. 〈동아일보〉에서는 '국가지위 상승효과'라는 특집기사(2003년 9월 22일자)를 냈다. 국회에서는 전쟁 특수를 둘러싼 논란이 벌어졌다. 역설적이게도 야당(당시 한나라당)이 베트남전쟁 특수를 강조하면서 파병을 찬성했고, 여당(당시 새천년민주당)이 반대했다.• 여기에서 한 걸음 더 나아가 〈문화일보〉는 10월 21일자에서 한국 경제 위기의 돌파구를 해외의 전쟁에서 찾아야 한다고 훈수를 두기까지 했다. "1960년대 후반 베트남전쟁, 1970년대 오일쇼크 이후 중동 진출, 1990년대 이후 걸프전 등에 따른 해외 진출 및 특수가 그것이다."

반면 베트남 파병에도 불구하고 주한미군은 감축됐으며, 한·미 관계는 1970년대 초 이후 최악의 상황으로 치달았다는 기사는 전혀 눈에 띄지 않았다. 미국과 한국의 베트남전쟁 개입이 잘못된 결정이었으며, 남베트남 정부는 지켜야 할 만한 가치가 있었던 정부가 아니었다는 기사도 없었다. 전투부대 파병을 통해서 한국군이 많은 피해를 입었으며, 전투 과정에서 베트남 민간인 학살 사건이 발생했고, 한반도는 안보 위기에 휩싸였다는 기사가 없었던 것은 더 말할 필요도 없다.

• 〈동아일보〉 2003년 10월 21일자, '해외 파병 얻은 것과 잃은 것: 국가 지위 상승 효과.'

북베트남의 쯔엉찐Tru'o'ng Chinh(좌)과 남베트남의 팜훙pham hung(우)이 1975년 11월 22일 사이공 독립궁
(구 남베트남 대통령궁, 현 호찌민 통일궁)에서 통일의정서에 서명을 하고 있다.(자료 제공: 박삼헌 교수)

　　기억은 그냥 개개인의 차원에 머물러 있는 것이 아니다. 집단적 기억
은 현재와 미래의 정책에 결정적 구실을 하는 것이다. 베트남전쟁에 대
한 반쪽 기억은 2003년 한국 정부가 이라크에 파병하는 데 결정적 배
경이 됐다. 2010년 아프가니스탄에 재파병을 할 때에도 모든 신문들은
'도대체 얻을 게 무엇이 있는가'라는 제하의 기사를 통해 베트남전쟁의
반쪽 기억을 다시 한번 재생시켰다.

　　때로는 역사적으로 중요한 사실을 인지하지 못함으로 인해 역사나
기억이 교훈을 주지 못하는 경우도 있다. 베트남의 통일 과정과 통일
이후의 과정은 한반도에 많은 교훈을 줄 수 있음에도 한국 사회가 기억
하는 것은 남베트남이 국론 분열로 패망했다는 것뿐이다.

　　또 하나 주목해야 할 문제는 통일 과정에서 발생한 부작용에 대한 이해다. 베트남전쟁의 기본적인 성격은 부패한 남베트남 정부에 대한 남베트남 사람들의 시민전쟁이었다. 그런데 전쟁의 끝은 베트콩과 함께 북베트남의 탱크가 들어와 남베트남 대통령궁을 점령하면서 끝났다. 남베트남 대통령은 베트콩과 북베트남에 항복했다. 베트남전쟁의 성격을 고려할 때 이러한 방식은 올바른 것이었을까? 남베트남의 최종 붕괴 과정에서 북베트남군은 빠졌어야 하는 것 아니었을까? 남베트남 정부 패망 이후 새로운 남베트남 공화국이 수립됐어야 했고, 그 이후 새로운 공화국과 북베트남이 통일을 논의했어야 하지 않았을까?

물론 시간이 많이 지체됐을 것이다. 그동안 많은 사람들이 다쳤을 것이다. 그러나 통일이라는 것이 급박하게, 그것도 한쪽이 다른 한쪽을 접수하는 방식으로 이루어진다면, 이는 곧 큰 부작용을 동반할 수 있다. 시간을 두고 후유증과 부작용을 최소화시킬 수 있는 방안을 찾았어야 한다.

남베트남 정부의 부패와 미국의 잘못된 개입은 베트남의 공산주의자들이 승리할 수밖에 없는 환경을 만들어주었지만, 그 결과가 모두에게 행복을 가져다준 것은 아니었다. 남베트남에 살고 있기 때문에 생존하기 위해서 어쩔 수 없이 남베트남 정부와 미국에 협력한 사람들, 나라의 발전을 위해 공부를 하고 기업을 했던 캄보디아 사람들에게 전쟁의 결과는 인권과 평화, 그리고 자유와 거리가 먼 것이었다.

전쟁이 그렇다. 인지상정으로 문제를 해결하는 것이 아니라 억지로 해결하려고 하면, 결국 그 후유증이 심각해진다. 동독 사람들의 봉기에 의한 동독의 정권교체, 그 후 서독과의 통합이라는 자연스러운 과정을 거친 독일도 통일 후 후유증을 거쳤다. 그러니 전쟁을 통해 통일한 베트남에 아무런 후유증이 없을 수 없었다. 지금도 베트남의 남쪽과 북쪽 사이에는 큰 벽이 존재한다. 어쩌면 서로가 너무나 다르다고 느끼고 있을지도 모른다. 남베트남이 민주화가 되고 경제적으로 성공한 상태에서 베트남이 통일됐다면, 지금 베트남은 어떤 국가가 되어 있을까?

〈로스앤젤레스타임스〉 2007년 4월 3일자에 흥미로운 블로그 관련 기사가 게재됐다. 호찌민 출신의 뉴호아라는 대학생이 쓴 블로그였다. "하노이는 음식에 민감한 사이공 사람들을 위한 곳이 아니라는 것을 깨달았다." 그녀는 하노이의 끈적거리고 설탕이 너무 많이 들어간 커피와 너무나 느린 인터넷에 대해 블로그에 불평을 늘어놓았다. 그리고 "나는 사이공으로부터 오지 않은 누구도 좋아하지 않는다"고 덧붙였다. 하노이에 거주하는 부이중은 "이런 악마 같은 애를 낳은 부모를 동정한다"고 댓글을 달았다.

전쟁이 끝나고 많은 군인들이 호찌민시로 이주했다. 북쪽 사람들은 예술과 문화, 그리고 학문의 중심인 하노이와 달리 호찌민을 환락과 천박함의 상징으로 여겼다. 남쪽 사람들은 다이내믹한 호찌민에 비해 하노이를 이상하고 지루한 곳이라고 여긴다. 남쪽 사람들은 친구들을 데리고 외식을 한다. 북쪽 사람들은 검소하며 친구들을 집으로 초대한다. 북쪽 사람들은 사회적 지위를 의식해서 더 비싼 오토바이를 사는 반면, 남쪽 사람들은 싼 오토바이를 두 대 산다. 호찌민 사람들이 '아니요'라고 할 때 하노이 사람들은 '글쎄요'라고 말한다.

많은 남쪽 사람들이 전쟁에 대한 유감을 아직도 갖고 있다. 미국의 해군 기지가 있었고, 현대건설이 항만공사를 했던 깜라인 출신으로 호찌민에서 활동하는 티엔부의 가족은 전쟁으로 모든 것을 잃었다. 그의 조부모는 재교육 캠프에 들어가야 했다. 그는 과거는 잊고 단결해야 한다고 말한다. 그러나 그는 북쪽의 한심한 서비스에 대한 불평을 잊지 않는다. "하노이의 식당에 가서 젓가락을 하나 더 갖다 달라고 하면 식당 주인은 당신에게 화낼 것이다."

오늘 우리가 베트남전쟁을 어떻게 규정하고 기억하는가는 단지 과거의 문제만이 아니다. 현재의 문제이며, 미래의 문제이다. 특히 분단 현실 속에서 고민하는 우리는 베트남전쟁과 통일로부터 많은 교훈을 얻어야 한다. 베트남에서의 남쪽과 북쪽의 차이가 통일의 후유증이 아니라 그 이전의 서로 다른 역사적 경험 때문일 수도 있지만, 더 중요한 점은 통일 이후에도 이런 차이가 극복되지 않았다는 점이다. 베트남전쟁에 대한 역사 서술을 둘러싸고 남남갈등이나 벌이고 있을 때가 아니다.

끝나지 않은 베트남전쟁

1975년 4월 30일 전쟁은 끝났다. 40년이 지난 2015년 호찌민시와 빈딘성의 꾸이년시를 방문했다. 〈국제시장〉의 한 장면처럼 한진상사가 용역을 했던 곳이고, 맹호사단이 상륙한 곳이었다. 그로부터 50여 년이 지났지만, 전쟁은 계속되고 있었다. 세계사에서뿐만 아니라 한국과 베트남에서도.

베트남은 새로운 시대로 나아가기 위해 싸우고 있었다. 과거를 잊고 미래로 나아가고 있다. 호찌민국립대학의 한국학과는 학과에서 단과대학으로 승격했다. 베트남에 진출한 삼성 현지법인은 2014년 베트남 전체 수출의 17퍼센트를 차지했으며, 2015년 1월 기준으로 매주 2,400여 명을 신규 고용하고 있다. 베트남은 미국과의 수교 후 경제 관계를 넘어서 군사적 분야로 관계를 확대하고자 한다.

겉으로만 보면 전쟁이 끝나고 잊힌 듯 보이지만, 매년 민간인 학살이 일어난 곳에서는 위령제가 열린다. 집집마다 가족 단위로 '따이한 제사'를 지낸다. 한국군에 의해서 죽었다고 해서 따이한 제사라고 한다.

2015년 2월 26일 빈딘성 떠이선현 떠이빈사 촌락에서 열린 빈안 사건 희생자 49주년 위령제에는 동네의 모든 사람들이 모였다. 떠이빈의 원래 이름은 빈안(평안이라는 뜻)이었으나, 전쟁이 끝나고 돌아온 사람들은 동네 이름을 떠이빈(서쪽의 영광)으로 바꾸었다. 학살 사건 이후 더 이상 평안한 동네라는 이름을 가질 수 없었다. 위령제에는 수백 명의 초등학생들이 참여했다. 쏟아지는 햇볕 아래에서 힘들어 보였다. 너무 힘들어서라도 이들은 위령제를 잊을 수 없을 것이다. 한 달여 사이에 1,004명의 민간인이 학살당한 빈안 사건을 복원한 빈딘성 박물관 관장은 많은 시간이 흘렀지만, 과거를 잊을 수는 없다고 말했다. 사건으로부터 50여 년이 지났고, 한국의 시민단체가 피해자들을 도와주고 위령제에 참여한 지 10년이 흘렀다. 한국의 시민단체가 보낸 조화는 단상에는 놓이지만, 아직 공식 의전을 받지 못하고 있었다.

한국에서도 베트남전쟁은 끝나지 않았다. 2000년 〈한겨레21〉이 베트남전쟁에서의 민간인 학살 사건을 보도했을 때 한겨레신문사는 참전 군인들의 공격을 당했다. 2001년 베트남전쟁에 대한 학술대회는 아수라장이 되어 결국 열리지 못했다. 2010년 교육부는 일부 근현대사 교과서의 베트남전쟁 관련 서술에 대해 수정을 요구했다. 2013년 박근혜 대통령이 하노이의 호찌민 묘를 방문했을 때 인터넷에는 '어떻게 적의 수장 묘에 참배하느냐'는 댓글이 올라갔다. 2014년 검정 교과서 중 하나에 민간인 학살 문제가 서술됐다는 이유로 그 교과서의 대표 필자가 근무하는 대학교에 한 보수단체 회원들이 몰려가 수업을 방해했다.

당사자들 사이에서도 평가가 다르다. 한 '종군기자'의 평가는 매우 부정적이었다.

적어도 주베트남 국군은 베트남인에게는 고마운 따이한은 아니었고, 또한 앞으로도 그렇지는 않을 것이다. (…) 한국군의 경우 베트남 정부 지도층한테도 고마운 따이한이 되지 못하고 있는 책임의 일부는 한국 정부에도 있다

2015년 2월 빈안 사건 희생자 49주년 위령제. 빈안은 '평안' 이라는 뜻을 담고 있지만, 전쟁이 끝나고 돌아온 사람들은 그 평화로운 이름을 쓸 수 없었다. 한국군에 의해 1천여 명이 학살되었기 때문이다. ⓒ 베트남 사회적 기업 야맙

는 것을 부인할 수 없다. 국군 파월이 우방 베트남을 돕기 위한 것이라는 것보다도 국군 파월에서 얻어지는 국가 실리 면을 과잉선전한 것은 어느 모로 보나 마이너스를 가져오면 가져왔지 플러스는 되지 못했다.[*]

이세호 2대 주베트남 한국군 사령관은 베트남에서의 경험이 한국의 안보에 큰 도움이 될 것이라고 평가했다.

단독 작전권 확보로 한국군은 베트남전 참전 이래 31만 2,853명이 실전 경험을 쌓았다. 이것은 북한이 지금도 가장 두려워하는 점이다. 다시 말해

• 〈동아일보〉 1971년 9월 27일자 4면, '주월 한국군 6년 전역.'

현대전의 최신 전술교리, 최신 전투 장비 능력 보유, 외국군과의 연합작전 능력 보유, 산악전, 게릴라전 등의 실전 경험을 터득함으로써 현역에서 예비역으로 크게 활약하고 국방력 강화에 큰 자산으로 남았다.

야전 소대장의 평가는 다르다.

　사실상 베트남전에서 배운 것이 별로 없다고 생각됩니다. 막대한 물량 지원에서 일방적인 싸움을 했는데, 이는 전쟁이라기보다 공비토벌과 같은 생각이 들며, 만약 우리나라에서 북한과 전쟁이 벌어졌다고 생각할 때 베트남전과 같은 물량을 기대한다든가 또 베트콩 토벌과 같은 관념을 가진다면 이는 큰 오산일 것입니다.

– 백마 28연대 8중대 1소대장 진○○의 증언[•]

베트남 사람들 사이에서 한국군에 대한 평가도 다르다. "한국군은 미군보다 더 잘 싸웠다. 그래서 한국군과는 교전을 안 하려고 했다"는 증언이 있는가 하면 "한국군은 새로운 방식으로 민간인들을 학살했다. 미군들에게서 찾을 수 없는 방식이었다"는 지독한 폄하도 있다.^{••}
전쟁으로 인해 피해를 입은 사람들 사이에서도 갈등은 계속되고 있다.

　얼마 전 보훈병원에 갔다. 후유의증이란 자가 베트남 참전 전우 모두를 국가유공자로 만들어주면 형평성이 안 맞는다구 말하면서 아무 혜택도 못

• 국방부 군사편찬연구소, 《증언을 통해 본 베트남전쟁과 한국군》 1, 국방부군사편찬연구소, 2001, 44쪽.
•• 딘바호아 빈딘성 박물관장 인터뷰(2015년 2월 27일).

받는 일반 베트남 참전자들은 절대로 국가유공자로 만들어주면 안 된다고 열변을 토하고 있었다. 병과를 물어보니 물차 운전병을 했다고 그러기에 군번을 물었다. 예비사단 군번이라고 말하기에 본인의 군번 세 개를 대면서 국가유공자증을 내보였다. 그리고 "너는 전우로 볼 수도 없고 광주사태 당시 무기고를 때려부수어 무기를 들고나와 군인과 경찰에 총질한 역적보다 더 나쁜 놈"이라고 하면서 나도 모르게 그놈의 따귀를 올려쳤다.•

물론 정부의 보상 정책 때문이었다. 국가가 동원했던 군인들에 대해 끝까지 책임을 져주지 않은 것이다. 베트남전쟁에 대한 정부의 입장도 분명치 않다. 1992년 한국과 베트남이 수교를 한 이후 김영삼 정부부터 노무현 정부에 이르기까지 한국군의 참전으로 인해 발생했던 불행한 사건들에 대해 정부 차원에서 사과가 있었다. 그러나 한국의 한쪽에서는 지금도 그 불행한 사건들을 전혀 인정하지 않고 있다. 한국 정부는 무엇에 대해 사과했던 것인가?

베트남전쟁과 관련된 역사전쟁은 한국을 중심으로 국제적으로도 현재진행형이다. 미국의 한 방송매체가 노근리 사건을 조사·폭로했을 때 미국의 또 다른 보수 매체는 한국군의 베트남 민간인 학살 문제를 들고나왔다. '너희들도 똑같았는데, 왜 우리한테만 그러느냐'는 것이다. 위안부 문제에 대한 전 세계의 공감대가 확산되고 있는 가운데, 일본의 극우 보수 세력들도 이 문제로 맞불을 놓았다. 일본의 한 잡지는 한국군이 위안소를 베트남에서 운영했던 자료를 찾아 보도했다.••

• 참전 수기 중 '맹호 독수리 중탄산에 지다'의 댓글.
•• 〈한겨레〉 2015년 4월 25일자, '일본 언론의 한국 터키탕, 깨씸하지만 반박이 어려운⋯'.

너희들도 베트남전쟁에서 똑같은 짓을 하지 않았느냐는 것이다. 이들 중 일부는 현재 베트남에 있는 한국군 관련 자료들을 구하려고 노력하고 있다. 베트남 정부가 범죄 행위라고 지칭하는 전후 조사 자료들을 확보하려는 것이다. 물론 베트남 당국이 이를 거부하고 있다는 후문이다.

이러한 상황에서 한국 정부는 무엇을 해야만 하는가? 베트남이 과거를 잊고 미래를 보자고 했기 때문에 팔짱을 끼고 앉아서 지켜보기만 하면 되는가? 한국뿐만 아니라 베트남의 새로운 세대들조차도 관심이 없는 사건들이니 그냥 묻어두면 되는가?

2013년 1월 독일 보수정당 출신의 앙겔라 메르켈 총리는 바르샤바의 유대인 게토 묘지 앞에 무릎을 꿇었다. 폴란드 사람들은 독일을 향해 말했다. 너무 계속 사과하는 것 아니냐고. 메르켈 총리의 대답은 너무나 간단했다. "당신들이 그만하라고 할 때까지 계속하겠다. 나치의 범죄는 무한책임이다." 마음속에서까지 완전히 용서된 것은 아니겠지만, 독일 사회의 자세는 피해자와 그 가족들의 마음을 달래주고 있다.

도쿄대학교에서 만난 한 학생이 질문을 했다. "왜 한국은 우리에게 계속 사과하라고 하나요? 지금까지 몇 번을 했는데도 또 해야 하나요?" 그렇다. 일본의 정치인들은 과거사에 대해 몇 번이나 언급을 했다. 물론 과연 일본 사회가 이에 대한 공감대를 갖고 있는가는 의문의 여지가 있다.

2015년 4월 4일 한국과 베트남의 역사적인 만남이 이루어졌다. 베트남전쟁의 민간인 피해자들과 '위안부' 피해 할머니들이 한국에서 만났다. 국적도 다르고 가해자도 달랐지만, 이들은 전쟁과 국가에 의해 상

베트남전쟁의 민간인 피해자인 응우옌티탄(뒷줄 왼쪽)과 응우옌떤런(뒷줄 오른쪽)이 광복 70년, 베트남전 종전 40년을 맞아 한국을 찾았다. 이들은 2015년 4월 8일 일본대사관 앞에서 열린 한국정신대문제 대책협의회의 수요집회에 참석해 일본군 위안부 피해자인 김복동·길원옥 할머니를 위로하며 함께 서 있다. ⓒ 〈한겨레〉

상할 수 없는 상처를 입은 피해자들이었다. 이들의 만남은 동아시아에서 전쟁의 악순환을 끊을 수 있는 중요한 의미를 갖는 것이었다. 여기에는 제2차 세계대전 막바지 오키나와 상륙작전 당시의 피해자들, 타이완의 2·28 사건 피해자들, 제주 4·3 항쟁의 피해자들, 한국전쟁 시 공비토벌 과정의 피해자들, 1980년 광주의 피해자들이 함께 동참해야 한다. 그리고 일본의 납치 피해자 가족들도 함께해야 한다. 이들은 20세기 제국주의와 냉전이 만들어낸 비정상적 상황에서 국가에 의해 피해를 입은 사람들이기 때문이다.

물론 이러한 사건의 가해자들 역시 함께 참여해야 한다. 스스로 원했든 원하지 않았든 간에 그들이 이러한 사건에 가해자가 된 것은 국가에 의한 동원 때문이었다. 국가는 국가이익이라는 명분 아래 구성원들을 동원해 이들에게 씻을 수 없는 트라우마를 안겼다. 50년이 지난 지금도 악몽을 꾸는 참전자들이 있다. 이들은 가해자이기 이전에 피해자의 상태에서 시작한 사람들이다. 게다가 국가는 이들에게 제대로 된 보상을 하지 않고 있다. 이들이 진정으로 사과하는 순간 이들은 더 이상 가해자가 아니다.

마지막으로 이 책을 내게 된 동기에 대해 한마디 하고 싶다. 이 책을 낼 수 있었던 동력은 두 가지였다. 하나는 참전 군인들의 문제였다. 참전 군인들의 존재는 한국을 제외하고는 다른 나라의 어떠한 연구 성과에서도 찾을 수 없었다. 심지어 베트남에서조차 위령비와 증오비를 제외하고는 한국군에 대한 언급을 찾기 어렵다. 베트남의 모든 위령비와 증오비에는 '미제국주의자의 괴뢰'라는 수식어가 '남조선 군대' 앞에 붙어 있다. 베트남전쟁 전문가인 하노이대학교의 한 교수는 "너희가 잘못한 게 뭐가 있냐. 다 미국 때문이지"라고 말했다. 안도가 되면서도 다른 한편으로 마음이 너무나 불편했다.

미국의 요청을 받아 참전한 것은 사실이지만, 베트남에서 했던 한국군의 역할은 작은 것이 아니었다. 이들은 미군이 꺼리는 지역에 배치됐다. 베트콩을 경험했던 베트남 사람들의 말을 빌리자면, 미군은 지지리도 못 싸웠다. 한국군은 달랐다. 무서웠다. 2월에 다녀온 빈딘성도 미군이 평정을 하지 못한 상태에서 한국군에게 그 역할을 맡겼던 지역이었다. 빈딘성은 베트남의 남부와 북부를 잇는 가장 중요한 1번 국도와 내륙 지역의 평정을 위해, 베트콩에 대한 북베트남의 지원을 끊기 위해 군사 전략상으로 중요한 19번 국도 및 안케패스를 연결하는 매우 중요한 지역이었다. 이곳을 장악한다면 미군과 한국군의 주요 주둔지를 서로 연결함으로써 보급선을 든든히 하는 동시에 합동 작전을 펼칠 수도 있었다.

그러나 미국의 어느 신문에도, 어떤 연구 성과에도 한국군은 사라지고 없다. 이분들을 다시 역사의 무대에 등장시키고 싶었다. 참전 군인의 일부가 반전 운동에 참여했던 미국과 다른 것이 문제가 아니다. 단지 역사 연구 속에서 한국군이 다시 살아난다면, 베트남전쟁에 참전한 한국군에 대한 본격적인 연구가 계속될 수 있는 기본적인 바탕을 만들 수 있다고 생각했다.

둘째로 베트남전쟁에 대한 사회적 인식을 바꿈으로써 한국은 다르다는 것을 전 세계에 보여주고 싶었다. 한국 사회는 범죄 행위를 미화하고 숨기는 일본의 극우 세력들과는 다르다. 한국은 지나간 역사에 대해 객관적이고 중립적으로 성찰하는 시민사회를 갖고 있다. 베트남 정부가 적극적으로 나서지 않아도 우리 시민사회가 모든 진실을 밝히려는 노력을 하고 있다. 그리고 이를 통해서 제국주의 시대와 냉전의 시대에 있었던 문제들을 숨김없이 밝히려고 한다. 이런 과정을 통해 국가의 소프트 파워와 브랜드를 높이자는 것이다.

베트남의 모든 사람들이 한국군의 참전에 대해 민감한 것은 아니다. 베트남에서도 일방에 의한 통일로 피해를 본 사람이 적지 않고, 보트피플Boat People도 적지 않았다. 그러나 한국군의 활동 과정에서 불행한 사건들이 발생했던 지역들은 그 사건들을 잊지 않을 것이다. 한국에서 강제징용이나 위안부 문제가 본격적으로 논의되기 시작한 것은 제국 일본이 패망한 지 50년이 되어서야 가능했다.

베트남전쟁이 끝난 지 이제 40년이 됐다. 베트남에서는 아직도 발굴 작업과 사실 복원 작업이 계속되고 있다. 어디에도 시체 외에는 사진 자료나 문서 자료가 없기 때문이다. 그럼에도 불구하고 한국은 일본과 달리 모든 것을 준비하고 있어야 하며, 이를 통해 정의로운 화해를 이끌어내야 한다. 전 세계에서 한국의 이미지를 긍정적으로 바꿀 수 있는 매우 중요한 과정이다. 이를 위해서는 베트남전쟁에 대해서 잘못되어 있는 사회적 인식과 반쪽뿐인 기억을 바꾸어야 한다.

이 책은 2013년 12월 〈한겨레〉의 고경태 토요판 판장의 제안으로 시작됐다. 베트남전쟁에 대해 글을 쓰기 시작해 1년 6개월 동안 〈한겨레〉 토요판에 '박태균의 베트남전쟁'이라는 제하로 연재를 했다. 그리고 이제 그 연재를 수정하고 첨삭해서 책을 내게 됐다.

이 책의 내용이 1년 반만의 과정에서만 나온 것은 아니었다. 2004년 서울대학교 한국학지원 사업으로 베트남전쟁 관련 자료를 수집·해제하는 프로젝트를 4년간 했다. 이때 서울대학교 국제대학원의 대학원생들이 자료의 수집과 해제에 많은 도움을 주었다. 프로젝트를 도와주었던 대학원생들에게 감사의 말을 전한다.

이때 수집한 자료 덕분에 2005년부터 베트남전쟁과 관련된 논문을 쓰기 시작했다. 베트남 파병으로 인한 한국 사회의 변화, 한국군 파병을 둘러싼 한·미 간의 협상, 베트남전쟁의 기억, 그리고 베트남전쟁 시기 미국의 대한 정책 등에 대한 논문을 썼다. 아마도 프로젝트가 없었다면, 베트남전쟁에 대한 연구를 못했을 것이다.

고경태 판장의 제안이 없었다면 이 책도 나오지 않았을 것이다. 칠칠치 못한 역사학자를 대신해 꼼꼼하게 원고를 봐준 〈한겨레〉의 박정숙 기자, 그리고 이 책을 마무리할 수 있도록 베트남 답사를 후원해주고 책의 출간을 허락해준 한겨레출판의 이기섭 대표와 출판사 식구들에게도 감사의 말씀을 드린다.

마지막으로 이 글을 쓰느라고 가족들한테 소홀히 하는 동안 병을 이겨낸 아내, 대학에 입학한 아이들이 너무나 고맙고 미안하다. 그리고 선후배와 동료들의 응원이 지난 1년이 넘는 기간 동안 원고를 집필할 수 있는 큰 원동력이었다. 비판의 메일과 댓글을 달아주고, 때로는 협박(?)도 서슴지 않았던 분들도 원고 집필에 큰 힘이 됐다.

| 참고문헌 |

단행본

고경태, 《1968년 2월 12일: 베트남 퐁니·퐁넛 학살 그리고 세계》, 한겨레출판, 2015.

국방부 군사편찬연구소, 《증언을 통해 본 베트남전쟁과 한국군》 1, 국방부군사편찬연구소, 2001.

국방부 군사편찬연구소, 《증언을 통해 본 베트남전쟁과 한국군》 2, 국방부군사편찬연구소, 2002.

국방부 군사편찬연구소, 《증언을 통해 본 베트남전쟁과 한국군》 3, 국방부군사편찬연구소, 2003.

김옥렬, 《열남》, 보고사, 2004.

리영희, 《베트남전쟁》, 두레, 1985.

마이클 매클리어 저, 유경찬 역, 《베트남 10,000일의 전쟁》, 을유문화사, 2002.

박태균, 《우방과 제국, 한미 관계의 두 신화》, 창비, 2006.

박태균, 《원형과 변용: 한국 경제개발 계획의 기원》, 서울대학교출판부, 2013.

박태균, 《한국전쟁》, 책과함께, 2005.

부르스 커밍스 저, 김자동 역, 《한국전쟁의 기원》, 일월서각, 1986.

유용태 외, 《함께 읽는 동아시아 근현대사》 1·2, 창비, 2011.

유인선, 《베트남과 그 이웃 중국》, 창비, 2012.

조지 레이코프 저, 유나영 역, 《코끼리는 생각하지 마: 미국 진보 세력은 왜 선거에서 패배하는가》, 삼인, 2006.

채명신, 《베트남전쟁과 나: 채명신 회고록》, 팔복원, 2006.

최용호, 《통계로 본 베트남전쟁과 한국군》, 국방부군사편찬연구소, 2007.

최용호, 《한권으로 읽는 베트남전쟁과 한국군》, 국방부군사편찬연구소, 2004.

홍석률, 《분단의 히스테리: 공개문서로 보는 미중 관계와 한반도》, 창비, 2012.

344

후루타 모토오 저, 박홍영 역, 《역사 속의 베트남전쟁》, 일조각, 2007.

Guenter Lewy, *America in Vietnam*, Oxford University Press, 1980.

John L. Gaddis, *Strategies of Containment: A Critical Appraisal of American National Security Policy during the Cold War*, Oxford University Press, 2005.

Krista E. Wiegand, *Enduring Territorial Disputes: Strategies of Bargaining, Coercive Diplomacy, and Settlement*, University of Georgia Press, 2011.

Qiang Zhai, *China and the Vietnam War, 1950~1975*, University of North Carolina Press, 2000.

Robert J. McMahon, *Major Problems in the History of the Vietnam War*(3rd edition), Houghton Mifflin Company, 2003.

Warren I. Cohen, *The Cambridge History of American Foreign Relations*(Vol. 4 : America in the Age of Soviet Power 1945~1991), Cambridge University Press, 1995.

朴根好, 《韓國の經濟發展とベトナム戰爭》, 御茶の水書房, 1993.

논문

김봉중, 〈베트남전쟁의 기억과 미국 외교〉, 《미국사연구》 제34집, 한국미국사학회, 2011, 213~244쪽.

류교열, 〈일본의 '고도성장'과 베트남전쟁 특수〉, 《일어일문학》 제51집, 대한일어일문학회, 2011, 207~218쪽.

윤충로, 〈베트남전쟁 시기 '월남 재벌'의 형성과 파월 기술자의 저항: 한진그룹의 사례를 중심으로〉, 《사회와역사》 제79호, 한국사회사학회, 2008, 93~128쪽.

윤충로, 〈베트남전쟁 시기 한국의 전쟁 동원과 일상〉, 《사회와역사》 제95호, 한국사회사학회, 2012, 281~314쪽.

윤충로, 〈베트남전쟁 참전 군인의 집합적 정체성 형성과 지배이데올로기의 재생산〉, 《경제와사회》 제76호, 비판사회학회, 2007, 196~221쪽.

윤충로, 〈파월 기술자의 베트남전쟁 경험과 생활세계의 변화〉, 《사회와역사》 제71권, 한국사회사학회, 2006, 217~250쪽.

이혜정, 〈미국의 베트남전쟁〉, 《한국정치외교사논총》 제27집 2호, 한국정치외교사학회, 2006, 91~119쪽.

최동주, 〈한국의 베트남전쟁 참전 동기에 관한 재고찰〉, 《한국정치학회보》 제30집 2
호, 한국정치학회, 1996, 267~287쪽.

Christen Thomas Ritter, "Closing the Gold Window: Gold, dollars, and the
making of Nixonian foreign economic policy", Ph.d Dissertation, University
of Pennsylvania, 2007.

Geoffrey B. Hainsworth, "Economic Growth and Poverty in Southeast Asia:
Malaysia, Indonesia and the Philippines", *Pacific Affairs*, Vol. 52, No. 1,
1979, pp. 5~41.

George J. Viksnins, "United States Military Spending and the Economy of
Thailand, 1967~1972", *Asian Survey*, Vol. 13, No. 5, 1973, pp. 441~457.

Gregory Hooks and Leonard E. Bloomquist, "The Legacy of World War II for
Regional Growth and Decline: The Cumulative Effects of Wartime
Investments on U.S. Manufacturing, 1947~1972", *Social Forces*, Vol. 71,
No. 2, 1992, pp. 303~337.

Richard Stubbs, "War and Economic Development: Export-Oriented
Industrialization in East and Southeast Asia", *Comparative Politics*, Vol. 31,
No. 3, 1999, pp. 337~355.

Talukder Maniruzzaman, "Arms Transfers, Military Coups, and Military Rile in
Developing States", *Journal of Conflict Resolution*, Vol. 36, No. 4, 1992, pp.
733~755.

William H. Overholt, "The Rise and Fall of Ferdinand Marcos", *Asian Survey*,
Vol. 26, No. 11, pp. 1137~1163.

기타

〈경향신문〉.

〈동아일보〉.

〈조선일보〉.

〈한겨레〉.

〈한겨레 21〉.

미 국립문서보관소(NARA), 미국 국무부 문서 〈RG (Records Group) 59〉.

국회입법조사국, 〈사이밍턴위원회보고서〉.

국회입법조사국, 〈프레이저 보고서〉.

대한민국 외교사료관 베트남전쟁 자료(해외수당 관계철, 브라운각서 관계철, 고위회담 관
계철, 증파 관계철, 사이밍턴위원회 관계철, 참전국회담 관계철 등).

United States Department of State, *FRUS(Foreign Relations of United States)*,
Korea, United States Government Printing Office(http://history.state.gov/
historicaldocuments 참고).

| 연표 |

1857년	4월 프랑스 정부, 베트남 침략을 위해 코친차이나 위원회를 구성. 사이공과 하노이 점령
1883년	아르망 조약 체결. 응우옌 왕조, 프랑스에 외교·행정권 위임
1945년	8월 베트민(베트남독립동맹) 일제 봉기(8월 혁명)
	9월 호찌민의 베트남민주공화국 독립 선언
1946년	12월 프랑스와 베트남민주공화국 사이에 무력 충돌(제1차 베트남전쟁 발발)
1947년	3월 트루먼 독트린 발표. 공산주의 봉쇄 정책 시작
	4월 호찌민, 프랑스에 휴전 협상 제의(5월 휴전 협상 결렬)
	7월 베트남민주공화국 정부 개각 발표
1950년	1월 중국·소련, 호찌민의 베트남민주공화국 인정
1954년	3월 디엔비엔푸 전투 시작(5월 함락)
	5월 인도차이나 휴전에 관한 제네바 회의 개시
	7월 제네바 협정 조인. 미국·중국·소련, 17도선을 중심으로 베트남 분할 결정
1955년	10월 남베트남 단독선거로 응오딘지엠 대통령 취임
1959년	5월 베트남 노동당, 남부의 무력 해방 지원 결정
1960년	4월 미국, 남베트남에 군사원조 고문단 파견

	12월 남베트남민족해방전선(NLF) 결성
1962년	7월 라오스에 관한 제네바 협정 조인
	12월 남베트남의 미국 군사 요원(1만 1,000명)
1964년	8월 통킹만 사건 발생. 통킹만 결의, 미 의회에서 가결
	9월 한국, 제1이동외과병원 및 태권도 교관단 베트남 파견
	11월 응오딘지엠 대통령 사살
1965년	2월 프레이크 사건. 북베트남에 대한 본격적인 폭격(북폭) 개시
	3월 미 해병대 다낭 상륙(지상전에 본격 참전)
	10월 청룡부대 베트남 파병(깜라인만 주둔)
	맹호부대 베트남 파병(꾸이년 주둔)
	12월 북폭 일시 정시
	미국, 평화 협상에 의해 해리먼 특사를 각국에 파견
1966년	1월 북폭 재개
	7월 호찌민, 철저 항전과 국민 총동원 선언
	10월 한국·미국·타이·필리핀·호주 등 7개국 마닐라 정상 회담, 베트남의 공산화를 저지하기 위한 자유 국가들의 공동 결의와 전쟁 수행 선언
	12월 미국, 하노이의 군사 목표에 대한 대규모 폭격
1967년	2월 한국군(청룡)과 베트남군 짜빈동 전투
	8월 존슨 대통령, 미군 파견 52만 5,000명까지 승인
1968년	1월 구정공세 개시
	2월 맥나마라 국방 장관 사임
	3월 존슨 대통령, 북폭 부분 정지와 협상 개시 제안
	밀라이 학살 사건 발생

5월 제1차 파리평화회담

1969년 1월 닉슨 대통령 취임

9월 호찌민 사망

1970년 4월 미군과 베트남군 캄보디아 침략

1972년 4월 안케 고지 전투

12월 크리스마스 폭격 개시

1973년 1월 파리평화협정(베트남전쟁의 종결과 평화 회복에 관한 협정) 조인

3월 주베트남 한국군과 미군 철수

1974년 1월 키신저 미 국무장관, 베트남전 종전 공로로 노벨평화상 수상

1975년 3월 북베트남의 남베트남 총공세

4월 북베트남에 의한 사이공 함락

1976년 6월 베트남 통일 국회, 베트남 사회주의 공화국 수립

1995년 8월 미국·베트남 국교 정상화

11월 맥나마라 전 국방장관, 첫 하노이 방문

1997년 6월 미국·베트남의 과거 지도자들의 '하노이 대화' 개최

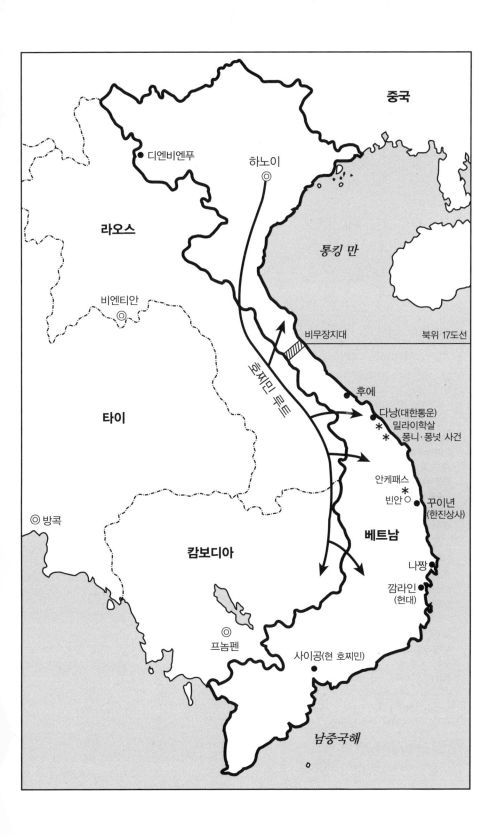

베트남전쟁

© 박태균 2015

초판 1쇄 발행 2015년 8월 31일
초판 7쇄 발행 2021년 2월 1일
개정판 1쇄 발행 2023년 5월 10일
개정판 2쇄 발행 2024년 7월 25일

지은이 박태균
펴낸이 이상훈
인문사회팀 최진우 김지하
마케팅 김한성 조재성 박신영 김효진 김애린 오민정

펴낸곳 (주)한겨레엔 www.hanibook.co.kr
등록 2006년 1월 4일 제313-2006-00003호
주소 서울시 마포구 창전로 70 (신수동) 화수목빌딩 5층
전화 02-6383-1602~3 **팩스** 02-6383-1610
대표메일 book@hanien.co.kr

ISBN 979-11-6040-999-4 03900

- 값은 뒤표지에 있습니다.
- 파본은 구입하신 서점에서 바꾸어 드립니다.